国内外经典教材辅导系列·政治类

考研政治近现代史

课后习题和典型题(含考研真题)详解

主编：圣才考研网
www.100xuexi.com

中国石化出版社

内 容 提 要

本书是马克思主义理论研究和建设工程重点教材《中国近现代史纲要》(2023 年版)的学习辅导书。本书遵循该教材 2023 年版的章目编排，共分为 10 章，每章由三部分组成：第一部分为复习指南(含导学视频)，知识框架部分清晰勾勒出了每章的知识脉络，通关提要部分剖析了本章重难点和考查特点；第二部分为课后习题详解，对该教材的课后习题进行了详细解答；第三部分为典型题(含考研真题)详解，精选部分考研真题，补充典型题，并提供了详细的参考答案。

圣才考研网(www.100xuexi.com)提供全国所有院校各个专业的考研考博辅导方案【网络课程、电子书、题库等】。购书即可享受大礼包增值服务【导学视频 + 本书电子书 + 专业咨询服务】。手机扫码(本书封底)领取本书大礼包。

图书在版编目(CIP)数据

考研政治近现代史课后习题和典型题(含考研真题)详解/圣才考研网主编．—北京：中国石化出版社，2022.7(2023.4 重印)
(国内外经典教材辅导系列·政治类)
ISBN 978-7-5114-6717-1

Ⅰ.①考… Ⅱ.①圣… Ⅲ.①政治理论-研究生-入学考试-自学参考资料②中国历史-近现代-研究生-入学考试-自学参考资料 Ⅳ.①D0②K25

中国版本图书馆 CIP 数据核字(2022)第 100418 号

中国石化出版社出版发行
地址：北京市东城区安定门外大街 58 号
邮编：100011 电话：(010)57512500
发行部电话：(010)57512575
http://www.sinopec-press.com
E-mail:press@sinopec.com
武汉市盛宏源印务有限公司印刷
全国各地新华书店经销
*
787×1092 毫米 16 开本 13.5 印张 334 千字
2022 年 7 月第 1 版 2023 年 4 月第 2 次印刷
定价：62.00 元

序　言

我国各大院校一般都把国内外通用的权威教科书作为本科生和研究生学习专业课程的参考教材，这些教材甚至被很多考试(特别是硕士和博士研究生入学考试)和培训项目作为指定参考书。为了帮助读者更好地学习专业课，我们有针对性地编写了一套与国内外教材配套的复习资料，并提供配套的名师讲堂和题库。

《中国近现代史纲要》(2023 年版)是我国高校采用较多的中国近现代史纲要权威教材之一。作为该教材的学习辅导书，本书具有以下几个方面的特点：

1. 名师视频导学，讲解典型真题

本书提供视频导学，以框架思维导图形式，呈现重要考点、难点。每章均有典型例题(含考研真题)，部分真题附有视频讲解，便于考生掌握解题技巧。

2. 知识框架体系，通俗易懂易记

本书每章的知识框架部分清晰勾勒出了每章的知识脉络，通关提要部分剖析了本章重难点、考查特点和学习方法，方便考生熟悉考查重点。

3. 解析课后习题，提供详尽答案

本书参考大量中国近现代史纲要相关资料对该教材的课后习题进行了详细的分析和解答，并对重要知识点进行了延伸和归纳。

4. 精选考研真题，补充典型习题

本书精选了部分名校近年的中国近现代史纲要考研政治真题、考研专业课真题，并补充了典型习题。所选习题涵盖的知识点全面，特别注重理论联系实际，凸显当前热点。

要深深牢记：考研不同一般考试，概念题(名词解释)要当作简答题来回答，简答题要当作论述题来解答，而论述题的答案要像是论文，多答不扣分。有的论述题的答案简直就是一份优秀的论文(其实很多考研真题就是选自一篇专题论文，完全需要当作论文来回答)！

购书即可享受大礼包增值服务！手机扫码(本书封底)领取本书大礼包。具体包括：①导学视频；②本书电子书；③考研专业课咨询服务。

圣才考研网(www.100xuexi.com)是圣才学习网旗下的考研考博专业网站，提供考研公共课和全国各高校政治类专业考研考博辅导班【一对一辅导(面授/网授)、网授精讲班等】、电子书、题库、全套资料(历年真题及答案、笔记讲义等)、国内外经典教材名师讲堂、考研教辅图书等。

考研辅导： kaoyan.100xuexi.com(圣才考研网)

资格考试： www.100xuexi.com(圣才学习网)

圣才考研网编辑部

目　录

第一章　进入近代后中华民族的磨难与抗争

1.1　复习指南

【视频导学(名师点拨)】

进入近代后中华民族的
磨难与抗争

扫码看视频导学

【知识框架(庖丁解牛)】

- 进入近代后中华民族的磨难与抗争
  - 鸦片战争前后的中国与世界
    - 中国封建社会的衰落
    - 世界资本主义的发展与殖民扩张
    - 鸦片战争的爆发
      - 鸦片战争
      - 近代中国社会的半殖民地半封建性质
      - 近代中国社会阶级关系的变动
      - 近代中国的社会主要矛盾和两大历史任务
  - 西方列强对中国的侵略
    - 军事侵略
    - 政治控制
    - 经济掠夺
      - 控制中国的通商口岸
      - 剥夺中国的关税自主权
      - 实行商品倾销和资本输出
      - 操纵中国的经济命脉
    - 文化渗透
  - 反抗外国武装侵略的斗争
    - 抵御外来侵略的斗争历程
    - 义和团运动与列强瓜分中国图谋的破产
  - 反侵略战争的失败与民族意识的觉醒
    - 反侵略战争的失败及其原因
      - 根本原因：社会制度的腐败
      - 重要原因：经济技术的落后
    - 民族意识的觉醒
      - “师夷长技以制夷”的主张和早期的维新思想
      - 救亡图存和振兴中华

【通关提要(提纲挈领)】

自1840年鸦片战争以来，帝国主义开始从军事、政治、经济和文化等方面对中国进行侵略，极大地改变了中国社会的性质和现状，破坏了中国的独立和主权。本章主要围绕近代中国社会的主要矛盾和历史任务展开，讲述了鸦片战争的背景，中国人民反抗外来侵略的过程、结果、影响以及经验教训，在复习备考时需要整体把握这一历史阶段的史实和考点。

1.2 课后习题详解

1. 为什么说鸦片战争是中国近代史的起点？

答：鸦片战争是中国近代史的起点，具体原因分析如下：

(1)中国的社会性质发生了根本性变化

鸦片战争前，中国是一个自给自足的自然经济占统治地位的封建社会；鸦片战争后，随着外国资本主义的入侵，中国开始沦为了半殖民地半封建社会。

(2)中国的社会主要矛盾发生了变化

鸦片战争前，中国社会的主要矛盾是农民阶级与封建地主阶级之间的矛盾。鸦片战争后，社会主要矛盾复杂化，主要有两对：①外国资本主义和中华民族的矛盾；②封建主义和人民大众的矛盾。而且，随着外国资本主义侵略的深入，外国资本主义和中华民族的矛盾，成为各种社会矛盾中最主要的矛盾。

(3)革命任务发生了变化

鸦片战争前，中国人民的革命任务是反对本国的封建势力；鸦片战争后，增加了反对外国资本主义殖民侵略的任务，革命的性质也由传统的农民反封建斗争转为反帝反封建的旧民主主义革命。

(4)中国的发展方向发生了变化

鸦片战争前，中国是一个没落的封建大国，封建制度已经非常腐朽，在缓慢地向资本主义社会发展，如果没有外来势力干扰，中国最终也会像西方大国那样发生资产阶级革命成为资本主义国家；鸦片战争后，中国的民族资本主义不可能获得真正的发展，中国也就不可能发展为成熟的资本主义社会，最终选择了社会主义道路。

(5)中国的社会阶级发生了变化

鸦片战争前，中国社会主要是两大阶级：地主阶级和农民阶级；鸦片战争后，出现了新兴的资产阶级和无产阶级。

总之，鸦片战争是中国遭受外国资本主义奴役的起点。随着外国资本主义的入侵，中国的封建社会逐步变成了半殖民地半封建社会，中国人民逐渐开始了反帝反封建的资产阶级民主革命。因此，鸦片战争就成为中国近代史的起点。

2. 资本—帝国主义的入侵给中国带来了什么？

答：资本—帝国主义的入侵从经济、政治、军事、文化、社会上给中国带来了多方面的危害。具体分析如下：

(1)经济上沦为资本—帝国主义的附庸

资本—帝国主义对中国经济的入侵，主要是强迫中国支付战争赔款和签订一系列的不平等条约。主要方式包括：①控制中国的通商口岸；②剥夺中国的关税自主权；③实行商品倾销和资本输出；④操纵中国的经济命脉等等。这迫使中国自然经济解体，使中国沦为列强的原料产地和商品销售市场，沦为资本—帝国主义的经济附庸。并且他们同中国封建主义相勾结，导致了近代中国经济的落后和人民的贫困。

(2)政治上丧失部分主权

帝国主义主要通过控制中国的政府，来控制中国的内政、外交。中国领土、领海、司法、关税和贸易主权开始遭到严重破坏，中国人民的反抗被镇压，军阀、官僚被扶植成代理人，中国逐渐由一个独立自主的国家沦为半殖民地半封建社会国家。

(3)军事上发动侵略战争

资本—帝国主义列强发动了多次侵华战争，从骚扰、蚕食中国沿海、边疆，到割占中国大片领土，甚至企图瓜分中国。通过战争迫使清政府签订不平等条约，劫掠中国的财富。

(4)文化上进行侵略和渗透

列强对中国进行文化渗透，一些传教士披着宗教的外衣进行侵略活动，他们宣扬“种族优劣论”“黄祸论”，目的是为帝国主义侵略中国制造舆论。

(5)社会主要矛盾的变化

西方列强的入侵给近代中国带来了深远影响，中华民族不甘心遭受列强入侵，开始了一系列反对侵略的抗争。因此，外国资本—帝国主义同中华民族的矛盾代替了本国封建主义同人民大众的矛盾而上升为主要矛盾。

(6)部分中国知识分子开始探索实现国家独立和现代化

无论在经济、政治体系还是其他方面，中国和西方列强都明显存在很大差距，西方列强入侵时，一部分知识分子开始注目世界，寻求强国御辱之道，萌发新思潮，冲击了封建思想。甲午中日战争、戊戌维新、辛亥革命，这些为了救亡图存、振兴中华而进行的斗争和探索，使中华民族燃起了新的希望，标志着中华民族的进一步觉醒。

3. 反对外国侵略的斗争具有什么意义?

答：反对外国侵略的斗争的意义主要体现在以下几个方面：

(1)粉碎了帝国主义瓜分中国的图谋

近代中国人民进行的反侵略战争，沉重打击了帝国主义侵华的野心，粉碎了他们瓜分中国和把中国变成完全殖民地的图谋。中国人民的英勇斗争，表现了中国人民不屈不挠的爱国主义精神，给外国侵略者以沉重打击和深刻教训，使他们越来越清楚地认识到，中国是一个很难征服的国家，他们虽然可以强迫清政府签订一个又一个不平等条约，但是始终无法把中国变成他们完全的殖民地。尤其是甲午中日战争以后，在瓜分危机的严重关头，中国各阶层人民救亡图存的努力探索和奋起抗争，使侵略者看到了中国人民所隐含的不甘屈服的伟大力量。

(2)振奋了民族精神，激励了民族斗志

近代中国人民进行的反侵略战争，教育了中国人民，振奋了中华民族的民族精神，鼓舞了人民反帝反封建的斗志，大大提高了中国人民的民族觉醒意识。

（3）促进了部分中国人的觉醒，开始关注和研究国际形势发展

帝国主义的侵略给中华民族带来了巨大灾难，但没有哪一次巨大的历史灾难不是以历史的进步作为补偿的，列强发动的侵华战争以及中国人民反侵略战争的失败，从反面教育了中国人民，极大地促进了中国人民的思考、探索和奋起直追。例如，鸦片战争以后，先进的中国人开始注意了解国际形势，研究外国历史地理，提出“师夷长技以制夷”的思想；甲午战争以后，中华民族的民族意识开始普遍觉醒，救亡图存思想日益高涨。

4. 反侵略战争失败的根本原因和教训是什么？

答：从 1840 年到 1919 年的 80 年间，中国人民对外来侵略进行了英勇顽强的反抗，这些反抗侵略斗争具有重大的历史作用，但是历次的反侵略战争都是以中国的失败而告终，中国政府被迫签订了一系列丧权辱国的条约。

（1）反侵略战争失败的根本原因

中国在历次反侵略战争中失败的根本原因是社会制度的腐败。其具体表现在以下几个方面：①清政府封闭自守，妄自尊大，骄奢淫逸，盲目进攻；②清军指挥人员在战争面前完全没有应变的能力和心态，不适应近代战争，不少将帅贪生怕死，临阵脱逃，有的甚至出卖国家和民族利益；③清政府尤其害怕人民群众，担心人民群众动员起来会危及自身统治，因此，不敢发动和依靠人民群众的力量。

（2）反侵略战争失败的教训

①近代中国，要争取国家独立和民族富强，必须推翻帝国主义、封建主义联合统治的半殖民地半封建的社会制度。帝国主义侵略是造成中国人民巨大灾难的根源。与此同时，腐败的清政府也已失去了领导中国人民进行反侵略战争胜利的能力和资格。因此，反对帝国主义侵略，同时又要推翻腐朽的封建专制制度，是历史赋予中国人民的两大历史任务。

②落后就要挨打，要取得反侵略战争的胜利，需要在科学技术方面奋起直追，需要进行现代化建设。但现代化建设的前提是获得民族独立和人民解放，不推翻帝国主义对中国的反动统治，就没有进行现代化的前提和条件，就难以使中国真正强大起来。

1.3 典型题（含考研真题）详解

一、单项选择题（下列每题给出的四个选项中，只有一个选项是符合题目要求的）

扫码看真题视频

1. 近代中国半殖民地半封建社会的矛盾，呈现出错综复杂的状况，其中，贯穿整个中国半殖民地半封建社会的始终，并对中国近代社会的发展变化起着决定性作用的最主要的矛盾是（　　）。［2018 年考研政治真题］

A. 帝国主义和中华民族的矛盾　　B. 无产阶级和资产阶级的矛盾

C. 封建主义和人民大众的矛盾　　D. 农民阶级和地主阶级的矛盾

【解析】近代中国在鸦片战争之后沦为了半殖民地半封建国家。中华民族和帝国主义的矛盾（民族矛盾）、人民大众和封建主义的矛盾（阶级矛盾）是近代中国的两对主要矛盾，它

1A

们之间的关系是相互交织的。而中华民族和帝国主义的矛盾是最主要的矛盾，当帝国主义向中国直接发动侵略战争时，民族矛盾特别尖锐，阶级矛盾暂时降到次要和服从的地位。

2. 近代中国，一些爱国人士提出过工业救国、教育救国、科技救国等主张，并为此进行过努力，但这些主张并不能从根本上给濒临危亡的中国指明正确的出路，这是因为他们没有认识到(　　)。[2015 年考研政治真题]

A. 中国已经被卷入世界资本主义经济体系和世界市场中

B. 争取民族独立和人民解放是实现民族复兴的前提

C. 资本主义制度已经过时

D. 中国是一个经济政治发展不平衡的国家

【解析】近代中国人民始终面临着两大历史任务：①求得民族独立和人民解放；②实现国家富强和人民富裕。这两大历史任务的主题、内容和实现方式都不一样，不能相互替代，但又息息相关，不能分割。前一个任务为后一个任务扫清障碍，创造必要的前提；后一个任务是前一个任务的最终目的和必然要求。只有第一个任务解决了，才能有条件解决第二个任务。本题中，工业救国等主张只看到了第二项历史任务，忽视了第一项历史任务。

3. 帝国主义侵略中国的最终目的是要瓜分中国、灭亡中国。1895 年中国在甲午战争中战败后，列强掀起了瓜分中国的狂潮，这集中表现在(　　)。[2017 年考研政治真题]

A. 设立完全由外国人直接控制和统治的租界

B. 竞相租借港湾和划分势力范围

C. 外国资本在中国近代工业中争夺垄断地位

D. 从侵占中国周边邻国发展到蚕食中国边疆地区

【解析】A 项，外国人在中国设立租界是从 1845 年 11 月开始的，设立完全由外国人直接控制和统治的租界发生在《辛丑条约》之后。《辛丑条约》划定北京东交民巷为使馆界，允许各国驻兵保护，不准中国人在界内居住。B 项，帝国主义列强对中国的争夺和瓜分的图谋，在 1894 年中日甲午战争爆发后达到高潮。德、俄、英、法、日等国于 1898 年至 1899 年竞相租借港湾和划分势力范围，掀起了瓜分中国的狂潮。C 项，外国资本在中国近代工业中争夺垄断地位是在第一次世界大战后，且这不属于外国列强瓜分中国的内容。D 项，19 世纪 70 至 80 年代，列强从侵占中国周边邻国发展到蚕食中国边疆地区，使中国陷入"边疆危机"。

4. 19 世纪 40 年代以后，资本—帝国主义势力一次又一次地发动对中国的侵略战争，妄图瓜分中国、灭亡中国。但是，帝国主义列强并没有能够实现他们的这一图谋，其根本原因是(　　)。[2012 年考研政治真题]

A. 中西文化存在巨大差异

B. 中国经济政治发展不平衡

C. 帝国主义列强之间的矛盾和相互制约

D. 中华民族进行的不屈不挠的反侵略斗争

【解析】帝国主义侵略中国的最终目的是要瓜分中国、灭亡中国。帝国主义列强之所以

2B　3B　4D

没有能够实现瓜分中国的图谋，其中一个重要的原因是它们之间的矛盾和相互制约；而帝国主义列强不能灭亡和瓜分中国，根本原因在于中华民族进行的不屈不挠的反侵略斗争。

5. 从1840年至1919年的80年间，中国人民对外来侵略进行了英勇顽强的反抗。但历次的反侵略战争，都是以中国失败、中国政府被迫签订丧权辱国的条约而告结束的。从中国内部因素来分析，其根本原因是(　　)。[2011年考研政治真题]

A. 军事战略错误　　B. 社会制度腐败　　C. 经济技术落后　　D. 思想观念保守

【解析】从1840年至1919年的80年间，中国人民对外来侵略进行了英勇顽强的反抗。但是历次的反侵略战争都是以中国失败、中国政府被迫签订丧权辱国的条约而宣告结束。从中国内部因素来分析，原因主要有社会制度的腐败、经济技术落后、思想观念保守等。其中，根本原因是社会制度的腐败。社会制度的腐败，使得经济、技术等落后的状况长期得不到改变。

6. 1843年，魏源编成《海国图志》。他在书中写道："是书何以作？曰：为以夷攻夷而作，为以夷款夷而作，为师夷长技以制夷而作。"魏源所说的夷之"长技"主要是指西方的(　　)。[2016年考研政治真题]

A. 宗教和思想文化　　B. 教育和人才培养

C. 军事和科学技术　　D. 民主和政治制度

【解析】A项，借鉴西方思想文化主要是在辛亥革命以后。B项，借鉴教育和人才培养制度主要是在洋务运动以后。C项，魏源在1843年1月编成《海国图志》，提出了"师夷长技以制夷"的思想，主张学习外国先进的军事和科学技术，以期富国强兵，抵御外国侵略。D项，借鉴西方的民主和政治制度首次出现在戊戌变法中。

7. 1840年鸦片战争以后，中国遭受西方列强"坚船利炮"的欺凌不断加深，中华民族面临生死存亡的形势也日益严峻，中国"睡狮"在西方列强的隆隆炮声中逐渐苏醒。促使中国人民的民族意识开始普遍觉醒的重大事件是(　　)。[2016年考研政治真题]

A. 日本全面侵华战争　　B. 中日甲午战争

C. 八国联军侵华战争　　D. 中法战争

【解析】帝国主义的侵略在给中华民族带来巨大灾难的同时，从反面教育了中国人民，极大地促进了中国人民的思考、探索和奋起。鸦片战争以后，先进的中国人开始睁眼看世界；中日甲午战争以后，掀起了帝国主义瓜分中国的狂潮，这给中华民族带来了空前严重的民族危机，大大加深了中国社会半殖民地化的程度，中国人民的民族意识开始普遍觉醒。

8. 近代中国半殖民地半封建社会的起点是(　　)。

A. 第一次鸦片战争　　B. 第二次鸦片战争

C. 中日甲午战争　　D. 八国联军侵华战争

【解析】第一次鸦片战争后，随着外国资本主义的入侵和第一批不平等条约的签订，中国的主权和领土完整受到了破坏，独立、封建的中国逐渐变成半殖民地半封建的社会。随

5B　6C　7B　8A

着社会矛盾的变化，中国逐渐开始了反帝反封建的资产阶级民主革命，正因为如此，第一次鸦片战争成为中国近代史的起点。

9. 清政府与美国侵略者签订的第一个不平等条约是(　　)。

A.《黄埔条约》　　B.《广州条约》

C.《望厦条约》　　D.《中美友好通商航海条约》

【解析】鸦片战争以清政府的失败而告终。1842 年 8 月 29 日，清政府与英国签订了中国近代史上第一个不平等条约《南京条约》；1843 年 10 月，签订了中英《虎门条约》；1844 年 7 月签订了中美第一个不平等条约《望厦条约》，10 月签订了中法《黄埔条约》。

10. 在近代中国，实现国家富强和人民富裕的前提条件是(　　)。

A. 反对帝国主义的侵略　　B. 争得民族独立和人民解放

C. 推翻封建主义的统治　　D. 建立资本主义制度

【解析】近代中国的时代特点以及帝国主义和中华民族的矛盾、封建主义和人民大众的矛盾，决定了近代中国人民始终面临着两大历史任务：①求得民族独立和人民解放；②实现国家富强和人民富裕。这两大历史任务的主题、内容和实现方式都不一样，不能相互替代，但又息息相关，不能分割。前一个任务为后一个任务扫清障碍，创造必要的前提；后一个任务是前一个任务的最终目的和必然要求。

11. 西方列强对中国的侵略，首先和主要的是(　　)。

A. 政治控制　　B. 军事侵略　　C. 经济掠夺　　D. 文化渗透

【解析】西方列强对中国的侵略，首先和主要的是进行军事侵略。具体体现在：①帝国主义列强通过侵略战争割占中国大片领土，强占中国租界，强租中国港湾，并且在中国划分势力范围。②勒索赔款，抢掠财富。帝国主义列强发动战争来侵略中国、屠杀中国人民，却要中国人民加倍地承担其战争费用。

12. 俄国强迫清政府签订的割去黑龙江以北 60 万平方公里的中国领土的不平等条约是(　　)。

A.《勘分西北界约记》　　B.《改订伊犁条约》

C.《北京条约》　　D.《瑷珲条约》

【解析】A 项，1864 年，中俄签订《勘分西北界约记》，割去中国西北 44 万平方公里的领土。B 项，1881 年，中俄签订《改订伊犁条约》和 5 个勘界议定书，割去 7 万多平方公里的领土。C 项，1860 年，中俄签订《北京条约》，割去乌苏里江以东 40 万平方公里的领土。D 项，1858 年，中俄签订《瑷珲条约》，割去黑龙江以北 60 万平方公里的领土。

13. 19 世纪五六十年代，沙皇俄国趁火打劫，通过一系列条约侵吞我国领土 144 万多平方公里，这些条约不包括(　　)。

A.《瑷珲条约》　　B.《北京条约》

C.《勘分西北界约记》　　D.《改订伊犁条约》

9C　10B　11B　12D　13D

【解析】A 项，1858 年，中俄签订《瑷珲条约》，割去黑龙江以北 60 万平方公里的中国领土。B 项，1860 年，中俄签订《北京条约》，割去乌苏里江以东 40 万平方公里的中国领土。C 项，1864 年，中俄签订《勘分西北界约记》，割去西北 44 万平方公里的中国领土。D 项，1881 年，中俄签订《改订伊犁条约》和 5 个勘界议定书，割去 7 万多平方公里领土。

14. 将中国领土台湾割让给日本的不平等条约是(　　)。

A.《南京条约》　B.《北京条约》　C.《马关条约》　D.《瑷珲条约》

【解析】A 项，《南京条约》割香港岛给英国。B 项，《北京条约》割九龙半岛、乌苏里江以东大片领土给法国和俄国。C 项，《马关条约》割台湾、澎湖列岛和辽东半岛给日本。D 项，《瑷珲条约》将黑龙江以北、外兴安岭以南 60 多万平方公里的大清国领土划归俄国。

15. 1858 年，《天津条约》规定开放的通商口岸城市不包括(　　)。

A. 天津　B. 汉口　C. 九江　D. 南京

【解析】1858 年《天津条约》规定，开放牛庄(后改营口)、登州(后改烟台)、台湾(后定为台南)、淡水、潮州(后改汕头)、琼州、汉口、九江、南京、镇江等 10 个口岸。

16. 1894 年 11 月，日军在中国制造了(　　)。

A. 旅顺大屠杀惨案　B. 江东六十四屯惨案

C. 济南惨案　D. 南京惨案

【解析】从 1840 年鸦片战争以来，资本—帝国主义列强发动了一次又一次的侵华战争。在历次侵华战争中，外国侵略者屠杀了大批中国人民。例如，1894 年 11 月，日军在甲午战争中制造了旅顺大屠杀惨案，在 4 天内连续屠杀中国居民 2 万余人。

17. 19 世纪末资本主义进入帝国主义阶段之后，其对中国进行殖民剥削的主要形式是(　　)。

A. 商品输出　B. 资本输出　C. 垄断商品倾销　D. 掠夺廉价劳动力

【解析】19 世纪末，资本主义列强利用不平等条约赋予的特权，在中国自由开工厂、办银行、修铁路等，获取超额利润，压制中国微弱的民族资本主义的发展。对中国进行殖民剥削的主要形式也由商品输出转变为资本输出，中日《马关条约》，允许日本在中国设厂，各国也援例进行，对华进行大规模的资本输出。

18. 在中国近代史上提出“门户开放”政策的帝国主义国家是(　　)。

A. 俄国　B. 美国　C. 英国　D. 法国

【解析】19 世纪 70 至 90 年代，帝国主义国家展开了争夺殖民地的狂潮，也开始了瓜分中国、灭亡中国的罪恶阴谋。美国势力来到中国的时间较晚，便于 1899 年 9 月至 11 月间照会各国，提出了“门户开放”政策，即美国可以获得他国在中国获得的所有权益。

19. 鸦片战争以后日益成为支配中国的决定性力量的是(　　)。

A. 封建势力　B. 官僚资本与买办资本

14C　15A　16A　17B　18B　19D

C. 民族资本主义经济　　D. 资本—帝国主义侵略势力

【解析】鸦片战争以后，资本—帝国主义列强入侵中国，对中国实行军事侵略、政治控制、经济掠夺的同时，还对中国进行文化渗透，日益成为支配中国的决定性力量。

20. 中国近代史上人民群众第一次大规模的反侵略武装斗争是(　　)。

A. 三元里人民的抗英斗争　　B. 太平天国的抗击洋枪队斗争

C. 台湾高山族人民的抗日斗争　　D. 义和团的抗击八国联军斗争

【解析】1841 年 5 月，占据广州四方炮台的英军到三元里抢劫，村民奋起搏斗，打死英军数名。三元里抗英斗争是近代史上中国人民第一次自发的大规模抵抗外国侵略的斗争，它对英国侵略者的沉重打击，极大地鼓舞了中国人民不畏强暴，敢于同西方列强拼搏的斗争勇气。它是近代中国人民反侵略斗争的第一面光辉旗帜。

21. 近代中国系统阐述“师夷长技以制夷”思想的是(　　)。

A. 龚自珍　　B. 魏源　　C. 林则徐　　D. 洪仁玕

【解析】A 项，龚自珍是中国改良主义运动的先驱人物，主要成就是《己亥杂诗》。B 项，魏源于 1843 年 1 月编成了《海国图志》，他提出了“师夷长技以制夷”的思想，主张学习外国先进的军事和科学技术，以期富国强兵，抵御外国侵略。C 项，林则徐是近代中国睁眼看世界的第一人，编成了《四洲志》，叙述了世界五大洲 30 多个国家的地理、历史等情况。D 项，洪仁玕提出了一个具有资本主义色彩的方案——《资政新篇》。

22. 鸦片战争后，中国还只是少数人有朦胧的民族觉醒意识。中日甲午战争之后，中国人才开始有了普遍的民族意识的觉醒。很多仁人志士开始探索民族出路。其中，喊出了“振兴中华”这个时代的最强音的是(　　)。

A. 严复　　B. 林则徐　　C. 康有为　　D. 孙中山

【解析】1894 年 11 月孙中山在创立革命团体兴中会时就指出：“方今强邻环列，虎视鹰瞵，久垂涎于中华五金之富，物产之饶。蚕食鲸吞，已效尤于接踵瓜分豆剖，实堪虑于目前。有心人不禁大声疾呼，亟拯斯民于水火，切扶大厦之将倾。”由此，他喊出了“振兴中华”这个时代的最强音。

23. 孙中山先生是伟大的民族英雄、伟大的爱国主义者、中国民主革命的伟大先驱，一生以革命为己任，立志救国救民，为中华民族作出了彪炳史册的贡献。早在青年时代，孙中山先生目睹山河破碎、生灵涂炭，就提出(　　)。

A. “吾国四千余年大梦之唤醒，实自甲午战败割台湾偿二百兆以后始也”

B. “亟拯斯民于水火，切扶大厦之将倾”

C. “四万万人齐下泪，天涯何处是神州”

D. “进者存而传焉，不进者病而亡焉”

【解析】A 项，梁启超在其《戊戌政变记》中写到“吾国四千余年大梦之唤醒，实自甲午战败割台湾偿二百兆以后始也”。B 项，“亟拯斯民于水火，切扶大厦之将倾”是孙中山在创

20A　21B　22D　23B

建兴中会时发出的感慨。C项,“四万万人齐下泪,天涯何处是神州”是谭嗣同在1896年《有感》中所写。D项,“进者存而传焉,不进者病而亡焉”出自严复的《天演论》。

二、多项选择题(下列每题给出的四个选项中,至少有两个选项是符合题目要求的)

1. 在半殖民地半封建社会的条件下,中国不可能在独立的基础上与外国发生经济往来。资本—帝国主义列强同中国发生经济关系,不是为了推动中国经济的发展,而是为了控制中国的经济。列强控制中国经济的方式有(　　)。[2017年考研政治真题]

A. 在中国设立出版机构宣传西学　　B. 在中国设立银行

C. 控制中国的关税和盐税　　D. 控制中国的交通运输业

【解析】A项,在中国设立出版机构宣传西学不属于经济方式,属于文化渗透。B项,在中国设立银行,使之成为对华输出资本的枢纽。这些银行及其分支机构操纵中国外汇、经办对华贷款、投资开设厂矿、发行纸币,形成在中国金融系统中的垄断地位,成为列强对华经济侵略的中心。C项,以关税、盐税担保,而这两项为清政府重要财政来源,列强通过控制这两项税收,扼住了中国财政的咽喉。D项,列强控制了中国的交通运输业,沿海和内河航运业大都被外资公司所控制,尤其是铁路成为列强控制中国、扩大势力范围、获取政治经济利益的工具。

2. 中英《南京条约》签订后,美、法趁火打劫,相继逼迫清政府签订的不平等条约有(　　)。[2012年考研政治真题]

A.《虎门条约》　　B.《望厦条约》

C.《黄埔条约》　　D.《天津条约》

【解析】1842年签订中国近代史上第一个不平等条约——中英《南京条约》。美国和法国等西方列强趁火打劫,逼迫清政府签订不平等条约,如1844年签订了中美《望厦条约》和中法《黄埔条约》。《天津条约》是在第二次鸦片战争失败后,英、法、俄、美强迫清政府在天津签订的不平等条约。

3. 甲午,对中国人民和中华民族具有特殊含义,在我国近代史上也具有特殊含义。1894年7月,日本发动甲午战争,清朝在战争中战败。这场战争对中国的影响主要有(　　)。[2015年考研政治真题]

A. 中国海关的行政权落入外国人手中

B. 中国人开始有了普遍的民族意识觉醒

C. 台湾被日本侵占

D. 帝国主义列强掀起瓜分中国的狂潮

【解析】A项,中国的海关行政权落入外国人手中始于1859年。1861年起,广州副税务司英国人赫德任总税务司(初为代理),一直管理中国海关近半个世纪。B项,中日甲午战争以后,中国人民的民族意识开始普遍觉醒。CD两项,中日甲午战争以后,中日签订《马关条约》,割台湾岛、澎湖列岛给日本,这大大刺激了帝国主义列强瓜分中国领土的野心,并激化了列强争夺中国的矛盾。此后,德、俄、英、法、日等帝国主义掀起了瓜分中国的

1BCD　2BC　3BCD

狂潮。

4. 鸦片战争后中国被纳入了欧美资本主义的世界条约体系，英国等西方列强在中国攫取了大量侵略特权，主要有(　　)。

A. 割占香港岛，破坏了中国的主权和领土完整

B. 外国船舰可在中国领海航行，破坏了中国的领海主权

C. 外国人在华不受中国法律管束，享受领事裁判权，破坏了中国的司法主权

D. 协定关税，破坏了中国的关税主权

【解析】通过一系列不平等条约，英国等西方列强在中国攫取了大量侵略特权。如：①割占香港岛，破坏了中国的主权和领土完整；②外国船舰可在中国领海自由航行，破坏了中国的领海主权；③享有领事裁判权，外国人可以在中国横行不法，中国政府却无权干预；④剥夺中国的关税自主权，中国海关成为外国对中国进行经济侵略和政治控制的一个重要工具。

5. 鸦片战争之所以成为中国近代史的起点，是因为鸦片战争使中国(　　)。

A. 社会性质发生了变化

B. 社会的主要矛盾发生了变化

C. 革命的任务发生了变化

D. 阶级及阶级关系发生了变化

【解析】鸦片战争以后，中国发生的变化有：①随着外国资本—帝国主义的入侵，独立的中国逐步变成半殖民地的中国，封建的中国逐步变成半封建的中国；②近代中国半殖民地半封建社会的矛盾，呈现出错综复杂的状况，主要是中华民族与帝国主义之间的民族矛盾及人民大众与封建主义之间的阶级矛盾；③近代以来中华民族面临的两大历史任务，就是争取民族独立、人民解放和实现国家富强、人民富裕；④中国社会的阶级关系也发生了深刻的变动，不仅地主阶级与农民阶级两大旧阶级发生了变化，还有工人阶级和资产阶级两大新的阶级产生。

6. 第二次鸦片战争以来，沙皇俄国通过一系列不平等条约侵占了中国150多万平方公里的领土，这些不平等条约主要有(　　)。

A.《瑷珲条约》

B.《北京条约》

C.《勘分西北界约记》

D.《改订伊犁条约》及5个勘界议定书

【解析】A项，1858年，中俄《瑷珲条约》签订，割去黑龙江以北60万平方公里的中国领土。B项，1860年，中俄《北京条约》签订，割去乌苏里江以东40万平方公里的中国领土。C项，1864年，中俄《勘分西北界约记》签订，割去中国西北44万平方公里的领土。D项，1881年，通过《改订伊犁条约》和5个勘界议定书，割去7万多平方公里领土。

7. 通过两次鸦片战争，英国等西方列强在中国攫取了大量侵略特权，如割占香港岛，破坏了中国的主权和领土完整，还有(　　)。

A. 协定关税

B. 投资设厂、驻扎军队

C. 外国船舰可在中国领海自由航行

D. 领事裁判权

4ABCD　5ABCD　6ABCD　7ACD

【解析】ACD 三项，第一次鸦片战争后，签订中英《南京条约》，英国获取了协定关税的权利；1843 年又强迫签订《南京条约》的附件，英国获取领事裁判权；第二次鸦片战争后，英国获取了在中国领海自由航行的权利。B 项，日本在《马关条约》中最早获取在中国投资设厂的权利，驻扎军队是八国联军在《辛丑条约》中攫取的权利。

8. 下列条约中涉及香港的有(　　)。

A. 《南京条约》　　B. 《辛丑条约》

C. 《北京条约》　　D. 《展拓香港界址专条》

【解析】A 项，《南京条约》规定割香港岛给英国。B 项，《辛丑条约》规定，外国军队有权在北京使馆区和北京至大沽、山海关一线包括天津、唐山等 12 处"留兵驻守"。C 项，中英《北京条约》规定清朝割让九龙半岛给英国。D 项，《展拓香港界址专条》的主要内容是中国将 1860 年英国所夺占的尖沙咀以外的九龙半岛的其余部分，即从深圳湾到大鹏湾的九龙半岛的全部，租与英国 99 年，租期内租借地归英国管辖。

9. 下列各项中符合中国封建社会经济状况的有(　　)。

A. 封建地主土地所有制经济占主导地位

B. 基本生产结构是以个体家庭为单位并与家庭手工业结合的小农经济

C. 自给自足的自然经济占主要地位

D. 地主、商人、高利贷者三者常常结合在一起

【解析】A 项，在中国封建社会的经济中，封建地主土地所有制经济占主导的地位。封建统治阶级从皇帝、贵族、官僚到一般地主拥有最大部分土地，而占人口绝大多数的农民则很少或者没有土地。农民租种地主的土地，交纳高额的地租。BC 两项，以个体家庭为单位并与家庭手工业牢固结合的小农经济是中国封建社会的基本生产结构，自给自足的自然经济占主要地位。D 项，在中国封建社会里，地主、商人、高利贷者这三者常常是结合在一起的。封建政权还向农民征收各种苛捐杂税和摊派徭役。农民没有任何政治权利，生活极端贫困。

10. 义和团运动在粉碎帝国主义列强瓜分中国的斗争中，发挥了重大的历史作用。但最终还是失败了，其原因是(　　)。

A. 存在着笼统的排外主义的错误　　B. 蒙受封建统治者的欺骗

C. 小生产者的局限性　　D. 对外国帝国主义具有依赖性

【解析】义和团运动在粉碎帝国主义列强瓜分中国的斗争中，发挥了重大的历史作用。但最终还是失败了，其主要原因在于：①当时中国人民对帝国主义的认识还停留在感性认识的阶段，义和团运动存在着笼统的排外主义的错误；②由于不认识帝国主义联合中国封建地主阶级以压迫中国人民的实质，义和团曾经蒙受封建统治者的欺骗；③由于小生产者的局限性，义和团运动中还存在着许多迷信、落后的倾向。

11. 19 世纪 70 至 80 年代，帝国主义列强从侵占中国周边邻国发展到蚕食中国边疆地

8ACD　9ABCD　10ABC　11ABCD

区，使中国陷入“边疆危机”。“边疆危机”的主要表现有(　　)。

A. 英国从印度侵入西藏，从缅甸入侵云南

B. 法国从越南侵犯广西

C. 俄国从中亚入侵新疆

D. 日本吞并琉球、侵犯中国台湾

【解析】19 世纪 70 至 80 年代，帝国主义列强从侵占中国周边邻国发展到蚕食中国边疆地区，使中国陷入“边疆危机”，主要表现为：①英国从印度侵入西藏，又从缅甸入侵云南；②法国则从越南侵犯广西；③俄国从中亚入侵新疆；④日本吞并琉球、侵犯中国台湾。

12. 中日甲午战争以后，民族意识普遍觉醒。先进中国人提出的主要口号是(　　)。

A. “师夷长技以制夷”　　B. 救亡图存

C. 振兴中华　　D. “自强”“求富”

【解析】1894 年爆发中日甲午战争。A 项，“师夷长技以制夷”的思想是魏源在 1842 年编著的《海国图志》中提出的。B 项，“救亡图存”是中日甲午战争后严复在《救亡决论》一文中提出的。C 项，1894 年，孙中山成立“兴中会”，提出“振兴中华”的口号。D 项，“自强”“求富”的口号是洋务派在 19 世纪 60 年代到 80 年代提出的。

13. 在近代中国社会的诸矛盾中，占支配地位的主要矛盾包括(　　)。

A. 资产阶级与地主阶级的矛盾　　B. 帝国主义和中华民族的矛盾

C. 无产阶级与资产阶级的矛盾　　D. 封建主义和人民大众的矛盾

【解析】近代中国半殖民地半封建社会的矛盾，呈现出错综复杂的状况。其中有：中华民族与资本—帝国主义的矛盾，农民与地主阶级的矛盾，资产阶级与地主阶级的矛盾，无产阶级与资产阶级的矛盾，封建统治阶级内部各集团派系的矛盾，各帝国主义国家在中国争夺的矛盾，等等。其中，帝国主义和中华民族的矛盾、封建主义和人民大众的矛盾是占支配地位的主要矛盾。这两对主要矛盾及其斗争贯穿整个中国半殖民地半封建社会的始终，并对中国近代社会的发展变化起着决定性的作用。

14. 近代以来中华民族面临争取民族独立、人民解放和实现国家富强、人民富裕的两大历史任务。两个任务既相互区别又紧密联系。两大历史任务的联系在于(　　)。

A. 前一个任务为后一个任务扫除障碍

B. 后一个任务是前一个任务的最终目的

C. 前一个任务为后一个任务创造必要的前提

D. 后一个任务是前一个任务的必然要求

【解析】近代中国的时代特点以及帝国主义和中华民族的矛盾、封建主义和人民大众的矛盾，决定了近代中国人民始终面临着两大历史任务：①求得民族独立和人民解放；②实现国家富强和人民富裕。这两大历史任务的主题、内容和实现方式都不一样，不能相互替代，但又息息相关，不能分割。前一个任务为后一个任务扫清障碍，创造必要的前提；后一个任务是前一个任务的最终目的和必然要求。

12BC　13BD　14ABCD

三、简答题

1. 简述中国封建社会的经济、政治、文化和社会结构。

答: 鸦片战争以前，中国处于封建社会的历史阶段。这一时期的经济、政治、文化、社会结构有鲜明的特点，具体如下：

(1)经济结构

在经济上，私人土地所有制占主导地位。在封建社会，地主阶级统治其他阶级的根本即为封建土地所有制。地主阶级通过掌握土地这一生产资料，对使用土地的农民通过榨取地租、放高利贷等手段进行剥削。同时封建土地所有制的形式也不尽相同，有通过契约租赁、缴纳地租、雇用佃户等方式实现，但其本质依然是一种剥削与被剥削的关系。

(2)政治结构

在政治上，以实行高度集中的封建君主专制的中央集权制度为特点。自秦始皇统一六国，在中央设置三省六部制，在地方设置郡县制的君主专制的中央集权便开始了。

(3)文化结构

自汉武帝确立独尊儒术的政策，儒家思想逐渐成为中国封建社会的正统思想，儒家还与佛教、道教相互吸收、融合，共同为维护封建统治服务。封建统治者同时吸收法家思想，严刑峻法，实行专制统治。

(4)社会结构

在社会结构上，是族权与政权相结合的宗法等级制度，核心是宗族家长制。形成以血缘关系为纽带的宗族姓氏族群，并且形成庞大的氏族世家。

2. 简述鸦片战争后资本—帝国主义侵略中国的途径。

答: 鸦片战争以后，资本—帝国主义侵略中国的途径有以下几种：

(1)军事侵略

从1840年鸦片战争开始，资本一帝国主义列强发动了一次又一次侵华战争，从1840年至1919年的近80年间，较大规模的侵华战争就有10多次。在历次侵华战争中，外国侵略者屠杀了大批中国人民，迫使中国签订了大量不平等条约，破坏中国的领土主权，掠夺中国的大片领土，勒索赔款，掠夺财富。这些自称为“西方文明传播者”的资本—帝国主义侵略者在中国的所作所为，充分地暴露了资本—帝国主义、殖民主义势力的不文明的野蛮本性。

(2)政治控制

资本—帝国主义列强为了统治中国，在政治上采取的主要方式是控制中国政府，操纵中国的外交内政，将中国当权者变成自己的代理人和驯服工具。

(3)经济掠夺

其具体表现有：①控制中国的通商口岸；②剥夺中国的关税自主权；③实行商品倾销和资本输出；④操纵中国的经济命脉等。

(4)文化渗透

资本—帝国主义的文化渗透活动，有许多是披着宗教外衣，在传教的名义下进行的。外国列强利用宗教进行侵略活动，鼓吹“种族优劣论”，为侵华制造舆论，强迫中国永远成为西方列强的附庸国。

资本—帝国主义对中国的侵略，给中华民族带来了深重的灾难，使中国的经济和社会发展受到了严重的阻碍。

3. 简述欧美主要国家资本主义制度的确立过程以及资本主义殖民扩张对中国的威胁。

答：(1)欧美主要国家资本主义制度的确立

①1640 年，英国爆发资产阶级革命，至 18 世纪，资本主义制度在英国等欧美主要国家先后确立，新兴的资产阶级利用国家政权，制定符合本阶级利益的各项政策，以巩固自己的政治统治，并利用国家政权发展资本主义经济。

②资本主义经济的发展突出表现在工业革命的发生上，工业革命的推进，大机器生产逐渐替代了工场手工业，资本主义发展十分迅速。

(2)资本主义殖民扩张对中国的威胁

①商品生产的无限增长，需要开辟新的原料和产品市场，寻求新的殖民地。

a. 在资本原始积累时期，殖民主义者主要是通过海盗式地掠夺土地与财物、欺诈性的贸易和奴隶贩卖等方式，从世界各地攫取巨额财富。

b. 在资本主义制度确立和工业革命之后，殖民主义者加紧对一些国家和地区进行军事、政治、经济和文化等方面的侵略，使其沦为列强所垄断的商品倾销市场、廉价劳动力与廉价原料的供应地和自由投资市场。

②开辟新的市场和转移国内矛盾的需要，经济危机的发生，促使西方列强发动新的侵略战争以摆脱危机，由此，他们把目标指向了中国，中国成为新的殖民目标。

四、论述题

1. 试述近代中国的基本特征。

答：以 1840 年鸦片战争为标志，中国由封建社会逐步演变成为半殖民地半封建社会。鸦片战争是中国近代史的开端。近代中国的基本特征是一过渡社会，即从封建社会向资本主义社会转型的中间状态。其含义包括两点：一是 1840 年以后，由于资本主义的发生，中国已不是典型的封建社会。二是由于外国资本主义和本国封建势力的阻挠，中国资本主义始终难以成熟并健康发展，没有成为完全的资本主义社会。中国近代社会是一个特殊的畸形的过渡社会。

(1)近代中国是强迫型过渡

世界各国在向现代国家转型过程中，存在两种比较典型的过渡模式：社会内部因素自然演化的自发型过渡，在外部力量的促动下被迫进行的强迫型过渡。后者是在西方列强的侵略下，被迫中断自己的历史发展进程，移入资本主义生产方式，从而使原有的社会经济、政治结构发生变化。较之自发型过渡，这种外力强加的过渡是一个痛苦的过程，因为这种外力是以枪炮与战争开路的，是以本国人民遭受侵略和凌辱为代价的。

(2)近代中国是未完成型过渡

日本是强迫型过渡，但通过自身的改革，成功地摆脱了西方列强强加给它的不平等条约，迅速地成为工业国家并跻身于世界强国之列。中国虽差不多与日本同时起步(洋务运动)，但资本主义发展缓慢，始终未能在国民经济中占主导地位。政治体制变革滞后，丧失了多次大好机遇，未能完成这一过渡。

(3)近代中国社会结构长期处于新与旧并存的多重矛盾之中

①经济上：小农经济、传统手工业、旧式商业与资本主义近代工业、金融及商业并存，同时还有外国资本主义经济成为近代中国国民经济结构中的主导因素。

②政治上：中央集权君主专制制度和官僚体制是控制中国的强有力因素。辛亥革命后，北洋政府是民主形式下封建专制的复合政治结构，1928 年后，是军阀专制，国民党一党专制。帝国主义在华政治势力是“看不见的手”，通过不平等条约等特权左右中国政府，成为中国政治结构中不可分离的因素。

③文化上：以儒家伦理观和价值观为核心的传统文化依旧存在并长期占统治地位，而代表新兴资产阶级意识的新变化也逐渐兴起，表现为各种新思潮及近代文化教育的出现。在输入中国的西方文化中，既包括上升时期的资产阶级政治、经济、文化思想，也包括帝国主义殖民主义的思想与文化。

总之，近代中国的社会运动表现为双重演化趋势：一方面，帝国主义侵略中国，并与中国封建主义相勾结，不断地加深着中国的半殖民地化程度；与此同时，封建经济解体，资本主义生产关系产生并发展。另一方面，中国进步社会力量经过一次次民族战争和民族资本主义的发展，阻止了中国社会更进一步殖民地化的势头。其中既有历史的沉沦，又有历史的进步。

2. 试述近代中国的边疆危机和瓜分危机。

答：19 世纪 70 至 90 年代，自由资本主义向垄断资本主义即帝国主义阶段过渡，帝国主义国家展开了争夺殖民地的狂潮，也开始了瓜分中国、灭亡中国的罪恶阴谋。

(1)边疆危机

19 世纪 70 至 80 年代，帝国主义列强开始蚕食中国的边疆地区，中国陷入“边疆危机”。主要表现为：

①英国从印度侵入西藏，又从缅甸侵入云南。

②法国从越南侵犯广西。

③俄国从中亚入侵新疆。

④日本吞并琉球，侵犯台湾。

(2)瓜分危机

中日甲午战争后，帝国主义列强对中国的侵略和瓜分达到高潮。主要表现为：

①俄国一直把中国东北视作自己的势力范围，《马关条约》后，俄国以各种借口迫使清政府与之签订一系列不平等条约，东北全境成了俄国的势力范围。

②1898 年 3 月，德国强租胶州湾，将山东划入自己的势力范围。

③1899 年 11 月，法国强租广州湾，并要求清政府不得把云南、两广割让给他国，滇、桂、粤三省便成了法国的势力范围。

④1898 年 2 月，英国要求清政府不得将长江沿岸各省租与他国，长江流域成了英国的势力范围；6 月，强租深圳河以南、九龙半岛界限街以北及附近岛屿的中国领土 99 年；7 月强租威海卫。

⑤1898 年 4 月，日本要求清政府不得把福建省让予他国，福建成了日本的势力范围。

⑥美国于1899年9月至11月间照会各国，提出了“门户开放”政策，即美国可以获得他国在中国获得的所有权益。

3. 19世纪末，帝国主义列强瓜分中国的图谋未能实现的原因是什么？

答：19世纪末，帝国主义列强瓜分中国的图谋并未实现，其原因主要包括：

(1)帝国主义列强之间的矛盾和相互制约是一个重要原因。瓜分中国，变中国为自己的殖民地是外国列强的共同图谋，但是彼此之间又有许多矛盾、冲突，甚至可能爆发战争。因此，列强经过协商，暂缓瓜分中国，保全清政府，以使其成为统治中国的工具，实行“以华制华”。

(2)列强不能灭亡和瓜分中国的最根本原因是中国人民进行了不屈不挠的反侵略斗争。

①义和团这一农民自发的反帝爱国斗争打击了外国侵略者，加速了清王朝的灭亡，同时也促进了民族意识的觉醒。

②义和团运动在粉碎外国列强瓜分中国的斗争中发挥重要作用。义和团运动虽然存在盲目、笼统的排外主义的错误，无法认清帝国主义与清王朝互相勾结的本质，曾一度为清政府欺骗，还存在有许多迷信、落后的倾向。但在粉碎外国列强瓜分中国的斗争中，发挥了重大作用，遏制了侵略者瓜分中国的图谋。

4. 试述近代以来中华民族面临的两大历史任务及其相互关系。

答：(1)近代以来中华民族面临的两大历史任务

近代中国社会的性质和主要矛盾决定了近代以来中华民族始终面临着两大历史任务：

①求得民族独立和人民解放。

②实现国家繁荣富强和人民共同富裕。

(2)两大历史任务的相互关系

①两大历史任务的区别：

a. 求得民族独立和人民解放是要从根本上推翻中国半殖民地半封建社会的统治秩序，着重解决生产关系问题。

b. 实现国家繁荣富强和人民共同富裕是要改变近代中国经济、文化、社会落后的地位和状况，是要充分发展近代民族工商业，着重解决生产力问题。

②两大历史任务的联系：

只有完成第一大任务即求得民族独立和人民解放，才能为第二大任务即实现国家繁荣富强和人民共同富裕的完成创造条件。

a. 争取民族独立和人民解放是实现国家繁荣富强和人民共同富裕的前提条件。只有实现民族独立和人民解放，才能废除列强同中国签订的一切不平等条约，才能推翻封建专制制度，改变买办的和封建的生产关系，解放生产力，开辟走向现代化的道路。

b. 争取民族独立和人民解放的最终目的是使中国走向现代化，实现国家繁荣富强和人民的共同富裕，使中华民族自立于世界民族之林。

5. 从第一次鸦片战争到辛亥革命前夕，先进的中国人是如何探寻救国救民真理的？

答：鸦片战争打破了中国封建统治者“天朝上国”的美梦，民族意识开始觉醒，先进的中国人开始探索救国救民的途径，提出了一系列思想观点，具体如下：

(1)“师夷长技以制夷”

受到鸦片战争失败的强烈刺激，中国官吏和知识分子中少数爱国的有识之士，开始注意了解国际形势，研究外国历史和地理，总结失败教训，寻找救国的道路和御敌的方法。

①林则徐是近代中国睁眼看世界的第一人。他除了坚决主张严禁鸦片、抵御外国侵略以外，还注意了解西方，赞成正常的对外贸易。1839年，他组织翻译了英国人慕瑞的《地理大全》，编成了《四洲志》。

②1843年，魏源在《四洲志》的基础上编纂了《海国图志》，综述世界各国历史、地理及中国应采取的对外政策，提出了“师夷长技以制夷”的思想，主张学习外国先进的军事和科学技术，以期富国强兵，抵御外来侵略。

(2)早期维新思想

早期维新思想形成于19世纪70年代至90年代前期，是对鸦片战争时期林则徐、魏源等政治思想的继承和发展，是一种早期资产阶级自由主义的时代思潮，它反映了当时新兴的民族资产阶级势力的各种要求，主张用和缓渐进、以不对封建制度作根本变动的方法，对中国的政治、经济、文化等各个方面作全方位的改革。其主张具有一定程度的反对封建专制的民主思想，对中国社会产生了广泛的思想影响。

(3)救亡图存与振兴中华

中日甲午战争以后，帝国主义列强图谋瓜分中国，中华民族到了生死存亡的紧急关头，中国人民的民族意识开始普遍觉醒。

①1895年，严复在《救亡决论》一文中响亮地喊出了“救亡”的口号。此后，严复翻译了《天演论》，他用社会进化论思想，激发人们的危机意识和民族意识。1898年4月，康有为疾呼，中华民族面临着成为“笼中之鸟，釜底之鱼，牢中之囚”的危险，要求中国人民要发愤自救。

②民族危机激发了中华民族的觉醒，增强了中华民族的凝聚力，救亡图存成了时代的主旋律。1894年11月，孙中山创立革命团体——兴中会，喊出了“振兴中华”这个时代的最强音。中国的志士仁人怀着强烈的危机感和民族意识，在救亡图存、振兴中华的爱国主义精神指引下，探索挽救中华民族危亡的道路。

五、材料分析题(要求结合所学知识分析材料回答问题)

1. 结合材料回答问题：

材料1

联军占领北京之后，曾特许军队公开抢劫三日。其后更继以私人抢劫，无一英人对于抢劫之事，视为非法行动。在日本方面，则对此种掠夺之物照例归于国家，由此所得之款其数至为不少。据日本某将军之报告，只天津一处抢劫所得者，即有二百万两之多。至于美国方面，对于抢劫之事本来禁止，但美国军队颇具精明巧识，能破此种禁令，为其所欲。

——摘自瓦德西：《庚子联军统帅瓦德西拳乱笔记》

材料2

经济技术水平在战争中的作用是十分重要的，但是，决不能把它夸大为决定战争胜负的唯一因素。事实上，在中国近代历次反侵略战争中，也不乏用落后武器打败侵略者的战例，特别是在中法战争中，冯子材、刘永福、刘铭传等都曾多次打败法军。统治集团的反动腐朽，(使)林则徐等有胆识的抵抗派遭到排挤、打击，他们提出的“师夷长技以制夷”“民心可用”等克敌制胜的正确方针被当权者摒弃。群众自发的反侵略斗争受到统治者压制。

——摘自林国华：《评中国近代史研究中的一些重大分歧》

材料3

帝国主义和中国封建主义相结合，把中国变为半殖民地和殖民地的过程，也就是中国人民反抗帝国主义及其走狗的过程。从鸦片战争、太平天国运动、中法战争、中日战争、戊戌变法、义和团运动、辛亥革命、五四运动、五卅运动、北伐战争、土地革命战争，直至现在的抗日战争，都表现了中国人民不甘屈服于帝国主义及其走狗的顽强的反抗精神。中国人民，百年以来，不屈不挠、再接再厉的英勇斗争，使得帝国主义至今不能灭亡中国，也永远不能灭亡中国。

——摘自毛泽东：《中国革命和中国共产党》

(1)列强对中国的侵略造成了哪些危害?

(2)结合材料2分析近代以来中国人民反侵略斗争失败的原因。

(3)结合材料3说明帝国主义“至今不能灭亡中国，也永远不能灭亡中国”的最根本原因。

【参考答案】

(1)列强对中国的侵略造成了哪些危害?

答：列强对中国的侵略造成了以下三个方面的危害：

①政治上

a. 资本—帝国主义列强为了统治中国，在政治上采取的主要方式是控制中国政府，操纵中国的外交内政，将中国当权者变成自己的代理人和驯服工具。

b. 通过帝国主义侵略战争侵占中国领土，划分势力范围，破坏了中国的主权和领土完整。

②经济上

在经济上，列强疯狂掠夺中国人民的财产和国家财富。通过一系列不平等条约，列强控制了中国的经济命脉，把中国变成它们的商品倾销市场和原料掠夺产地，成为西方大国的经济附庸。帝国主义和封建主义的联合统治，导致近代中国经济落后、人民贫困。

③文化上

a. 列强披着宗教外衣，进行侵略活动，为侵略中国制造舆论。

b. 外国教会中的某些势力还利用宣传宗教和西学的名义，宣扬殖民主义奴化思想，企图麻醉中国人民的精神，摧毁中国人的民族自尊心和自信心。

(2)结合材料2分析近代以来中国人民反侵略斗争失败的原因。

答：近代以来中国人民反侵略斗争都以失败告终，究其原因，主要有以下两个方面：

①根本原因：社会制度的腐败

1840年以后，中国封建社会逐步沦为了半殖民地半封建社会。统治中国的清王朝，从皇帝到权贵，大多昏庸愚昧，不了解世界大势，不懂得御敌之策。许多官员贪污腐化，克扣军饷。不少将帅贪生怕死，临阵逃脱。统治者们还常常压制与破坏人民群众和爱国官兵的反侵略斗争，清政府不战而败的中法之战是典型例子。

②重要原因：经济技术的落后

19世纪中叶，西方资本主义列强经过工业革命，经济和技术飞速发展，封建的中国已被远远抛在后面。这是中国军队在战场上节节失败的重要原因。

(3)结合材料3说明帝国主义"至今不能灭亡中国，也永远不能灭亡中国"的最根本原因。

答：帝国主义列强至今不能灭亡中国，也永远不能灭亡中国的最根本原因，是中华民族进行的不屈不挠的反侵略斗争，具体包括：

①人民群众的反侵略斗争。例如，第一次鸦片战争期间的三元里人民的抗英斗争；太平天国农民战争后期的太平军曾多次重创英、法侵略军和外国侵略者指挥的洋枪队"常胜军""常捷军"；八国联军侵华时，义和团及部分清军与之展开殊死斗争等。

②爱国官兵的反侵略斗争。例如，在抗击外国侵略中表现出英勇顽强的战斗精神的刘铭传、冯子材等爱国官兵，英勇献身的关天培、邓世昌、林永升等爱国官兵。

③义和团运动发挥了一定程度的重要作用。义和团运动虽然存在盲目、笼统的排外主义的错误，无法认清帝国主义与清王朝互相勾结的本质，曾一度为清政府欺骗，还存在有许多迷信、落后的倾向。但在粉碎外国列强瓜分中国的斗争中，发挥了重大作用，遏制了侵略者瓜分中国的图谋。

2. 结合材料回答问题：

材料1

西藏和平解放，实现了祖国大陆的完全统一，为百万农奴翻身作主人开辟了道路，开启了西藏繁荣进步的历史新纪元。从60年前那个具有划时代意义的历史转折点开始，这片辽阔的高原彻底摆脱帝国主义的侵略和羁绊，历经民主改革、自治区成立、社会主义建设、改革开放的伟大历史进程，从黑暗走向光明、从落后走向进步、从专制走向民主、从贫穷走向富裕、从封闭走向开放。今天的西藏，经济发展、社会进步、文化繁荣、民生改善、民族团结、宗教和谐、人民安居乐业，正处于历史上最好的发展时期。

这60年，古老的青藏高原发生了千年未有的历史性巨变，实现了社会制度和经济社会发展的历史性跨越。这60年，占西藏人口95%以上的农奴和奴隶彻底告别封建农奴制，成为国家和社会的主人。这60年，西藏全区的生产总值、农牧民人均纯收入几十倍上百倍地增长，无公路、无航空、无铁路的历史相继终结，人民生活发生了天翻地覆的变化。这60年，西藏的民族优秀文化得到充分继承和发展，宗教信仰自由受到充分尊重和保护。这60年，西藏的自然环境得到精心保护，是世界上生态环境最好的地区之一。历史以无可辩驳的事实，揭示了一个颠扑不破的真理：没有中国共产党就没有新西藏。只有坚持中国共产党领导，坚持社会主义制度，坚持民族区域自治制度，坚持走有中国特色、西藏特点的发展路子，西藏才有繁荣进步的今天和更加美好的明天。

——《建设更加富饶祥和的新西藏》《人民日报》

材料 2

19 世纪末，帝国主义掀起瓜分中国的狂潮，英国侵略势力趁机染指西藏。英军先后于 1888 年、1903 年两次武装入侵西藏，因遭到西藏军民的抵抗而失败。在靠武装侵略没能达到将西藏变为殖民地的目的后，帝国主义开始在西藏培植亲帝分裂势力，策划把西藏从中国分裂出去的活动，煽动“西藏独立”。1907 年 8 月 31 日，英俄帝国签订《西藏协定》，第一次在国际文件中把中国对西藏地方的主权篡改为“宗主权”。1913 年，英帝国策划召开西姆拉会议，唆使西藏代表首次提出“西藏独立”的口号，当即遭到中国政府代表的拒绝。英国代表于是提出所谓“折衷”方案，企图将中国在西藏地方的主权篡改为“宗主权”，使西藏在“自治”的名义下脱离中国政府的管辖，遭到中国政府和人民的坚决反对。1914 年 7 月，中国政府代表奉命拒绝在《西姆拉条约》上签字，并发表声明概不承认任何此类条约或文件，同时将立场照会英国政府，西姆拉会议遂以破产而告终。1942 年，西藏地方政府在英国代表的支持下突然宣布成立“外交局”，公开进行“西藏独立”活动，因遭到全国人民和国民政府的反对而不得不改变原议。

1947 年，英帝国主义幕后策划邀请西藏派代表参加“泛亚洲会议”，在会场上悬挂的亚洲地图和万国旗中把西藏作为一个独立国家来对待，经中国代表团严正交涉，会议组织者不得不改正。1949 年 7 月 8 日，西藏地方政府以“防止共产党混迹西藏”为借口，下令将国民政府驻藏办事处人员及相关人员驱赶出西藏，制造了“驱汉事件”。1949 年 11 月，西藏地方政府决定派所谓的“亲善使团”赴美国、英国、印度、尼泊尔等国，寻求对“西藏独立”的政治支持和军事援助，加紧分裂国家的活动。1949 年底，美国人劳尔·汤姆斯以“无线评论员”名义在西藏探索“华盛顿给西藏以可能的援助”，并在美国报刊上宣称“美国已准备承认西藏为独立自由”的国家。1950 年上半年，一批美国枪支弹药经由加尔各答进入西藏，用以对抗中国人民解放军进藏。

历史事实清楚地证明，所谓“西藏独立”完全是新老帝国主义侵略者炮制出来的，是西方侵略势力瓜分中国领土阴谋的一部分。

——《西藏和平解放 60 年》白皮书

请回答：

(1) 结合材料分析近代以来资本—帝国主义侵略中国的最终目的是什么？

(2) 结合材料分析西方制造所谓“西藏问题”的根源是什么？

【参考答案】

(1) 结合材料分析近代以来资本—帝国主义侵略中国的最终目的是什么？

答：近代以来资本—帝国主义侵略中国的最终目的是要瓜分中国、灭亡中国。

①从 1840 年鸦片战争开始，资本—帝国主义列强发动了一次又一次侵华战争，迫使中国政府签订了数百个不平等条约，条约内容影响到中国政治、经济、军事、外交、司法、思想文化等各方面，破坏中国的领土主权，掠夺中国的大片领土，勒索赔款、掠夺财富，使中国从一个独立主权的封建国家沦为半殖民地半封建国家。

②列强侵略中国邻国，蚕食中国边疆地区一个重要目的是为了在进一步侵略或瓜分中国的争夺中，占据一个有利的地位。帝国主义侵略中国的最终目的是要瓜分中国、灭亡中国。

(2)结合材料分析西方制造所谓“西藏问题”的根源是什么?

答:“西藏问题”，是西方列强和帝国主义侵略中国的结果。争论“西藏问题”，实质上就是中国对西藏的主权问题，即西藏是中国的一部分，还是一个独立国家。中国政府和人民认为，西藏自古以来都是中国的一部分。西方制造所谓“西藏问题”的根源主要在于以下几个方面：

①19世纪末，帝国主义掀起瓜分中国的狂潮，英国入侵西藏，因遭到西藏军民的抵抗而失败。在靠武装侵略没能达到将西藏变为殖民地的目的后，帝国主义开始在西藏培植亲帝分裂势力，策划把西藏从中国分裂出去的活动，煽动“西藏独立”。

②1947年印度独立，英国殖民势力退出南亚次大陆。印度继承了包括印度安全战略的大量英国殖民主义遗产，一些人士置中印两国友好大局于不顾，仍在幻想把中国的西藏打造成中印之间的“缓冲区”。发动叛乱外逃印度的十四世达赖集团，于20世纪80年代，在美国国会和法国欧洲议会，提出了与当年英国殖民主义者印度安全战略一脉相承的“中间道路”，作为对抗中央政府的政治纲领，博得了西方反华势力的阵阵喝彩，成为西方向中国施压的依据。

③第二次世界大战后，美国出于冷战及以后对华战略的需要，通过各种方式，培植、扶持和利用十四世达赖集团对付中国，不断炒作“西藏问题”，通过涉藏法案、设立“西藏问题特别协调员”，公然违背国际法原则，干涉中国内政。

第二章　不同社会力量对国家出路的早期探索

2.1　复习指南

【视频导学（名师点拨）】

不同社会力量对国家出路的早期探索

扫码看视频导学

【知识框架（庖丁解牛）】

- 不同社会力量对国家出路的早期探索
  - 太平天国运动的起落
    - 太平天国农民战争
      - 金田起义和太平天国的建立
      - 《天朝田亩制度》和《资政新篇》
      - 从天京事变到太平天国败亡
    - 农民斗争的意义和局限
      - 太平天国农民起义的历史意义
      - 太平天国农民起义失败的原因和教训
  - 洋务运动的兴衰
    - 洋务事业的兴办
      - 兴办近代企业
      - 建立新式海陆军
      - 创办新式学堂，派遣留学生
    - 洋务运动的历史作用及失败
  - 维新运动的兴起和夭折
    - 戊戌维新运动的开展
    - 戊戌维新运动的意义和教训

【通关提要（提纲挈领）】

本章主要讲述面对帝国主义列强的侵略，近代中国社会中农民阶级、地主阶级、资产阶级等各阶层开始探索救国图存的出路，但是由于阶级局限和复杂的社会原因，种种探索出路的尝试都以失败告终。其中，具有代表性的有：太平天国运动、洋务运动、戊戌变法。本章容易考查选择题。

2.2　课后习题详解

1. 如何认识太平天国农民战争的意义和失败的原因、教训？

答：（1）太平天国农民战争的意义

①太平天国农民战争是中国近代民主革命准备时期的重要事件，其重要性体现在：

a. 沉重打击了清王朝的封建专制统治秩序，动摇了清王朝封建统治的基础，加速了清王朝的衰败。

b. 有力地打击了外国侵略势力，捍卫了国家独立和民族利益。拒绝承认不平等条约和禁止鸦片走私，并与外国侵略势力勇敢作战。

c. 冲击了孔子和儒家经典的正统权威，瓦解了封建思想和文化，在一定程度上削弱了封建统治的精神支柱。

②太平天国农民战争历时14年、转战18省，是中国旧式农民战争的最高峰，具有不同于以往农民战争的新的历史特点，具体体现在：

a.《天朝田亩制度》是最能体现太平天国社会理想和这次农民起义特色的纲领性文件。它确立了平均分配土地的方案，即根据“凡天下田，天下人同耕”的原则，将土地按亩产高低划分为9等，好坏搭配，按人口平均分配。

b.《资政新篇》是一个具有资本主义色彩的方案，它是太平天国后期颁布的社会发展方案。因此，太平天国起义具有了不同于以往农民战争的新的历史特点。

③太平天国农民战争对日后反帝反封建的启迪和鼓舞，具体体现在：

a. 在19世纪中叶的近代亚洲民族解放运动中，太平天国起义“时间最久、规模最大、影响最深”，它和其他亚洲国家的民族解放运动一道，有力地冲击了西方殖民主义者在亚洲的统治。

b. 对中国资产阶级革命派的启示和激励。孙中山在辛亥革命就以“洪秀全第二”自居，赞扬和宣传太平天国的斗争精神，决心武力反清。

(2)太平天国农民战争失败的原因和教训

①农民阶级无法克服其所固有的阶级局限性，缺乏先进阶级的领导和科学思想理论的指导，所以无法从根本上提出正确的政治纲领和社会改革方案。

②太平天国中的领导集团贪污腐败，追求享乐，这些都大大削弱了太平天国的向心力和战斗力。

③太平天国在军事战略上存在失误，比如，没有同捻军结成同盟，失去了在北方赖以发展的良机等；在天京被围困的情况下死守孤城，导致太平天国的最后覆灭。

④拜上帝教教义是发动和组织群众的，但是其不能正确指导斗争，同时给农民战争带来了危害。

⑤太平天国未能正确地对待儒学。起初将儒家经书斥之为“妖书”，后虽主张删改后加以利用，但仍全部保留了儒学中的封建纲常伦理原则。

⑥太平天国的领袖们不承认不平等条约，这是很正确的。但他们不能正确认识西方资本主义侵略者，而是笼统地把信奉天父上帝的西方人都视为“洋兄弟”。

总之，太平天国起义及其失败表明，在半殖民地半封建的中国，由于受阶级和时代的局限，农民阶级虽然具有强大的力量，但是不能担负起领导反帝反封建斗争取得胜利的重任，单纯的农民战争不可能完成争取民族独立和人民解放的历史任务。

2. 如何认识洋务运动的性质和失败的原因、教训？

答：(1)洋务运动的性质

洋务运动是清朝封建统治阶级中的地主阶级洋务派为了维护清朝的封建统治而进行的一场自救运动，既具有进步性，也具有落后的保守性。

(2)洋务运动失败的原因

①洋务运动具有封建性。洋务运动的指导思想为“中学为体，西学为用”，洋务派企图在不改变中国固有的制度与道德的前提下，以吸取西方近代生产技术为手段，来达到维护和巩固中国封建统治的目的，这严重限制了洋务运动的发展。

②洋务运动对列强具有依赖性。西方列强依据种种特权，从政治、经济等各方面加紧对中国的侵略和控制，它们并不希望中国真正富强起来，而洋务派却处处依赖外国，企图以此来达到自强求富的目的，无异于与虎谋皮。

③洋务企业的管理具有腐朽性。洋务企业虽然具有一定的资本主义性质，但其管理却仍是封建衙门式的，企业内部充斥着营私舞弊、贪污中饱、挥霍浪费等腐败现象。

(3)洋务运动失败的教训

洋务运动的失败说明，在不触动封建专制统治、不摆脱外国资本—帝国主义的侵略与控制的前提下，谋求通过局部的改革来发展本国资本主义，达到自强求富的目的是行不通的。

3. 如何认识戊戌维新运动的意义和失败的原因、教训？

答：(1)戊戌维新运动的意义

①戊戌维新运动是一次爱国救亡运动。代表着民族资本主义发展要求的知识分子是站在救亡图存和变法维新前列的，他们把向西方学习推进到一个新的高度，逐渐形成一个共识：要救国，只有维新，要维新，只有学外国。这推动了中华民族的觉醒。

②戊戌维新运动是一场资产阶级性质的政治改良运动。维新派主张君主立宪制，其虽然未能成功地建立起资本主义的君主立宪制度，但在一定程度上冲击了封建制度。

③戊戌维新运动也是一场思想启蒙运动。在维新运动期间，维新派通过组织学会、创办报刊、翻译西书、开办学堂，大力传播西方资产阶级的社会政治学说和自然科学知识，宣传自由平等、社会进化观念，批判封建君权和封建纲常伦理，开阔了人们的视野，解放了民众的思想。在维新派的推动下，文化界还形成了广泛的文化革新运动。

④维新派在改革社会风俗习惯方面也提出了许多新的主张。比如，维新派倡导讲文明，主张废除吸食鸦片及妇女缠足等恶俗陋习等。

(2)戊戌维新运动失败的原因

戊戌维新运动的失败，主要是由于维新派自身的局限和以慈禧太后为首的强大的守旧势力的反对。

①维新派是民族资产阶级的政治代表，其势力弱小，没有军队，将希望寄托在一个没有实权的皇帝身上，而以慈禧太后为首的反对变法的守旧势力却相当强大，新旧势力对比的差距预示着这场运动难以取胜。

②维新派自身的局限性是这场运动失败的重要原因，具体表现在以下三个方面：

a. 不敢否定封建主义。维新派在政治上不敢根本否定封建君主制度；在经济上虽然要求发展民族资本主义，但并未触及封建主义的经济基础——封建土地所有制；在思想上，他们虽然提倡学习西学，却仍然要打着孔子的旗号，借古代圣贤之名“托古改制”。

b. 对帝国主义抱有幻想。维新派尖锐地揭露了俄国侵华的事实，却幻想着依靠与英、日结成同盟来抵抗俄国。英、日帝国主义虽然表面上同情维新派，但实质上只是为了乘机扩大在华侵略势力。

c. 惧怕人民群众。维新派的活动基本上局限于官僚士大夫和知识分子的小圈子。他们不但脱离了人民群众，而且惧怕甚至仇视人民群众，因此，运动未能得到人民群众的支持。

(3)戊戌维新运动失败的教训

戊戌维新运动的失败，不但暴露了中国民族资产阶级的软弱性，同时也说明在半殖民地半封建的中国，企图通过统治者自上而下的改良道路来解决问题，是根本行不通的。戊戌维新的失败再次暴露出清朝统治集团的腐朽与顽固，“戊戌六君子”流血的教训促使一部分人放弃改良主张，开始走上革命的道路。此后，孙中山领导的资产阶级民主革命，就进一步发展了起来。

2.3 典型题(含考研真题)详解

一、单项选择题(下列每题给出的四个选项中，只有一个选项是符合题目要求的)

扫码看真题视频

1. 中国是一个文明古国，为人类文明作出了不可磨灭的贡献。经过工业革命，到19世纪中叶，西方资本主义强国经济和技术飞速发展。中国错失了工业革命的机遇，大幅落后于时代。导致中国落后于时代的原因是(　　)。[2023年考研政治真题]

A. 中国的封建统治者夜郎自大、闭关锁国

B. 资本—帝国主义国家对华进行资本输出

C. 中国社会的阶级关系发生了深刻变动

D. 中国被纳入世界资本主义体系

【解析】近代中国之所以落后，主要是由于封建统治者以天朝上国自居，夜郎自大，闭关锁国，落后于世界发展趋势。另一方面，西方列强凭着坚船利炮轰开了中国的大门，进行野蛮侵略。

2. 戊戌维新运动是一次爱国救亡运动，也是一次资产阶级性质的政治改良运动。维新派尽管不敢从根本上否定封建主义，但突破了洋务派“中体西用”思想的局限，主张(　　)。[2022年考研政治真题]

A. 用君主立宪制取代君主专制制度　　B. 用民主共和制度取代封建专制制度

C. 用总统共和制取代君主立宪制　　D. 用议会共和制取代君主立宪制

【解析】戊戌维新运动是一场资产阶级性质的政治改良运动。维新派突破洋务派“中体西用”思想的局限，主张改革君主专制制度。他们鼓吹民权并提出开议院的主张，也就是要用君主立宪制取代君主专制制度。

1A　2A

3. 19 世纪 60 年代到 90 年代，清朝统治阶级内部的洋务派兴办近代企业，建立新式海陆军，创办新式学堂，派遣留学生。洋务派兴办洋务新政的主要目的是(　　)。[2018 年考研政治真题]

A. 迎合帝国主义　B. 维护封建统治　C. 对抗顽固派　D. 发展资本主义

【解析】洋务运动是一次失败的封建统治阶级的自救运动。洋务派兴办洋务事业，首先是为了购买和制造洋枪洋炮以镇压农民起义，维护封建统治。

4. 甲午战争后，维新运动迅速兴起。针对洋务派提出的“中体西用”的方针，维新派指出，体与用是不可分的。中学有中学的“体”与“用”，西学有西学的“体”与“用”，把中学之“体”与西学之“用”凑在一起，就如同让“牛体”产生“马用”一样荒谬。维新派与洋务派分歧的实质是(　　)。[2013 年考研政治真题]

A. 要不要社会革命

B. 要不要以革命手段推翻清王朝

C. 要不要在中国兴办近代企业

D. 要不要学习西方的政治制度与思想文化

【解析】AB 两项，是 1905 年至 1907 年间，以孙中山为代表的革命派与以康有为、梁启超为代表的改良派之间争论的问题。C 项，在中国兴办近代企业，是维新派与洋务派都赞同的，并不是维新派与洋务派的分歧，更不是分歧的实质。

5. 由于民族危机越来越严重，在维新派的推动和策划下，1898 年 6 月 11 日，光绪皇帝颁布了“明定国是”谕旨，宣布开始变法，并在此后的 103 天中，接连发布了一系列推行新政的政令，史称“戊戌变法”，又称“百日维新”。戊戌维新是一场资产阶级性质的改良运动，这是因为变法的政令(　　)。[2019 年考研政治真题]

A. 触及了封建制度的根本

B. 采纳了维新派提出的开国会等政治主张

C. 一定程度上反映了资产阶级的政治和经济诉求

D. 带有彻底性和不妥协性

【解析】“百日维新”期间颁布的各项政令旨在开放一定程度的言论、出版、结社自由，使资产阶级享受一定程度的政治权利，促进了资本主义工商业的发展，反映了资产阶级的部分经济诉求。但这些政令和措施并未触及封建制度的根本，所要推行的是一种十分温和的不彻底的改革方案。

6. 标志太平天国由盛到衰转折的事件是(　　)。

A. 北伐失利　B. 天京事变　C. 安庆失守　D. 天京被围

【解析】1856 年 9 月，太平天国内部发生自相残杀的天京事变。东王杨秀清、北王韦昌辉先后被杀，翼王石达开率部出走败亡。天京事变严重地削弱了太平天国的领导和军事力量，成为太平天国由盛转衰的分水岭。

3B　4D　5C　6B

7. 下列太平天国的诸活动中，能与当时世界历史潮流同步的是(　　)。

A. 颁布《天朝田亩制度》

B. 洪仁玕《资政新篇》提出的主张

C. 建立农民政权

D. 规定农、副业产品的生产与分配由农村政权的基层组织实行管理

【解析】太平天国运动时期，世界历史潮流是资本主义制度正在逐步取代封建制度，世界范围内的资产阶级革命此起彼伏。《资政新篇》具有鲜明的资本主义色彩，是近代中国的先进人士最早提出的发展资本主义的近代化纲领，集中反映了当时先进的中国人向西方寻找真理和探索救国救民道路的迫切愿望，与当时世界历史潮流是同步的。

8. 以下对于太平天国的评价不正确的是(　　)。

A. 太平天国起义沉重打击了封建统治阶级

B. 太平天国起义是中国农民战争的最高峰

C. 太平天国起义冲击了儒家经典的正统权威

D. 太平天国起义有力打击了外国侵略势力

【解析】太平天国起义虽然失败了，但它具有不可磨灭的历史功绩和重大的历史意义：①太平天国起义沉重打击了封建统治阶级，强烈撼动了清政府的统治根基；②太平天国起义是中国旧式农民战争的最高峰。它把千百年来农民对拥有土地的渴望在《天朝田亩制度》中比较完整地表达了出来。③太平天国起义也冲击了孔子和儒家经典的正统权威。这在一定程度上削弱了封建统治的精神支柱。④太平天国起义还有力地打击了外国侵略势力。太平天国的领袖们拒绝承认不平等条约，严禁鸦片贸易。⑤太平天国在19世纪中叶的亚洲民族解放运动中是时间最久、规模最大、影响最深的一次，其冲击了西方殖民主义者在亚洲的统治。B项，太平天国起义是中国旧式农民战争的最高峰，而非中国农民战争的最高峰。

9. 19世纪60年代至90年代，中国发生了洋务运动。以下对洋务运动的表述正确的是(　　)。

A. 洋务运动的指导思想是“自强”“求富”

B. 洋务运动的目标是“中学为体，西学为用”

C. 洋务运动的首要目的是为了加强海防、边防

D. 洋务运动客观上对中国的早期工业和民族资本主义的发展起了某些促进作用

【解析】A项，洋务运动以“自强”“求富”为目标。B项，洋务运动的指导思想是“中学为体，西学为用”。C项，洋务派兴办洋务事业，首先是为了挽救清政府的统治危机，镇压农民起义，同时也有借此加强海防、边防，并乘机发展本集团的政治、经济、军事实力的意图。D项，洋务派提出“自强”“求富”的主张，其兴办包括上海江南制造总局、金陵机器局在内的军用企业和民用企业，在客观上对中国的早期工业和民族资本主义的发展起了某些促进作用。

10. 19世纪60年代，清朝统治集团中倡导洋务的首领人物是(　　)。

7B　8B　9D　10B

A. 曾国藩　　B. 奕䜣　　C. 李鸿章　　D. 张之洞

【解析】洋务运动是在19世纪60年代初清政府镇压太平天国起义的过程中和第二次鸦片战争结束后兴起的。其中，恭亲王奕䜣是清朝统治集团中倡导洋务的首领，他提出："查治国之道，在乎自强，而审时度势，则自强以练兵为要，练兵又以制器为先。"

11. 洋务派创办的第一个规模较大的近代军事工业是(　　)。

A. 江南制造总局　　B. 马尾船政局　　C. 天津机器局　　D. 湖北枪炮厂

【解析】为了挽救清政府的统治危机，洋务派主张引进、仿造西方的武器装备和学习西方的科学技术，创设近代企业，兴办洋务。1865年，在曾国藩的支持下，李鸿章筹办了上海江南制造总局，这是洋务派创办的第一个规模较大的近代军事工业。

12. 洋务派建成的新式海军中的主力是(　　)。

A. 福建水师　　B. 广东水师　　C. 南洋水师　　D. 北洋水师

【解析】北洋水师是在1888年正式成立的一支近代化海军舰队，同时也是清朝建立的四支近代海军中实力最强、规模最大的一支。北洋水师是清政府的海军主力，拥有舰艇20多艘，该舰队一直归李鸿章管辖。

13. 洋务派创办的具有资本主义性质的民用企业所采取的主要方式是(　　)。

A. 官办　　B. 官商合办　　C. 官督商办　　D. 商办

【解析】洋务运动期间，洋务派兴办的民用企业多数是官督商办的方式，少数采取官办或官商合办的方式。李鸿章筹办和控制的官督商办企业有轮船招商局、开平矿务局、天津电报局和上海机器织布局等。

14. 对洋务派兴办洋务事业的指导思想最先作出比较完整表述的是(　　)。

A. 李鸿章　　B. 冯桂芬　　C. 左宗棠　　D. 张之洞

【解析】对洋务派兴办洋务事业的指导思想最先作出比较完整表述的是冯桂芬，他在《校邠庐抗议》一书中说："以中国之伦常名教为原本，辅以诸国富强之术。"这个思想后来被进一步概括为"中学为体，西学为用"。"中体西用"，是指以中国封建伦理纲常所维护的统治秩序为主体，用西方的近代工业和技术为辅助，并以前者来支配后者。

15. 洋务运动期间，洋务派兴办的民用企业中，采取官督商办方式的企业基本上是(　　)。

A. 买办官僚性质的　　B. 封建主义性质的

C. 半封建半殖民地性质的　　D. 资本主义性质的

【解析】洋务运动期间，洋务派兴办的民用企业多数是官督商办的方式，这些官督商办的民用企业，虽然受官僚的控制，发展受到很大限制，但基本上是资本主义性质的近代企业。

16. 洋务运动失败的标志是(　　)。

11A　12D　13C　14B　15D　16C

A. 中法战争中国的不败而败　　B. 维新派与守旧派论战中守旧派的失败

C. 甲午战争中北洋海军全军覆没　　D.《辛丑条约》的签订

【解析】1861年1月11日，爱新觉罗·奕䜣会同桂良、文祥上奏《通筹夷务全局酌拟章程六条》，发动了一场富国强军的洋务运动。1861年新余政变后，慈禧重用洋务派，洋务派大规模引进西方先进科学技术，创办现代军工民企。甲午战争中，北洋海军全军覆没，标志着洋务运动的失败。

17. 中国民族资产阶级登上政治舞台的第一次表演是(　　)。

A. 戊戌维新运动　B. 洋务运动　C. 辛亥革命　D. 太平天国革命

【解析】戊戌维新运动是中国民族资产阶级登上政治舞台的第一次表演，是一场资产阶级性质的政治改良运动。维新派在民族危亡的关键时刻，高举救亡图存的旗帜，要求通过变法，发展资本主义，使中国走上富强的道路。戊戌维新运动的失败，主要是由于维新派自身的局限和以慈禧太后为首的强大的守旧势力的反对。

18. 戊戌维新前维新派与守旧派的激烈论战，实质上是(　　)。

A. 资产阶级思想与封建主义思想在中国的第一次正面交锋

B. 守旧派与洋务派之间的一次论战

C. 保皇派与革命派之间的一次论战

D. 帝党与后党的权力之争

【解析】封建守旧派和反对改变封建政治制度的洋务派，利用自己的地位和权力，对维新思想发动攻击，于是维新派与守旧派之间展开了一场激烈论战。论战主要围绕以下三个问题展开：①要不要变法；②要不要兴民权、设议院，实行君主立宪；③要不要废八股、改科举和兴西学。维新派与守旧派的这场论战，实质上是资产阶级思想与封建主义思想在中国的第一次正面交锋。

19. 戊戌维新的性质是一次(　　)。

A. 爱国救亡运动　　B. 政治改革运动

C. 思想启蒙运动　　D. 资产阶级性质的改良运动

【解析】戊戌维新运动是一场资产阶级性质的政治改良运动。维新派主张君主立宪制，其虽然未能成功地建立起资本主义的君主立宪制度，但在一定程度上冲击了封建制度。

20. 戊戌维新运动兴起的社会物质条件是(　　)。

A. 列强瓜分中国，民族危机急剧激化　　B. 洋务运动的失败

C. 西方科学技术知识的传播　　D. 中国民族资本主义的初步发展

【解析】19世纪90年代以后，中国民族资本主义有了初步发展。这是戊戌维新运动兴起的社会物质条件。

21. 戊戌维新时期，谭嗣同撰写的宣传变法维新主张的著作是(　　)。

A.《新学伪经考》　B.《变法通义》　C.《日本变政考》　D.《仁学》

17A　18A　19D　20D　21D

【解析】AC 两项，《新学伪经考》《日本变政考》是康有为的著作。B 项，《变法通义》是梁启超的著作。D 项，《仁学》是谭嗣同的著作。

二、多项选择题（下列每题给出的四个选项中，至少有两个选项是符合题目要求的）

1. 十九世纪下半叶，以“自强”“求富”为目标的洋务运动历时 30 年。其最终失败的主要原因是（　　）。［2010 年考研政治真题］

A. 指导思想的封建性　　B. 对外国具有依赖性

C. 资金人才的匮乏性　　D. 洋务企业管理的腐朽性

【解析】洋务运动是在“中学为体，西学为用”的封建思想的指导下，在维护封建上层建筑、经济基础的条件下发展近代企业，以维护清朝的封建统治的运动。洋务运动失败的原因主要有：①洋务运动具有封建性；②洋务运动对外国具有依赖性；③洋务运动的企业管理具有腐朽性。

2. 1898 年的“百日维新”如昙花一现，只经历 103 天就夭折了。谭嗣同在慷慨就义前仰天长叹：“有心杀贼，无力回天”。维新派“无力回天”的原因主要是（　　）。［2016 年考研政治真题］

A. 他们提倡全面学习“西学”，彻底否定“中学”

B. 他们遭到了以慈禧太后为首的强大的守旧势力的反击和镇压

C. 他们惧怕人民群众，把改革的全部希望寄托在一个没有实权的皇帝身上

D. 他们不敢触动封建主义的经济基础

【解析】戊戌维新运动的失败具有一系列深层原因：①民族资产阶级力量和维新势力弱小，只把自己实行改革的全部希望寄托在一个没有实权的光绪皇帝身上，以致遭到了以慈禧太后为首的强大的守旧势力的反击和镇压。②不敢否定封建主义。主要表现为：a. 在政治上不敢根本否定封建君主制度；b. 在经济上，并未触及封建主义的经济基础——封建土地所有制；c. 在思想上，他们虽然提倡学习西学，却仍要打着孔子的旗号，借古代圣贤之名“托古改制”。③惧怕人民群众。④对帝国主义抱有幻想。他们虽然大声疾呼救亡图存，却又幻想西方列强能帮助自己变法维新。

3. 第二次鸦片战争后，清朝统治集团内部一部分人震惊于列强的“船坚炮利”，主张学习西方以求“自强”，洋务运动由此兴起。洋务运动的一个重要内容就是创办新式学堂，主要有（　　）。［2012 年考研政治真题］

A. 翻译学堂　　B. 工艺学堂　　C. 军事学堂　　D. 法政学堂

【解析】洋务派举办的洋务事业归纳起来有三方面：兴办近代企业；建立新式海陆军；创办新式学堂，派遣留学生。其中，洋务派创办的新式学堂主要有三种：①翻译学堂，如京师同文馆，主要培养翻译人才；②工艺学堂，培养电报、铁路、矿务、西医等专门人才；③军事学堂，如船政学堂等，培养新式海军人才。

4. 在半殖民地半封建的中国，太平天国起义及其失败表明（　　）。

1ABD　2BCD　3ABC　4ABC

A．农民具有伟大的革命潜力

B．农民自身不能担负起领导反帝反封建斗争取得胜利的重任

C．单纯的农民战争不可能完成争取民族独立和人民解放的历史任务

D．单纯的农民战争对反帝反封建斗争是没有意义的

【解析】A项，太平天国农民起义动摇了清王朝封建统治的基础，有力地打击了西方资本主义侵略者，显示了农民阶级的反抗精神和战斗力量，这表明农民本身具有伟大的革命潜力。BC两项，太平天国起义的失败表明：在半殖民地半封建的中国，由于受阶级和时代的局限，农民阶级虽然具有强大的力量，但是不能担负起领导反帝反封建斗争取得胜利的重任，单纯的农民战争不可能完成争取民族独立和人民解放的历史任务。D项，太平天国起义有力地打击了清王朝封建统治的基础和西方资本主义侵略者，对于反帝反封建斗争具有重要意义。

5．太平天国农民战争的最终失败，从自身原因来看在于，农民阶级不是新的生产力和生产关系的代表，无法克服小生产者所固有的阶级局限性。主要表现在(　　)。

A．无法从根本上提出正确的政治路线

B．无法从根本上提出正确的社会改革方案

C．无法制止和克服领导集团自身腐败现象的滋长

D．无法长期保持领导集团的团结

【解析】农民阶级不是新的生产力和生产关系的代表，他们无法克服小生产者所固有的阶级局限性，因而无法从根本上提出完整的、正确的政治路线；无法从根本上提出正确的社会改革方案；无法制止和克服领导集团自身腐败现象的滋长；也无法长期保持领导集团的团结。这一切都大大削弱了太平天国的向心力和战斗力。

6．洋务派兴办洋务事业，是为了(　　)。

A．购买和制造洋枪洋炮以镇压农民起义

B．加强海防、边防

C．乘机发展本集团的政治、经济、军事实力

D．镇压太平天国起义

【解析】洋务派兴办洋务事业，一方面是为了购买和制造洋枪洋炮以镇压农民起义，另一方面是为了加强海防、边防，并乘机发展本集团的政治、经济、军事实力。这一点，在奕䜣等人的奏折中说得很明白。奕䜣提出，“探源之策，在于自强。自强之术，必先练兵”。

7．从19世纪60年代至90年代，洋务派举办的洋务事业包括(　　)。

A．创设京师大学堂　　B．建立新式海陆军

C．创办新式学堂，派遣留学生　　D．兴办近代企业

【解析】洋务派举办的洋务事业包括：①兴办近代企业，包括军用工业和民用企业；②建立新式海陆军；③创办新式学堂，派遣留学生。A项，创设京师大学堂是百日维新的一项举措，是在洋务运动时期创办的京师同文馆的基础上发展的。

5ABCD　6ABCD　7BCD

8. “中学为体，西学为用”（　　）。

A. 是以中国封建伦理纲常所维护的统治秩序为主体

B. 是以西方的近代工业和技术为辅助

C. 是洋务派兴办洋务事业的指导思想

D. 决定了洋务运动必然失败的命运

【解析】洋务运动的指导思想是“中学为体，西学为用”，即“中体西用”，是指在封建主义思想的指导下，在维持封建的上层建筑、经济基础的条件下发展一些近代企业，为维护清朝的封建统治服务。“中体西用”以中国封建伦理纲常所维护的统治秩序为主体，辅助以西方的近代工业和技术，以前者支配后者。洋务派要发展近代企业，但新的生产力与封建主义生产关系及其上层建筑不相容。这决定了洋务派企图通过吸取西方近代生产技术，来达到维护和巩固中国封建统治的目的必然失败的命运。

9. 毛泽东曾在同斯诺谈话时，两次提到《盛世危言》给予他的影响：“我读了一本叫做《盛世危言》的书，我当时非常喜欢读这本书。”“《盛世危言》激起我恢复学业的愿望。”郑观应在所著《盛世危言》中提出一系列具有重要的思想启蒙意义的主张，主要有（　　）。

A. 大力发展民族工商业　　B. 同西方国家进行“商战”

C. 设立议院　　D. 实行共和制度

【解析】19 世纪 70 年代以后，王韬、薛福成、马建忠和郑观应等人不仅主张学习西方的科学技术，同时也要求吸纳西方的政治、经济学说。他们的共同特点是具有比较强烈的反对外国侵略、追求中国独立富强的爱国思想，以及具有一定程度反对封建专制的民主思想。如郑观应在所著《盛世危言》中提出大力发展民族工商业，同西方国家进行“商战”，设立议院，实行“君民共主”制度等主张。这些主张具有重要的思想启蒙的意义。

10. 资产阶级维新派的主要代表人物有（　　）。

A. 康有为　　B. 梁启超　　C. 严复　　D. 谭嗣同

【解析】在内忧外患的冲击和中西文化的碰撞过程中，资产阶级的改良思想迅速传播开来，逐步成为变法维新的思潮，并发展成一场变法维新的政治运动。资产阶级维新派主要代表人物有：康有为、梁启超、谭嗣同、严复等。

三、简答题

1. 简述洋务派兴办洋务事业的指导思想。

答：洋务运动是在 19 世纪 60 年代初清政府镇压太平天国起义的过程中和第二次鸦片战争结束后兴起的。

冯桂芬最早对洋务派兴办洋务事业的指导思想作出比较完整的表述。他提出：“以中国之伦常名教为原本，辅以诸国富强之术。”该思想后来被进一步概括为“中学为体，西学为用”，即“中体西用”。具体而言，“中学”特指“中国的文武制度”，即封建制度；“西学”特指西方的坚船利炮和其他先进科学技术，主要是指“长技”。“中体西用”以中国封建伦理纲常所维护的统治秩序为主体，以西方的近代工业和技术为辅助，以前者支配后者。

8ABCD　9ABC　10ABCD

2. 简述洋务运动的主要内容。

答： 19世纪60到90年代，洋务派举办的洋务事业归纳起来主要有以下三个方面：

(1)兴办近代企业

①兴办军用工业。这些企业都是官办的，其中规模较大的有5个：

a. 1865年，曾国藩支持、李鸿章筹办的上海江南制造总局，是当时国内最大的兵工厂。

b. 1865年，李鸿章在南京设立金陵机器局。

c. 1866年，左宗棠在福建创办的福州船政局(附设有船政学堂)是当时国内最大的造船厂。

d. 1867年，崇厚在天津建立天津机器局。

e. 1890年，张之洞在汉阳创办湖北枪炮厂。

30余年中先后办过24个规模不同的兵工厂，还设有译书局，聘请中外人士翻译了百余种科技、军工和人文科学书籍，在介绍与传播西方资本主义科技、文化上起了一定作用。

②兴办一些民用企业。这些企业大多采取官督商办的方式。李鸿章筹办或控制的企业有轮船招商局、开平矿务局、天津电报局和上海机器织布局。这些官督商办的民用企业基本上是资本主义性质的近代企业。

(2)建立新式海陆军

①19世纪60年代，京师和天津、上海、广州、福州等地的军队用外国教练，改用洋枪、洋炮。李鸿章的淮军、左宗棠的湘军也是用洋枪装备的军队。

②1874年，中国台湾被日军侵犯，海防、建设海军之议随之兴起。19世纪70到90年代分别建成福建水师、广东水师、南洋水师和北洋水师。清政府的海军主力是北洋水师，拥有舰艇20多艘。

(3)创办新式学堂、派遣留学生

为培养懂得西方先进技术的专业人才，洋务派创办了20多所新式学堂。主要有三种：

①翻译学堂，主要培养翻译人才。

②工艺学堂，主要培养电报、铁路、矿务、西医等专门人才。

③军事学堂，如船政学堂等。

3. 洋务运动的历史作用是什么?

答： 洋务运动的历史作用主要体现在以下四个方面：

(1)在客观上促进了中国早期工业和民族资本主义的发展

洋务派继承了魏源的“师夷长技以制夷”的思想，以“自强”“求富”为目标，通过所掌握的国家权力，集中力量优先发展军事工业，同时也发展若干民用企业，使资本主义经济成分在社会经济中明显增长。

(2)成为中国近代教育的开端

洋务派开办了一批新式学堂，派出了最早的官派留学生，这是中国近代教育的开始。新式学堂打破了旧式教育和科举制度一统天下的局面，培养了一批近代科技军事人才。官派留学生归国后大都成为重要的专业人才，如詹天佑成为著名铁路工程师，严复成为近代著名启蒙思想家。

(3)传播了新知识，打开了人们的眼界

洋务派翻译了一批西学的书籍，介绍西方近代的科学文化知识，给当时的中国带来新知识、新学问，开阔了人们的眼界。

(4)引起了社会风气和价值观念的变化

随着洋务运动的兴起和资本主义生产方式的出现，传统的价值观念也受到冲击，社会风气也有所改变。传统的“重本抑末”观念受到很大冲击，社会风气和价值观念开始变化，工商业者的地位上升。在对世界和中国自身的认识方面，传统的“夷夏”观念也有改变，西方的科学技术不再被视为“奇技淫巧”，“西学”成为中国求强求富的学问。

4. 简述维新运动兴起的社会历史条件。

答：维新运动兴起的社会历史条件有以下几点：

(1)维新运动作为一次具有相当规模的政治运动，是列强在华划分势力范围、民族危机急剧激化的产物。

(2)中国民族资本主义的初步发展，为维新运动兴起提供物质条件。

(3)洋务运动的开展和民族近代工业的出现，催生了早期维新思想家，奠定了阶级基础。

(4)中日甲午战争后，人们普遍对洋务派所标榜的“自强”“求富”的口号产生怀疑，逐渐形成了一种共识，即要救国，只有维新，为维新运动创造了良好的社会氛围。

5. 简述维新派和守旧派论战的主要内容和意义，它的实质是什么？

答：封建守旧派和反对改变封建政治制度的洋务派对维新思想发动攻击，斥之为“异端邪说”，维新派与守旧派之间展开了一场激烈论战。

(1)维新派和守旧派论战的主要内容

①要不要变法

a. 守旧势力坚持“祖宗之法不能变”，否则就是“违背天理”。

b. 维新派指出，事物的进化是自然界和人类社会发展的必然法则，中国当下的形势，只有维新变法，才能挽救危亡。

②要不要兴民权、设议院，实行君主立宪

a. 守旧派认为民权之说无一益而有百害。

b. 维新派运用西方资产阶级政治学说，对封建专制制度进行批判，认为只有兴民权、设议院，实行君主立宪，才是当时中国理想的政治方案。

③要不要废八股、改科举和兴学堂

a. 守旧势力认为八股取士的科举制度是不可改变的。

b. 维新派痛斥科举制度，要求废八股、改科举和兴学堂。

(2)维新派和守旧派论战的意义

维新派和守旧派的论战所涉及的领域十分广泛，集中反映了近代中国在文化思想领域出现的中学和西学、新学和旧学之争，进一步开阔了新型知识分子的眼界，解放了人们长期受到束缚的思想。这场论战为维新变法运动作了思想舆论的准备。

(3)维新派和守旧派论战的实质

维新派与守旧派的论战，实质上是资产阶级思想与封建主义思想在中国的第一次正面交锋。

6. 19世纪末，维新派对封建主义妥协的主要表现。

答：19世纪末，维新派对封建主义妥协的主要表现有：

（1）不敢否定封建主义

①在政治上，维新派不敢根本否定封建君主制度，而是幻想通过和平、合法的手段实现自上而下的改良，逐步实现君主立宪制，让资产阶级和开明绅士的代表参加政权。

②在经济上，维新派没有触及封建土地所有制。

③在思想上，维新派提倡学习西学，但却仍要打着孔子的旗号。

（2）对帝国主义抱有幻想

维新派一直幻想西方列强能帮助自己。而帝国主义列强决不愿意中国成为一个独立强大的资本主义国家。当时，英国与日本，虽然为了抵制俄国的扩张，曾对中国维新运动表示同情并拉拢维新派，但始终未能给予实质性的具体援助。维新派在戊戌政变前曾分别乞求英、美、日公使的支持，全都无果。

（3）惧怕人民群众

维新派的活动范围很有限，基本上局限于一些官僚士大夫和知识分子。维新派不仅脱离人民群众，而且惧怕甚至仇视人民群众。由于缺乏群众的支持，当维新派得知守旧势力要发动军事政变时，只能求助于拥有兵权的袁世凯，结果被其出卖。

7. 清末对国家出路的三次探索的失败分别说明了什么？

答：清末对国家出路的三次探索分别是太平天国运动、洋务运动和维新运动，这些运动都以失败而告终。这三次探索的失败表明：

（1）太平天国农民起义动摇了清王朝封建统治的基础，有力地打击了西方资本主义侵略者，显示了农民阶级的反抗精神和战斗力量。太平天国农民战争的失败表明，在半殖民地半封建的中国，农民具有伟大的革命潜力；但它自身不能担负起领导反帝反封建取得胜利的重任。单纯的农民战争不可能完成争取民族独立和人民解放的历史任务。

（2）洋务运动提出“自强”“求富”的主张，兴办洋务新政，主要是为了维护封建统治，但却没有使中国富强起来。在甲午战争中，北洋海军全军覆没，标志着洋务运动失败。洋务运动的失败表明，在维持封建的上层建筑、经济基础的前提下“自强”“求富”，是走不通的。

（3）戊戌维新运动是中国民族资产阶级登上政治舞台的第一次表演，其失败暴露了中国民族资产阶级的软弱性，同时也表明企图通过统治者走自上而下的改良的道路是根本行不通的。只有使用革命的手段，推翻帝国主义、封建主义联合统治的半殖民地半封建的社会制度，才能真正获得胜利。

四、论述题

1. 试述《天朝田亩制度》的性质和基本内容。

答：1853年颁布的《天朝田亩制度》，是最能体现太平天国社会理想和这次农民战争特点的纲领性文件。

(1)《天朝田亩制度》的性质

①《天朝田亩制度》实际上是一个以解决土地问题为中心的比较完整的社会改革方案，体现了广大农民要求平均分配土地的强烈愿望，比历代农民起义所提出的口号更深刻。

②《天朝田亩制度》突出反映了农民要求废除封建土地所有制的普遍要求，是几千年来农民反封建斗争的思想结晶。它体现了绝对平均主义思想，幻想在分散的小农经济基础上实行均贫富。这无法调动人们的劳动积极性，只是空想，根本无法实现。

(2)《天朝田亩制度》的基本内容

①《天朝田亩制度》确立了平均分配土地的方案，根据“凡天下田，天下人同耕”的原则，将田地按亩产高低分为9等，好坏搭配，按人口平均分配。凡16岁以上的男女，每人皆可分得一份数量相同的土地，不满16岁的减半。

②《天朝田亩制度》规定了农副业产品的生产与分配，都以农村政权的基层组织“两”来实行管理，每25户为一两。分得土地的农民都要参加农副业生产劳动，每“两”生产的农副业产品，除满足自己需求外，余则归国库。支出也由国库统一分配。

③《天朝田亩制度》涵盖了从经济基础到上层建筑的多方面问题，通过该方案，太平天国领导人希望建立一个“有田同耕，有饭同食，有衣同穿，有钱同使，无处不均匀，无人不饱暖”的理想社会。

2. 试述《资政新篇》的性质和主要内容。

答：太平天国后期，“干王”洪仁玕提出《资政新篇》，作为统筹全局的改革方案。

(1)《资政新篇》的性质

《资政新篇》是一个带有鲜明的资本主义色彩的改革与建设方案，但通篇未涉及农民问题和土地问题。这一致命的弱点，决定了这个方案从一开始就缺乏实施的阶级基础和社会条件。

(2)《资政新篇》的主要内容

①政治方面：主张“禁朋党之弊”，加强中央集权，制定法律、制度；设“暗柜”，用以监督官员，改革弊政。

②经济方面：主张发展近代工矿、交通、邮政、银行等事业；吸取外国的科学技术，奖励科技发明和机器制造；提出“准富者请人雇工”，即提倡资本主义的雇佣劳动制。

③文化方面：提出设新闻官、新闻馆；主张革除缠足、溺婴等社会陋习；提倡兴办学校、医院和社会福利事业。

④外交方面：主张同世界各国平等交往、自由通商，但严禁鸦片输入；强调允许外国人为天国献策，但不得毁谤国法。

3. 试述百日维新的主要内容及其意义。

答：1898年6月11日，光绪皇帝在维新派的推动和策划下，颁布“明定国是”诏书，宣布开始变法。在此后的103天里，光绪皇帝颁布了一系列变法上谕，史称戊戌变法，又称“百日维新”。

(1)“百日维新”的主要内容

①政治方面

a. 改革行政机构，裁撤闲散、重叠机构。

b. 裁汰冗员，澄清吏治，提倡廉政。

c. 提倡向皇帝上书言事。

d. 准许旗人自谋生计，取消他们享受国家供养的特权。

②经济方面

a. 保护、奖励农工商业和交通采矿业，中央设立农工商总局与铁路矿务总局，各省设立商务局。

b. 提倡开办实业，奖励发明创造。

c. 注重农业发展，提倡西法垦殖，建立新式农场。

d. 广办邮政，修筑铁路。

e. 开办商学、商报，设立商会等各类组织。

f. 改革财政，编制国家预决算。

③军事方面

a. 裁减旧式绿营兵，改练新式陆军。

b. 采用西洋兵制，练洋操，习洋枪等。

④文化教育方面

a. 创设京师大学堂，各省书院改为高等学堂，在各地设立中、小学堂。

b. 提倡西学，废除八股，改试策论，开经济特科。

c. 设立译书局，翻译外国书籍，派人出国留学。

d. 奖励新著，奖励创办报刊，准许自由组织学会。

(2)“百日维新”的意义

参见本章课后习题第3题答案。

五、材料分析题(要求结合所学知识分析材料回答问题)

1. 结合材料回答问题：

材料1

1861年1月，恭亲王奕䜣在《筹划清朝大计》中奏称：英、法在《北京条约》订立后南撤，“所请尚以条约为据。是该夷并不利我土地人民，犹可以信义笼络……似与前代之事稍异”。“就今日之势论之：发(指太平军)、捻交乘，心腹之害也，俄国……肘腋之忧也，英国……肢体之患也。故灭发、捻为先，治俄次之，治英又次之”。“就目前计之。按照条约不使稍有侵越，外敦信睦……尚不致遽为大害”。此奏得到咸丰帝批准。

材料2

对洋务派兴办洋务事业的指导思想最先作出比较完整表述的是冯桂芬。他在《校庐抗议》一书中说：“以中国之伦常名教为原本，辅以诸国富强之术。”这个思想后来被进一步概括为“中学为体，西学为用”。

材料3

1872年，李鸿章通过官督商办的形式创办起轮船招商局，规定该局平时运输官粮客货，战时装载援兵军火，在经营方面，除官款取息7厘、向朝廷"报效"之外，盈亏全归商人。该局很快受到英、美轮船公司巨大压力，最后于1893年和英国在华两大轮船公司订立"齐价合同"，规定彼此停止竞争，共同垄断沿海和长江航运。中法战争中，该局船只悬挂美国旗帜以避险。

(1)结合材料1说明洋务运动的主要目的是什么?

(2)结合材料2、3，说明如何正确评价洋务运动的历史地位?

【参考答案】

(1)结合材料1说明洋务运动的主要目的是什么?

答：洋务运动是在19世纪60年代初清政府镇压太平天国起义的过程中和第二次鸦片战争结束后兴起的。为了挽救清政府的统治危机，封建统治阶级中的部分成员，主张引进、仿造西方的武器装备和学习西方的科学技术，创设近代企业，兴办洋务。洋务派遵循"中学为体，西学为用"的思想，集中力量优先发展军事工业，兴办洋务新政，其主要目的是镇压农民起义。

(2)结合材料2、3，说明如何正确评价洋务运动的历史地位?

答：洋务派提出"自强""求富"的主张，优先发展军事工业，同时发展民用企业，在客观上对中国的早期工业和民族资本主义的发展起了某些促进作用。但洋务派兴办洋务新政，主要是为了维护封建统治，并不是要使中国朝着独立的资本主义方向发展，应该从以下几个方面对洋务运动的历史地位进行评价：

①洋务运动时期，开办了一批新式学堂以培养通晓洋务的人才，派出了官派留学生，标志着中国近代教育的开始。另一方面还翻译了一批近代自然科学书籍，开拓人们的眼界。

②洋务运动时期，"重本抑末"等观念受到冲击，随着社会风气和价值观念的变化，工商业者的地位上升。这些都有利于资本主义经济的发展和社会风气的改变。

③经历30多年，洋务运动兴办了企业，建立了海军，最终却没有使中国富强起来。甲午战争中，北洋海军全军覆没，标志着洋务运动失败。洋务运动失败的原因主要有：

a. 洋务运动具有封建性。洋务运动遵循"中学为体，西学为用"的思想，但由于新的生产力同封建主义的生产关系及其上层建筑不相容，这就决定了它必然失败的命运。

b. 洋务运动对列强具有依赖性。清政府已与西方国家签订了一批不平等条约，西方列强从政治、经济等各方面加紧对中国的侵略和控制，而洋务派官员一再主张对外"和戎"，其所兴办的企业一切仰赖外国。

c. 洋务企业的管理具有腐朽性。洋务派所创办的企业管理仍是封建衙门式，所办的军事工业完全由官方控制，经济效益低下。

正因为如此，洋务运动不可能避免最终失败的命运，并没有使中国真正走上近代化的道路。

2. 结合材料回答问题：

材料1

若夫美、法民政，英、德宪法，地远俗殊，变久迹绝，臣故请皇上以俄大彼得之心为心法，以日本明治之敢为政法也。然求其时地不远，教俗略同，成效已彰，推移即时，若名书佳画，墨迹尚存，而易于临摹，如宫室衣裳，裁量恰符，而立可铺设，则莫如取鉴于日本之维新矣。

……考其维新之始，百度甚多，惟要义有三：一曰大誓群臣以定国是，二曰立对策所以征贤才，三曰开制度局而定宪法……日本之强，效原于此。

——摘自康有为：《应诏统筹全局折》

材料 2

富国之法有六，曰钞法，曰铁路，曰机器轮舟，曰开矿，曰铸银，曰邮政……养民之法：一曰务农，二曰劝工，三曰惠商，四曰恤穷。

——摘自康有为：《上清帝第二书》

材料 3

维新派的目标正是我们的目标，他们的计划好倒是好，就是有些不切实际和操之过急。然而，距今大约三十年以前，绝大多数局外人不也是这样评论日本的明治维新，而明治维新不是扫除了日本的旧秩序吗？不打破鸡蛋就不可能做成煎鸡蛋卷。

——摘自《泰晤士报》主编姬乐尔致该报驻北京记者莫理循的信(1898 年 11 月 25 日)

(1)简析戊戌维新变法的意义。

(2)“不打破鸡蛋就不可做成煎鸡蛋卷”给我们哪些启示?

【参考答案】

(1)简析戊戌维新变法的意义。

答：参见本章课后习题第 3 题答案。

(2)“不打破鸡蛋就不可做成煎鸡蛋卷”给我们哪些启示?

答：“不打破鸡蛋就不可做成煎鸡蛋卷”给我们以下启示：

①戊戌维新变法的失败，不仅暴露了民族资产阶级的软弱性，同时也说明在半殖民地半封建的旧中国，企图通过统治者走自上而下的改良的道路，是根本行不通的；要想争取国家的独立、民主、富强，必须用革命的手段，推翻帝国主义、封建主义联合统治的半殖民地半封建的社会制度。

②戊戌维新的失败又一次暴露出清朝统治集团的腐朽与顽固，“戊戌六君子”流血的教训使一部分人放弃改良主张，开始走上革命的道路。此后，孙中山领导的资产阶级民主革命进一步发展了起来。

第三章 辛亥革命与君主专制制度的终结

3.1 复习指南

【视频导学（名师点拨）】

辛亥革命与君主专制制度的终结

扫码看视频导学

【知识框架（庖丁解牛）】

- 辛亥革命与君主专制制度的终结
  - 举起近代民族民主革命的旗帜
    - 辛亥革命爆发的历史条件
      - 民族危机加深，社会矛盾激化
      - 清末“新政”及其破产
      - 资产阶级革命派的阶级基础和骨干力量
    - 资产阶级革命派的活动
    - 三民主义的提出
      - 民族主义
      - 民权主义
      - 民生主义
    - 关于革命与改良的辩论
      - 要不要以革命手段推翻清王朝
      - 要不要推翻帝制，实行共和
      - 要不要进行社会革命
  - 辛亥革命与中华民国的建立
    - 辛亥革命的爆发与清王朝覆灭
    - 中华民国的建立
  - 北洋军阀统治与旧民主主义革命的失败
    - 封建军阀专制统治的形成
    - 旧民主主义革命的失败

【通关提要（提纲挈领）】

本章主要介绍了以孙中山先生为首的资产阶级革命派，在戊戌变法失败后逐渐从和平改良转向武装起义推翻清朝封建统治的革命探索。辛亥革命开创了完全意义上的近代民族民主革命，因而是本章重点，需要重点把握。本章容易考查分析题。

3.2 课后习题详解

1. 革命派在与改良派论战中是如何论述革命的必要性、正义性、进步性的?

答: 1905年至1907年间，围绕中国究竟是采取革命手段还是改良方式这个问题，革命派和改良派开展了一场大论战，革命派在论战中论述了革命的必要性、正义性和进步性，具体如下:

(1)革命的必要性

资产阶级革命派指出，清政府是帝国主义的“鹰犬”，因此爱国必须革命，只有通过革命，才能免“瓜分之祸”，获得民族独立和社会进步。人们在革命过程中所付出的努力，乃至作出的牺牲，是以换取历史的进步作为补偿的。

(2)革命的正义性

对于改良派提出的“中国国民恶劣”说，革命派针锋相对地指出，不是“国民恶劣”，而是“政府恶劣”，民主共和是大势所趋，人心所向，拯救中国与建设中国都必须取法乎上，直接推行民主制度。只有“兴民权改民主”才是中国的唯一出路。

(3)革命的进步性

革命派强调，当时的中国存在着严重的“地主强权”和“地权失平”的现象，必须通过平均地权以实现土地国有，在进行政治革命的同时实现社会革命，才能避免贫富不均等一系列社会问题的出现。

2. 为什么说孙中山领导的辛亥革命引起了近代中国的历史性巨大变化?

答: 孙中山领导的辛亥革命使中国发生了历史性的巨变，主要体现在以下几个方面:

(1)辛亥革命推翻了清王朝的统治，清王朝是封建势力的政治代表、帝国主义在中国的代理人。这沉重打击了中外反动势力，使得中国反动统治者在政治上乱了阵脚。自此以后，帝国主义与封建势力在中国再也不能建立起比较稳定的统治，从而为中国人民斗争的发展开辟了道路。

(2)辛亥革命结束了中国延续两千多年封建社会的君主专制制度，建立了中国历史上第一个资产阶级共和政府，使民主共和的观念开始深入人心，并在中国形成了民主主义观念。当袁世凯、张勋先后复辟帝制时，都受到了社会舆论的强烈谴责和人民群众的坚决反抗。

(3)辛亥革命推动了中国人民的思想解放。“敢有帝制自为者，天下共击之”的民主主义观念，颠覆了自古以来皇帝被看作至高无上的绝对权威的观念，打开了禁锢思想进步的闸门。

(4)辛亥革命推动了中国的社会变革，促使社会经济、思想习惯和社会风俗等方面发生了新的积极变化。南京临时政府颁布的一些政策和措施使民族资本主义经济取得了发展。革命政府还提倡社会新风，扫除旧时代的“风俗之害”，不仅改变了社会风气，也有助于人们的精神解放。

(5)辛亥革命不仅在一定程度上打击了帝国主义的侵略势力，而且助推了亚洲各国民族解放运动的高涨。

3. 辛亥革命为什么会失败？它的失败说明了什么？

答：(1)辛亥革命失败的原因

①客观原因

a. 从根本上说，是因为在帝国主义时代，在半殖民地半封建的中国，资本主义的建国方案是行不通的。帝国主义决不容许中国建立一个独立、富强的资产阶级共和国，使得帝国主义丧失殖民利益。

b. 中国封建势力异常强大而且贪婪顽固，作为掌握政权的他们只想凭借手中的权力来掠夺，竭力地维护封建统治秩序，为此不惜与帝国主义相勾结，出卖国家主权。

总之，帝国主义与以袁世凯为代表的大地主大买办势力，以及旧官僚、立宪派等一起勾结起来，从外部和内部绞杀了这场革命。

②主观原因

从主观方面来说，辛亥革命的失败在于其领导者资产阶级革命派的软弱性和妥协性，中国民族资本主义先天不足后天失调，使得其本身存在着许多弱点和错误。具体分析如下：

a. 没有提出彻底的反帝反封建的革命纲领。同盟会反满，反君主政体，却放过了主要敌人——帝国主义列强，他们没有明确提出反帝的口号，因此在清帝退位后，就失去了前进的目标。他们不敢和外国资本主义进行正面斗争，幻想以妥协和退让来得到外国资本主义的同情和支持，结果革命却被外国资本主义绞杀。他们只强调反满和建立共和政体，而没有认识到必须反对封建地主阶级，致使一些汉族旧官僚和旧军官也混入革命的营垒，结果让袁世凯篡夺了革命果实。

b. 不能充分发动和依靠人民群众。由于中国民族资产阶级同封建势力有千丝万缕的联系，因而不敢依靠反封建的主力军——农民群众。他们利用会党、新军，却不发动广大农民，在革命的高潮时期，甚至镇压农民的反封建斗争。

c. 革命派没有形成统一的、坚强的领导核心。不能建立坚强的革命政党，作为团结一切革命力量的强有力的核心。同盟会内部的组织比较松懈，派系纷杂，缺乏一个统一与稳定的领导核心。

d. 革命党人没有建立自己的革命武装，以推翻旧政府，保卫新政权。他们依靠的是清军士兵和民间秘密反清会党。武昌起义后，各地建立的民军，大部分是由原来的旧军和会党改编而成，领导权也掌握在立宪派和旧官僚手里。

(2)辛亥革命的教训

①中国民族资产阶级革命注重上层，而轻视对下层民众，尤其是对广大工人、农民的争取，他们热衷于暗杀和论战，对武装力量的重视不够。另外，他们提出的革命纲领中并没有彻底地解决广大下层人民尤其是农民的土地问题，无法调动他们的革命热情，无法壮大资产阶级革命的力量，最终造成资产阶级革命的失败。

②辛亥革命的失败，给中国的教训：

a. 中国民族资产阶级不可能彻底推翻外国列强和封建主义的反动统治，不可能独立领导中国革命取得胜利。

b. 半殖民地半封建的中国不能重走西方的老路，资产阶级共和国的救国方案，在中国是行不通的。

③辛亥革命的失败，也给中国留下了一些启示：在20世纪初的中国，要想革命取得成功，必须具备以下条件：

a. 必须有一个彻底的反帝反封建的革命纲领。

b. 必须有坚强正确的革命政党。

c. 必须联合广大的农民，解决农民的土地问题。

d. 必须建立一支人民的革命军队。

3.3 典型题(含考研真题)详解

一、单项选择题(下列每题给出的四个选项中，只有一个选项是符合题目要求的)

扫码看真题视频

1. 在孙中山的思想中，“平均地权”“节制资本”属于(　　)。[2008年考研政治真题]

A. 民族主义　　B. 民权主义　　C. 民生主义　　D. 民主主义

【解析】1905年，孙中山首次把同盟会的十六字政纲“驱除鞑虏，恢复中华，建立民国，平均地权”概括为“三民主义”：民族、民权、民生三大主义。后来，孙中山在国民党一大上重新解释了三民主义，发展了新“三民主义”，其中“民生主义”方面增加了“节制资本”的内容。

2. 毛泽东在谈到辛亥革命时指出，辛亥革命有它胜利的地方，也有它失败的地方。“辛亥革命把皇帝赶跑，这不是胜利了吗？说它失败，是说辛亥革命只把一个皇帝赶跑。”毛泽东这里所说的“只把一个皇帝赶跑”是指(　　)。[2015年考研政治真题]

A. 没有推翻帝制　　B. 反帝反封建的革命任务没有完成

C. 孙中山没有继续革命　　D. 袁世凯窃取了胜利果实

【解析】A项，辛亥革命结束了统治中国两千多年的封建帝制。C项，辛亥革命后孙中山继续进行革命，先后领导了二次革命、护法运动。D项，辛亥革命后袁世凯窃取了胜利果实以及张勋复辟，都说明了辛亥革命并没有完成反帝反封建的历史任务。

3. 我国的科举制度正式废除于(　　)。

A. 1904年　　B. 1905年　　C. 1906年　　D. 1908年

【解析】为摆脱困境，清政府于1901年4月成立督办政务处，宣布实行“新政”。此后，陆续推行了一些方面的改革，包括：①设立商部、学部和巡警部等中央行政机构；②裁撤绿营，建立新军；③颁布商法商律，奖励工商；④鼓励留学，颁布新的学制，并下令从1906年起正式废除科举考试。

4. 清末“预备立宪”并没有能够挽救清王朝，反而加重了统治危机，主要原因在于清政府的改革的根本目的是(　　)。

A. 仿效欧美政体　　B. 发展资本主义

1C　2B　3C　4C

C. 延续清政府的统治　　　　　　　　D. 缓和阶级矛盾

【解析】在政治制度改革的呼声日益强烈的情况下，清政府 1906 年宣布“预备仿行宪政”，并于 1908 年颁布《钦定宪法大纲》，制定了预备立宪期为 9 年的君主立宪方案。预备立宪并没有能够挽救清王朝，反而激化了社会矛盾，加重了危机。主要原因在于，清政府改革的根本目的是延续其反动统治。为巩固皇权，清政府迟迟不答应资产阶级立宪派提出的关于立即召开国会的要求，而且还镇压了立宪派的国会请愿运动，同时却不断借立宪之名加强皇权。

5. 1903 年在《驳康有为论革命书》中歌颂革命为“启迪民智，除旧布新”良药的是(　　)。

A. 邹容　　　　B. 章炳麟　　　　C. 陈天华　　　　D. 严复

【解析】1903 年，章炳麟发表了《驳康有为论革命书》，反对康有为的保皇观点，歌颂革命为“启迪民智，除旧布新”的良药，强调中国人民完全有能力建立民主共和制度。A 项，邹容写了《革命军》，以“革命军中马前卒”的名义，热情讴歌革命，号召人民推翻清朝统治，建立“中华共和国”。C 项，陈天华写了《警世钟》《猛回头》两本小册子，痛陈帝国主义侵略给中国带来的深重灾难，揭露清政府已经成了帝国主义统治中国的工具，号召人民奋起革命，推翻清政府这个“洋人的朝廷”。D 项，严复翻译了《天演论》，提倡西学，反对洋务派“中体西用”的观点，主张实行维新变法。

6. 近代中国第一个领导资产阶级革命的政党是(　　)。

A. 兴中会　　　　B. 光复会　　　　C. 同盟会　　　　D. 华兴会

【解析】1905 年 8 月 20 日，孙中山和黄兴、宋教仁等人在日本东京成立中国同盟会，孙中山被公举为总理，黄兴被任命为执行部庶务，实际主持会内日常工作。同盟会以《民报》为机关报，并确定了革命纲领。这是近代中国第一个领导资产阶级革命的全国性政党，它的成立标志着中国资产阶级民主革命进入了一个新的阶段。

7. 中国同盟会成立时确立的政治纲领是(　　)。

A. 反对君主立宪

B. 实行民族主义、民权主义、民生主义

C. 驱除鞑虏，恢复中国，创立合众政府

D. 驱除鞑虏，恢复中华，创立民国，平均地权

【解析】A 项，“反对君主立宪”是同盟会成立前后，资产阶级革命民主派从事革命活动的主要任务之一。B 项，“实行民族主义、民权主义、民生主义”是同盟会成立时确立的资产阶级民主革命纲领。其后，孙中山又对其进行进一步完善。C 项，“驱除鞑虏，恢复中国，创立合众政府”是孙中山创建兴中会时提出的革命口号。D 项，“驱除鞑虏，恢复中华，创立民国，平均地权”是同盟会成立时确立的政治纲领。

8. 中国同盟会的机关报是(　　)。

5B　6C　7D　8A

A. 《民报》　　B. 《苏报》　　C. 《民国日报》　　D. 《新民丛报》

【解析】1905年8月20日，孙中山、黄兴等人在东京成立中国同盟会。同盟会以“驱除鞑虏，恢复中华，创立民国，平均地权”为纲领，机关报为《民报》。

9. 孙中山将同盟会的纲领概括为三民主义，即民族主义、民权主义、民生主义。其中下列属于民权主义内容的是(　　)。

A. 以革命手段推翻清朝政府，改变它一贯推行的民族歧视和民族压迫政策

B. 追求民族独立，建立中华民族“独立的国家”

C. 推翻封建君主专制制度，建立资产阶级民主共和国

D. 核定全国土地的地价，其现有之地价，仍属原主；革命后的增价，则归国家，为国民共享

【解析】1905年11月，在同盟会机关报《民报》发刊词中，孙中山将同盟会的纲领概括为三大主义，即民族主义、民权主义、民生主义，后被称为三民主义。民族主义包括“驱除鞑虏，恢复中华”两项内容：①以革命手段推翻清朝政府，改变它一贯推行的民族歧视和民族压迫政策；②建立中华民族“独立的国家”。民权主义的内容是“创立民国”，即推翻封建君主专制制度，建立资产阶级民主共和国。民生主义在当时是指“平均地权”，即孙中山所说的社会革命。

10. 辛亥革命前革命派与改良派论战的焦点是(　　)。

A. 要不要以革命手段推翻清王朝　　B. 要不要进行社会革命

C. 要不要推翻帝制，实行共和　　D. 要不要变法

【解析】1905年至1907年间，围绕中国究竟是采用革命手段还是改良方式这个问题，革命派与改良派分别以《民报》《新民丛报》为主要舆论阵地，展开了一场大论战。双方论战涉及的核心问题主要有三个：①要不要以革命手段推翻清王朝，这是双方论战的焦点；②要不要进行社会革命；③要不要推翻帝制，实行共和。

11. 辛亥革命前孙中山领导的同盟会先后发动了多次武装起义，其中影响最大的是(　　)。

A. 广州起义(史称“黄花岗起义”)　　B. 武昌起义

C. 萍、刘、醴起义　　D. “二次革命”

【解析】孙中山领导的同盟会先后发动了多次武装起义。这些起义虽然相继失败，但是产生了广泛的影响。其中影响最大的是1911年4月27日举行的广州起义。B项，1911年10月10日，武昌起义爆发，掀起了辛亥革命的高潮。C项，1906年12月，萍、浏、醴起义是同盟会成立后发动的第一次武装起义。D项，1913年宋教仁被刺后，孙中山开始看清了袁世凯的真面目，发动了武装反袁的“二次革命”。

12. 1911年5月，清政府宣布“铁路干线收归国有”，并与四国银行团订立粤汉、川汉铁路借款合同，借“国有”名义把铁路利权出卖给帝国主义，同时借此“劫夺”商股。这激起

9C　10A　11A　12D

了保路风潮，其中最激烈的是(　　)。

A. 湖北　　B. 湖南　　C. 广东　　D. 四川

【解析】1911年5月，清政府宣布“铁路干线收归国有”，并与四国银行团订立粤汉、川汉铁路借款合同，借“国有”名义把铁路利权出卖给帝国主义，同时借此“劫夺”商股。这激起了湖北、湖南、广东、四川四省的保路风潮，其中以四川最为激烈。立宪派本来主张把保路运动限制在“文明争路”的范围之内，但署理四川总督赵尔丰竟然下令军警向手无寸铁的请愿群众开枪，造成了“成都血案”。广大群众忍无可忍，在同盟会会员的参与下，掀起了全川的武装暴动。

13. 1911年10月，湖北新军中的两个革命团体决定联合行动，在武昌举行起义。这两个团体是共进会和(　　)。

A. 兴中会　　B. 文学社　　C. 华兴会　　D. 光复会

【解析】由于革命形势已经成熟，湖北新军中的共进会和文学社两个革命团体决定联合行动，在武昌举行武装起义。1911年10月10日晚，驻武昌的新军工程第八营的革命党人打响了起义的第一枪。

14. 中国历史上第一部具有资产阶级共和国宪法性质的法典是(　　)。

A.《中华民国临时约法》　　B.《中华民国约法》

C.《共同纲领》　　D.《中华人民共和国宪法》

【解析】1912年3月，临时参议院颁布《中华民国临时约法》。这是中国历史上第一部具有资产阶级共和国宪法性质的法典。《中华民国临时约法》以根本大法的形式废除了两千多年来的封建君主专制制度，确认了资产阶级共和国的政治制度。B项，《中华民国约法》是中华民国总统袁世凯颁布的一个取代《中华民国临时约法》的临时宪法。C项，《共同纲领》特指《中国人民政治协商会议共同纲领》。这个纲领是在中国共产党的领导下，中国人民政治协商会议于1949年9月通过的。它是《中华人民共和国宪法》制定以前的建国纲领，起了临时宪法的作用。D项，《中国人民共和国宪法》是中华人民共和国全国人民代表大会制定和颁布的国家根本大法，是新中国成立后颁布的。

15. 南京临时政府在《告友邦书》中(　　)。

A. 决定废除清政府与列强所订的一切不平等条约

B. 企图承认清政府与列强所订的一切不平等条约和清政府所欠的一切外债

C. 决定拒绝偿还清政府所欠的一切外债

D. 决定拒绝偿还清政府与列强所订的不平等条约中的赔款

【解析】1912年，中华民国临时政府发布的《告友邦书》，企图用承认清政府与列强所订的一切不平等条约和清政府所欠的一切外债，来换取列强承认中华民国。中华民国临时政府也没有提出任何可以满足农民群众土地要求的政策和措施，反而以保护私有财产为借口，维护封建土地制度以及官僚、地主所占有的土地和财产。这是资产阶级的软弱性造成的。

13B　14A　15B

16. 北洋军阀是袁世凯建立起来的反动政权，它代表(　　)。

A. 地主阶级的利益　　B. 军阀集团的利益

C. 资产阶级的利益　　D. 大地主和买办资产阶级的利益

【解析】辛亥革命取得了巨大的成功，但仍以失败告终。南京临时政府只存在了三个月便夭折了。北洋军阀首领袁世凯在帝国主义和国内反动势力以及附从革命的旧官僚、立宪派的共同支持下，窃夺了辛亥革命的果实。袁世凯窃夺辛亥革命的果实之后，建立了北洋军阀反动政权，它代表大地主和买办资产阶级的利益。

17. “二次革命”失败后，孙中山逃亡日本。1914 年 7 月，孙中山在东京正式成立(　　)。

A. 中国国民党　　B. 国民党　　C. 中华革命党　　D. 中国同盟会

【解析】“二次革命”失败后，孙中山逃亡日本。1914 年，孙中山在日本组织中华革命党，坚持反袁武装斗争。由于中华革命党提不出能够动员群众的革命纲领，入党者又必须宣誓绝对服从孙中山个人，带有强烈的宗派性，严重脱离人民群众，因而参加的人数很少，社会影响不大。

18. 中国历史上第一次比较完全意义上的资产阶级民主革命是(　　)。

A. 戊戌维新运动　　B. 辛亥革命　　C. 二次革命　　D. 新文化运动

【解析】辛亥革命是资产阶级领导的以反对封建君主专制制度、建立资产阶级共和国为目的的革命，是一次比较完全意义上的资产阶级民主革命。A 项，戊戌维新运动，在某种意义上属于资产阶级民主革命，但不是完全意义上的。C 项，二次革命，发生在辛亥革命之后。D 项，新文化运动，跨越资产阶级民主革命和新民主主义革命两个阶段。

19. 辛亥革命失败的原因，从根本上说是由于(　　)。

A. 在帝国主义时代，在半殖民地半封建的中国，资本主义的建国方案是行不通的

B. 中外反动势力的联合绞杀

C. 它的领导者资产阶级革命派本身存在着许多弱点和错误

D. 中国封建势力的强大

【解析】辛亥革命之所以失败，从根本上说，是因为在帝国主义时代，在半殖民地半封建的中国，资本主义的建国方案是行不通的。尽管当时先进的中国人真诚地希望把中国建设成为资产阶级共和国，但帝国主义决不容许中国独立、富强，从而使自己失去中国这个占世界人口四分之一的剥削、奴役的对象。

二、多项选择题(下列每题给出的四个选项中，至少有两个选项是符合题目要求的)

1. 1905 年至 1907 年间，围绕中国社会变革问题，资产阶级革命派与改良派分别以《民报》《新民丛报》为主要舆论阵地，展开了一场论战。这场论战(　　)。[2023 年考研政治真题]

A. 聚焦要不要以革命手段推翻清王朝

16D　17C　18B　19A　|　1ACD

B. 实质上是资产阶级思想与封建主义思想的交锋

C. 传播了民主革命思想，促进了革命形势的发展

D. 暴露了革命派在思想理论方面的弱点

【解析】1905年至1907年间，围绕中国社会变革问题，资产阶级革命派与改良派分别以《民报》《新民丛报》为主要舆论阵地展开了一场论战，这场论战的焦点是要不要以革命手段推翻清王朝，同时传播了民主革命思想，促进了革命形势的发展，但也暴露了革命派思想理论方面的弱点。故ACD三项正确。维新派与守旧派的论战，实质上是资产阶级思想与封建主义思想在中国的第一次正面交锋。故B项错误。

2. 辛亥革命是我国近代史上一次比较完全意义上的资产阶级民主革命。这是因为辛亥革命(　　)。[2011年考研政治真题]

A. 提出了平均地权，耕者有其田的重要原则

B. 建立了中国近代史上第一个资产阶级政党

C. 制定了比较完整的资产阶级民主革命纲领

D. 结束了封建君主专制制度，建立了资产阶级共和国

【解析】辛亥革命是资产阶级领导的以反对封建君主专制制度、建立资产阶级共和国为目的的革命，是一次比较完全意义上的资产阶级民主革命。原因在于：①它是由资产阶级政党同盟会领导的，同盟会是全国统一的资产阶级政党；②以“三民主义”为重要指导，表达了资产阶级在政治和经济上的利益和要求，是资产阶级的纲领；③从历史功绩来看，结束了君主专制制度，建立了资产阶级民主共和国，颁布了《中华民国临时约法》，标志着中国旧民主主义革命发展到了很高水平。

3. 1912年3月中华民国临时参议院颁布的《中华民国临时约法》是中国历史上第一部具有资产阶级共和国宪法性质的法典。毛泽东曾称赞它“带有革命性、民主性”，其“革命性、民主性”主要体现在(　　)。[2014年考研政治真题]

A. 它规定中华民国国民一律平等

B. 它规定中华民国之主权属于国民全体

C. 它不承认清政府与列强签订的一切不平等条约

D. 它以根本大法的形式废除了封建君主专制制度

【解析】1912年3月，临时参议院颁布《中华民国临时约法》。它规定：①“中华民国之主权属于国民全体”，而“以参议院、临时大总统、国务员、法院行使其统治权”。②参议院行使立法权，参议员由各省选派。临时大总统代表临时政府总揽政务。国务总理及各部总长称国务员，辅佐临时大总统负其责任。法院行使司法权。参议院有权弹劾大总统和国务员。③中华民国国民一律平等，享有人身、财产、集会、结社、出版、言论等自由，享有请愿、陈诉、考试、选举与被选举等民主权利。这样，《中华民国临时约法》就以根本大法的形式废除了两千多年来的封建君主专制制度，确认了资产阶级共和国的政治制度。

2BCD　3ABD

4. 孙中山先生是伟大的民族英雄、伟大的爱国主义者、中国民主革命的伟大先驱，一生以革命为己任，立志救国救民，为中华民族做出了彪炳史册的贡献。孙中山先生的伟大表现在(　　)。

A. 领导了辛亥革命

B. 发动了推翻北洋军阀统治为目标的北伐战争

C. 重新解释三民主义并提出了联俄、联共、扶助农工三大政策

D. 坚定维护民主共和制度和国家完整统一

【解析】A 项，孙中山是辛亥革命的领导者。B 项，1926 年 7 月以北洋军阀统治为目标的北伐战争开始，而孙中山已经在 1925 年 3 月逝世。C 项，孙中山接受中共反帝反封建主张，重新解释三民主义，新三民主义确定了“联俄、联共、扶助农工”的三大政策。D 项，孙中山先生坚决反对军阀分裂割据，坚定维护民主共和制度和国家完整统一。

5. 1894 年，孙中山组织兴中会，该团体提出的革命纲领主要包括(　　)。

A. 驱除鞑虏　　B. 恢复中国　　C. 创立合众政府　　D. 平均地权

【解析】孙中山确信和平改革不能解决中国的问题，决心以革命的方法推翻清朝的统治。1894 年 11 月，他到檀香山组建了第一个革命团体兴中会，立誓“驱除鞑虏，恢复中国，创立合众政府”。D 项，平均地权是同盟会纲领民生主义的内容之一。

6. 同盟会政治纲领中的民权主义，其核心内容是(　　)。

A. 明确广大劳动人民在国家中的地位　　B. 保障人民的真正权利

C. 推翻封建君主专制制度　　D. 建立资产阶级的民主共和国

【解析】1905 年 11 月，在同盟会机关报《民报》发刊词中，孙中山将同盟会的纲领概括为三大主义：民族主义、民权主义、民生主义，即三民主义。民族主义包括“驱除鞑虏，恢复中华”；民权主义即政治革命，内容是“创立民国”，即推翻封建君主专制制度，建立资产阶级民主共和国；民生主义即“平均地权”。

7. 在三民主义的民族主义中，体现资产阶级局限性和弱点的内容有(　　)。

A. 没有明确的反帝纲领

B. 幻想以承认不平等条约“继续有效”换取列强的支持

C. 强调了对满族封建势力的清除而没有反对整个封建统治阶级

D. 没有正面触及封建土地所有制

【解析】三民主义的民族主义包括“驱除鞑虏，恢复中华”两项内容：①以革命手段推翻清朝政府，改变它一贯推行的民族歧视和民族压迫政策；②建立中华民族“独立的国家”。但是，民族主义没有从正面鲜明地提出反对帝国主义的主张。当时的革命派对于帝国主义的本质认识不清，害怕帝国主义干涉，甚至幻想以承认不平等条约“继续有效”为条件来换取列强对自己的支持。同时，他们也没有明确地把汉族军阀、官僚和地主作为革命对象，从而给了这部分人后来从内部和外部破坏革命以可乘之机。

4ACD　5ABC　6CD　7ABC

8. 辛亥革命的历史意义有(　　)。

A. 推翻了清王朝的统治，沉重打击了中外反动势力

B. 结束了中国两千多年的封建君主专制制度，使民主共和的观念深入人心

C. 给人们带来一次思想上的解放，促使社会经济、思想习惯和社会风气等方面发生了新的积极的变化

D. 推动了亚洲各国民族解放运动的高涨

【解析】辛亥革命是资产阶级领导的以反对封建君主专制制度、建立资产阶级共和国为目的的革命，是一次比较完全意义上的资产阶级民主革命：①辛亥革命推翻了封建势力的政治代表、帝国主义在中国的代理人——清王朝的统治，沉重打击了中外反动势力；②辛亥革命结束了统治中国两千多年的封建君主专制制度，建立了中国历史上第一个资产阶级共和政府，使民主共和的观念开始深入人心，并在中国形成了“敢有帝制自为者，天下共击之”的民主主义观念；③辛亥革命推动了中国人民的思想解放；④辛亥革命推动了中国的社会变革，促使社会经济、思想习惯和社会风俗等方面发生了新的积极变化；⑤辛亥革命不仅在一定程度上打击了帝国主义的侵略势力，而且推动了亚洲各国民族解放运动的高涨。

9. 辛亥革命之所以失败，从主观方面来说，在于它的领导者资产阶级革命派本身存在着许多弱点和错误。主要有(　　)。

A. 没有提出彻底的反帝反封建的革命纲领

B. 不能充分发动和依靠人民群众

C. 不能建立坚强的革命政党

D. 不能得到列强的支持

【解析】辛亥革命的失败从根本上说，是因为在帝国主义时代，在半殖民地半封建的中国，资本主义的建国方案是行不通的。从主观方面来说，在于它的领导者资产阶级革命派本身存在着许多弱点和错误，主要包括：①没有提出彻底的反帝反封建的革命纲领；②不能充分发动和依靠人民群众；③不能建立坚强的革命政党，作为团结一切革命力量的强有力的核心。

三、简答题

1. 简述资产阶级革命派的宣传与组织工作。

答：资产阶级革命派为取得革命胜利做了很多宣传和组织工作，具体如下：

(1)宣传工作

20世纪初，资产阶级革命派著书立说，使民主革命思想迅速地传播开来。

①章炳麟的《驳康有为论革命书》，歌颂革命是“启迪民智，除旧布新”的良药，强调中国人有能力建立民主共和制度。

②邹容的《革命军》，阐述了在中国进行民主革命的正义性和必要性，号召人民推翻清朝统治，建立“中华共和国”。

③陈天华的《警世钟》和《猛回头》，抨击了外国列强瓜分中国的罪恶图谋，揭露了清政

8ABCD　9ABC

府的卖国行径，号召人民推翻这个“洋人的朝廷”。

(2)组织工作

①各地成立资产阶级革命团体。继兴中会之后，资产阶级革命团体在各地陆续成立，主要有黄兴为会长的华兴会、蔡元培为会长的光复会以及科学补习所、岳王会等。革命团体的建立为革命思想的传播和革命运动的发展提供了不可缺少的组织力量，也为成立全国性的资产阶级政党奠定了组织基础。

②中国同盟会的成立。1905 年 8 月 20 日，孙中山、黄兴等人在东京成立中国同盟会，同盟会以“驱除鞑虏，恢复中华，创立民国，平均地权”为纲领，机关报为《民报》。中国同盟会是近代中国第一个全国性的资产阶级性质的政党，它的成立标志着中国资产阶级民主革命进入了一个新阶段。

2. 简述革命派与改良派论战的意义。

答：1905 年至 1907 年，以孙中山为代表的革命派和以康有为为代表的改良派，分别以《民报》和《新民丛报》为主要舆论阵地展开论战。这场大论战以革命派的胜利告终，具有重要的意义，具体如下：

(1)这场论战促进了革命形势的发展

通过这场论战，划清了革命与改良的界限，传播了民主革命思想。对于这场论战，《新民丛报》在 1907 年也不得不承认：“数年以来，革命论盛行于国中，今则得法理论、政治论以为之羽翼，其旗帜益鲜明，其壁垒益森严，其势力益磅礴而郁积，下至贩夫走卒，莫不口谈革命，而身行破坏”，立宪党人则“气为所慑，而口为所箝”。

(2)这场论战暴露了革命派在思想理论方面的弱点

例如，革命派主张推翻清政府，但对“革命是否会招致帝国主义干涉”的问题不敢作出理直气壮的正面回答，只是希望通过“有秩序的革命”来避免动乱和帝国主义的干涉。革命派所说的“国民”，主要还是指资产阶级及其知识分子，而不是广大的劳动群众。他们对封建地主土地所有制是否应该改革的问题也是语焉不详，并且反对贫苦农民“夺富人之田为己有”。这些理论和认识的局限不可避免地会影响辛亥革命的进程和结局。

3. 1911 年保路风潮发生的原因是什么?

答：1911 年 5 月，清政府宣布“铁路干线收归国有”，并将粤汉、川汉的路权出卖给帝国主义国家，引起湖北、湖南、广东、四川四省民众的强烈反对。保路风潮发生的原因主要包括：

(1)20 世纪初帝国主义国家在中国加紧了对铁路和矿山利权的争夺，中国的民族危机进一步加深了。帝国主义列强在迫使中国签订《辛丑条约》以后，加强对清政府的政治控制，多方扩展在华经济势力，而铁路、矿山的利权更成为帝国主义掠夺的重要目标。

(2)清政府为了支付巨额赔款，不断增加税收条目，中国的社会矛盾进一步激化了。在清朝的最后几年里，各种旧税一次又一次地被追加，种种巧立名目的新税更是层出不穷。这大大加深了人民的负担，激起了民众的强烈不满。

(3)清政府在铁路利权问题上采取的政策，进一步激起了民众的愤慨和反抗，造成了保路风潮的爆发。立宪派本来主张把保路运动限制在“文明争路”的范围内，但署理四川总督赵尔丰下令军警向手无寸铁的请愿人民群众开枪，造成“成都血案”。广大人民群众忍无可忍，在同盟会会员的参与下，掀起了全国的武装暴动。

4. 简述《中华民国临时约法》的性质及其基本内容。

答：1912 年 1 月 1 日，孙中山在南京宣誓就职，宣告中华民国临时政府正式成立，改国号为“中华民国”，以 1912 年为中华民国元年。1912 年 3 月，临时参议院颁布《中华民国临时约法》。

(1)《中华民国临时约法》的性质

《中华民国临时约法》是中国历史上第一部具有资产阶级共和国宪法性质的法典。

(2)《中华民国临时约法》的主要内容

①“中华民国之主权属于国民全体”，而“以参议院、临时大总统、国务员、法院行使其统治权”。

②设国务总理，作为政府首脑。

③内阁辅佐临时大总统，为行政机关，行使行政权；设法院，行使司法权。

④参议院为立法机关，行使立法权，参议院还有弹劾大总统和国务员的权利。

⑤中华民国国民一律平等，享有人身、财产、集会、结社、出版和言论等自由，享有请愿、陈述、考试、选举与被选举等民主权利。

《临时约法》以根本大法的形式废除了中国两千多年来的封建君主专制制度，确认了资产阶级共和国的政治制度。

四、论述题

1. 试述资产阶级革命派与改良派论战的主要内容及意义。

答：1905 年至 1907 年间，围绕“中国究竟是采用革命手段还是改良方式”的问题，革命派与改良派分别以《民报》《新民丛报》为主要舆论阵地，展开了一场大论战。这次论战的主要内容和意义如下：

(1) 主要内容

①要不要以革命手段推翻清王朝——论战焦点

a. 改良派认为，革命会引起下层社会发生暴乱，招致外国的干涉与瓜分，使中国“流血成河”“亡国灭种”，所以要爱国就不能革命，而只能改良、立宪。

b. 革命派指出，清政府是帝国主义的“鹰犬”，因此爱国必须革命。只有通过革命，才能“免瓜分之祸”，获得民族独立和社会进步。进行革命虽然会有牺牲，但不进行革命，容忍清政府在中国的统治，中国人民将长期地遭受难堪的痛苦和作出更大的牺牲。人们在革命过程中所付出的努力乃至作出的牺牲，是以换取历史进步作为补偿的。

②要不要推翻帝制，实行共和

a. 改良派认为，中国“国民恶劣”“智力低下”，没有实行民主共和政治的能力，如果实行，非亡国不可。因此，只能实行君主立宪，这才是中国政治的现实出路。

b. 革命派指出，不是“国民恶劣”，而是“政府恶劣”。民主共和是大势所趋，人心所向。拯救中国与建设中国都必须取法乎上，直接推行民主制度，而不能以国民素质低劣为借口，搞君主立宪甚或开明专制。只有“兴民权改民主”，才是中国的唯一出路。中国国民自有颠覆专制制度、建立民主共和的能力。

③要不要进行社会革命

a. 改良派反对土地国有，反对平均地权。他们认为中国社会经济组织优良，土地问题不是中国最重要的问题，不存在社会革命的可能。社会革命只会导致中国的大动乱。

b. 革命派强调，当时的中国存在着严重的“地主强权”和“地权失平”的现象。必须通过平均地权实现土地国有，在进行政治革命的同时实现社会革命，才能避免社会贫富不均等问题的出现。

(2)意义

参见本章典型题(含考研真题)详解简答题第2题答案。

2. 试述辛亥革命爆发的历史条件。

答：辛亥革命爆发的历史条件主要包括以下几个方面：

(1)民族危机加深，社会矛盾激化

①外国列强对中国的侵略日益扩大，民族危机加深。《辛丑条约》签订后，列强加强了对清政府的政治控制，竭力扩展在华经济势力。

②社会矛盾激化，民变四起。清政府既要对外赔款，又要对内搞“新政”，人民负担沉重，激起民众的普遍反抗，各地开展了普遍的民变和爱国运动。

(2)清末“新政”及其破产

①《辛丑条约》的签订，标志着以慈禧太后为首的清政府已彻底放弃了抵抗外国侵略者的念头，甘为“洋人的朝廷”。

②清王朝宣布实行“新政”。清末“新政”涉及面很宽，包括：

a. 改革官制，整顿吏治。

b. 改革兵制，训练新军，各省筹建武备学堂，裁汰绿营和防勇。

c. 改革学制，提倡新学。

d. 奖励工商，兴办实业，颁布《商律》，对兴办实业有贡献者进行奖励。

③迫于内外压力，1906年清政府宣布“预备仿行宪政”，预备立宪并没有能够挽救清王朝，反而激化了社会矛盾，加重了危机，清政府陷入了无法照旧统治下去的境地。

(3)资产阶级革命派的阶级基础和骨干力量

①中国民族资本主义在20世纪初获得了一定的发展，随着民族资本主义经济的发展，为了冲破帝国主义、封建主义的桎梏，发展资本主义，民族资产阶级需要自己政治利益的代言人和经济利益的维护者，这逐渐形成了民族资产阶级革命的阶级基础。

②资产阶级革命派的骨干是一批资产阶级、小资产阶级知识分子。这个知识分子群是随着19世纪末20世纪初清政府兴学堂、派留学生而逐渐形成的，在群众斗争的推动下，走向了清政府的对立面，开始探索救国救民的新道路。

3. 试述中华民国南京临时政府的性质及其局限性。

答：1912年1月1日，孙中山在南京宣誓就职，改国号为中华民国，定1912年民国元年，并成立中华民国临时政府。

(1)中华民国南京临时政府的性质

南京临时政府是一个资产阶级共和国性质的革命政权。资产阶级革命派在这个政权中占有领导和主体的地位。

①除了孙中山作为临时大总统拥有统治全国和统率海、陆军的权力外，陆军、外交等重要部的总长和所有各部的次长全由革命党人担任。在作为国家立法机关的临时参议院中，同盟会会员也占多数。

②南京临时政府制定的各项政策措施，集中代表和反映了中国民族资产阶级的共同愿望和利益，在相当程度上也符合广大中国人民的利益。

(2)南京临时政府的局限性

①在南京临时政府的《告友邦书》中，企图用承认清政府与列强所签订的一切不平等条约和清政府所欠的一切外债，来换取列强承认中华民国。

②南京临时政府没有提出任何可以满足农民群众土地要求的政策和措施，反而以保护私有财产为借口，去维护封建土地制度以及官僚、地主所占有的土地和财产。

4. 试述北洋军阀政府的黑暗统治。

答：袁世凯窃夺辛亥革命的果实之后，建立了代表大地主和买办资产阶级利益的北洋军阀政权，开始了北洋军阀统治中国的时期。北洋军阀政府从政治上、经济上和文化思想上对辛亥革命进行了全面的反攻倒算，中国重新陷入黑暗。

(1)在政治上

北洋政府实行军阀官僚的专制统治，主要体现在以下几个方面：

①以袁世凯为首的封建军阀大力扩充军队，建立特务、警察系统，制定《暂行新刑律》《戒严法》等一系列反动法令，剥夺《临时约法》规定给予人民的言论、出版、集会、结社等各种政治权利，任意逮捕、杀害革命党人和无辜民众，人民群众毫无政治权利可言。

②袁世凯毁弃孙中山苦心缔造的资产阶级民主制度。制造“宋教仁案”，强迫国会议员选举他为正式大总统，下令解散国民党，修改《总统选举法》等，这样，袁世凯几乎等同于封建皇帝，中华民国徒有其名。

③北洋军阀为了巩固专制统治，不惜投靠帝国主义。主要表现为基本接受日本提出的严重损害中国权益的“二十一条”等，便利了日本进一步掠夺中国的矿产资源和其他原料。

④为了达到专制独裁的目的，袁世凯公然进行帝制复辟活动。1917 年 6 月，前清官僚张勋率“辫子军”北上，拥清废帝溥仪复辟，仅 12 天就在全国人民的声讨中破产了。

(2)在经济上

北洋政府竭力维护帝国主义、地主阶级和买办资产阶级的利益。军阀、官僚本身就是大地主，他们以各种手段兼并土地，广大人民却生活于极端困苦之中。

(3)在文化思想上

北洋政府尊孔复古。1913 年 6 月，袁世凯向全国发布《通令尊崇孔圣文》。不久，又命令全国恢复祀孔、祭孔典礼恢复跪拜礼节。中、小学恢复尊孔读经。一些清朝遗老遗少、保守分子纷纷组织尊孔复古团体、发行尊孔刊物、攻击民主共和，宣传封建伦常，甚至要求将孔教定为“国教”，企图用封建思想遏制人民思想解放的潮流，维护其反动统治。

五、材料分析题(要求结合所学知识分析材料回答问题)

1. 结合材料回答问题:

材料1

同盟会的政治纲领是“驱除鞑虏,恢复中华,创立民国,平均地权”。1905年11月,在同盟会机关报《民报》发刊词中,孙中山将同盟会的纲领概括为三大主义,即民族主义、民权主义、民生主义,后被称为三民主义。

材料2

毛泽东指出,辛亥革命“有它胜利的地方,也有它失败的地方。你们看,辛亥革命把皇帝赶跑,这不是胜利了吗?说它失败,是说辛亥革命只把一个皇帝赶跑,中国仍旧在帝国主义和封建主义的压迫之下,反帝反封建的革命任务并没有完成”。

(1)如何正确评价孙中山等人为之奋斗的资产阶级共和国方案?

(2)为什么说辛亥革命是20世纪中国的第一次历史性巨变?

【参考答案】

(1)如何正确评价孙中山等人为之奋斗的资产阶级共和国方案?

答: 孙中山提出的三民主义,初步描绘出中国还不曾有过的资产阶级共和国方案,是一个比较完整而明确的资产阶级民主革命纲领,它的提出,对推动革命的发展产生了重大而积极的影响。但其在根本上是一个不彻底的民主主义的纲领。这种不彻底性表现在以下几个方面:

①民族主义即民族革命,包括“驱除鞑虏,恢复中华”两项内容:第一,以革命手段推翻清王朝政府,改变它一贯推行的民族歧视和民族压迫政策;第二,追求独立,建立“民族独立的国家”。但民族主义没有从正面鲜明地提出反对帝国主义的主张,放走了中国人民的最大敌人。同时,强调了对满族封建势力的清除而放松了对汉族封建势力的清除,结果就保留了大量封建势力,导致辛亥革命后封建势力的反扑。

②民权主义即政治革命,“创立民国”即推翻封建君主专制制度,建立资产阶级民主共和国,从而将斗争矛头直指集国内民族压迫与封建专制统治于一身的清政府。虽然强调了要建立民主共和国,但忽略了广大劳动群众在国家中的地位,因而难以使人民的民主权利得到真正的保障。

③民生主义当时是指“平均地权”,即社会革命,主张核定全国土地的地价,其现有之地价,仍属原主;革命后的增价,则归国家,为国民共享。但它没有正面触及封建土地所有制,不能满足广大农民群众的土地要求,在革命中难以成为发动广大工农群众的理论武器。

总之,辛亥革命的失败表明,中国的旧民主主义革命已经陷入绝境,中国民族资产阶级不能领导中国革命前进,资产阶级共和国方案在中国行不通。

(2)为什么说辛亥革命使中国发生了历史性的巨变?

答: 参见本章课后习题第2题答案。

2. 结合材料回答问题：

材料 1

"余维欧美之进化，凡以三大主义：曰民族、曰民权、曰民生。罗马之亡，民族主义兴，而欧洲各国以独立。洎自帝其国，威行专制，在下者不堪其苦，则民权主义起。十八世纪之末，十九世纪之初，专制仆而立宪政体殖焉。世界开化，人智益蒸，物质发舒，百年锐于千载，经济问题继政治问题之后，则民生主义跃跃然动，二十世纪不得不为民生主义之擅场时代也。是三大主义皆基本于民，递嬗变易，而欧美之人种胥冶化焉。"

"中国数千年来都是君主专制政体，这种政体，不是平等自由的国民所堪受的，要去这种政体，不是专靠民族革命可以成功……我们推倒满洲政府，从驱除满人那一面说是民族革命，从颠覆君主政体那一面说是政治革命，并不是把它分作两次去做。讲到那政治革命的结果，是建立民主立宪政体。照现在这样的政治论起来，就算汉人为君主，也不能不革命。"

——摘自《孙中山全集》第一卷

材料 2

"一百多年以来，我们的先人以不屈不挠的斗争反对内外压迫者，从来没有停止过，其中包括伟大的中国革命先行者孙中山先生所领导的辛亥革命在内。我们的先人指示我们，叫我们完成他们的遗志。我们现在是这样做了。我们团结起来，以人民解放战争和人民大革命打倒了内外压迫者，宣布中华人民共和国的成立了。我们的民族将从此列入爱好和平自由的世界各民族的大家庭，以勇敢而勤劳的姿态工作着，创造自己的文明和幸福，同时也促进世界的和平和自由。我们的民族将再也不是一个被人侮辱的民族了，我们已经站起来了。"

——摘自《毛泽东文集》第五卷

材料 3

"孙中山先生是伟大的民族英雄、伟大的爱国主义者、中国民主革命的伟大先驱。孙中山先生大声疾呼'亟拯斯民于水火，切扶大厦之将倾'，高扬反对封建专制统治的斗争旗帜，提出民族、民权、民生的三民主义政治纲领，率先发出'振兴中华'的呐喊。在孙中山先生领导和影响下，大批革命党人和无数爱国志士集聚在振兴中华旗帜之下，广泛传播革命思想，积极兴起进步浪潮，连续发动武装起义，推动了革命大势的形成。"

"孙中山先生和辛亥革命先驱为中华民族建立的历史功绩彪炳千秋！在辛亥革命中英勇奋斗和壮烈牺牲的志士们名垂青史！辛亥革命永远是中华民族伟大复兴征程上一座巍然屹立的里程碑！"

——摘自习近平《在纪念辛亥革命110周年大会上的讲话》

(1) 如何理解"就算汉人为君主，也不能不革命"？

(2) 为什么说中国共产党人是孙中山开创的革命事业"最忠实的继承者"？

【参考答案】

(1) 如何理解"就算汉人为君主，也不能不革命"？

答： 从世界范围看，19 世纪末 20 世纪初，民族民主革命已成为世界潮流。帝国主义的侵略，清王朝的腐朽无能，使民族危机日益加深、社会矛盾不断激化，清王朝已成为中国经济发展和社会进步的主要障碍。为改变中华民族的命运，中国人民和无数仁人志士进行了千辛万苦的探索、不屈不挠的斗争。事实说明，不触动封建根基的自强运动和改良主义，旧式的农民战争，照搬西方资本主义的其他种种方案，都不能完成中华民族救亡图存的民族使命和反帝反封建的历史任务。而要完成这两大历史任务，就必须推翻封建专制统治，对中国社会进行根本变革。孙中山认为，民权主义是政治革命的根本，民族革命成功的同时要推翻君主专制政体。要结束君主专制政体，单靠民族革命不能成功，必须与政治革命并行。革命的目的不只是要推翻清王朝的统治，而且要在中国建立共和制度。因此，即使是汉族人当皇帝，也必须革命。

(2)为什么说中国共产党人是孙中山开创的革命事业"最忠实的继承者"?

答：中国共产党在成立之初，同孙中山先生领导的中国国民党携手合作，建立最广泛的革命统一战线。辛亥革命后屡遭挫折的孙中山先生，把中国共产党人当成亲密朋友，欢迎共产党人同他合作，欢迎苏联援助中国革命，毅然改组国民党，实行联俄、联共、扶助农工三大政策。国共两党第一次合作，给北洋军阀反动统治以沉重打击。孙中山先生逝世后，中国共产党人继承他的遗愿，同一切忠于他的事业的人们共同努力、继续奋斗。历史充分证明，中国共产党人是孙中山先生开创的革命事业最忠实的继承者，具体分析如下：

①中国共产党人继承了孙中山先生开创的民族民主革命，经过 20 多年艰苦卓绝的斗争，取得了新民主主义革命胜利，建立了人民当家作主的中华人民共和国，实现了民族独立、人民解放，开启了中华民族发展进步的历史新纪元。

②中国共产党人继承了孙中山先生建立民主共和国的理想，新中国成立后，积极进行社会主义改造，完成了三大改造，实现了从新民主主义社会到社会主义社会的转变，确立了社会主义基本制度。

③中国共产党人继承了孙中山振兴中华的理想，开展了大规模社会主义建设，进行了改革开放新的伟大革命，中国特色社会主义事业取得了巨大成就，中华民族伟大复兴展现出光明前景。

总之，孙中山先生没有完成的改变旧中国半殖民地半封建的性质、改变中国人民的悲惨境遇、实现民族独立、人民解放的历史任务，都在中国共产党领导下实现了。因此，可以说中国共产党人是孙中山开创的革命事业"最忠实的继承者"。

3. 结合材料回答问题：

材料 1

孙中山先生的伟大，不仅在于他领导了辛亥革命，而且在于他为了实现革命理想，与时俱进完善自己的革命理念和斗争方略，毫不妥协同逆时代潮流而动的各种势力进行斗争。

毛泽东同志把三民主义纲领、统一战线政策、艰苦奋斗精神并称为孙中山先生"留给我们的最中心最本质最伟大的遗产"，是"对于中华民族最伟大的贡献"。

——习近平 2016 年 11 月 11 日在纪念孙中山先生诞辰 150 周年大会上的讲话

材料 2

中国共产党人是孙中山先生革命事业最坚定的支持者、最忠诚的合作者、最忠实的继承者。

——习近平2016年11月11日在纪念孙中山先生诞辰150周年大会上的讲话

材料3

孙中山先生具有高度的民族自尊和民族自信，不泥古、不守旧，不崇洋、不媚外，强调“中国的社会既然是和欧美的不同，所以管理社会的政治自然也是和欧美不同”；“发展之权，操之在我则存，操之在人则亡”。他从坎坷人生经历和长期斗争实践中得出一个道理，就是改造中国必须从中国实际出发，走适合中国国情的道路。

——习近平2016年11月11日在纪念孙中山先生诞辰150周年大会上的讲话

（1）分析毛泽东为什么把三民主义纲领、统一战线政策、艰苦奋斗精神作为孙中山“留给我们的最中心最本质最伟大的遗产”，是“对中华民族最伟大的贡献”？

（2）怎么理解“中国共产党人是孙中山先生革命事业最坚定的支持者、最忠诚的合作者、最忠实的继承者”？

【参考答案】

（1）分析毛泽东为什么把三民主义纲领、统一战线政策、艰苦奋斗精神作为孙中山“留给我们的最中心最本质最伟大的遗产”，是“对中华民族最伟大的贡献”？

答：①孙中山三民主义纲领、统一战线政策的内容变化

中国共产党成立后，孙中山先生同中国共产党人真诚合作，在中国共产党的帮助下，把旧三民主义发展为新三民主义并进一步地实行统一战线政策。

a. 在民族主义中突出了反帝的内容，强调对外实行中华民族的独立，同时主张国内各民族一律平等。

b. 在民权主义中强调了民主权利应“为一般平民所共有”，不应为“少数人所得而私”。

c. 把民生主义概括为“平均地权”和“节制资本”两大原则，并提出要改善工农的生活状况。

d. 实行联俄、联共、扶助农工三大政策，改组中国国民党。

新三民主义的政纲同中共在民主革命阶段的纲领基本一致，因而成为国共合作的政治基础。国共合作的形成，加快了中国革命前进的步伐，掀起了全国范围的大革命高潮，推动北伐战争取得胜利，推动了反帝反封建的民主革命。

②对后续中国革命的推动作用

a. 孙中山的革命志向激励着中国共产党不懈奋斗，继续推进中国革命的纵深发展。孙中山三民主义的核心和本质在于为中华民族争得民族独立，为中国人民争取生存发展的民主权利。这一点同样是中国共产党人和无数革命人士不断奋斗的夙愿与理想，三民主义为无数后续的革命者立起了旗帜，起到的是革命的引领作用。

b. 孙中山的“联俄、联共、扶助农工”三大政策为中国共产党后续实行的一系列统一战线政策提供了指引。革命战争时期，中国社会结构复杂，要想实现中华民族的团结统一必须采取适当的政策联合一切积极力量共同推动革命的深入发展。孙中山的统一战线政策为中国共产党在革命不同时期联合不同社会力量的努力提供了方法指引。

③对当今社会主义现代化建设的精神指引

今天凝练出的中国梦同样是中华民族的伟大复兴梦，是三民主义中民族、民权、民生的现代延续。孙中山先生的统一战线政策到今天也延伸出了新的内容，但究其本质核心仍

然是为着民族的发展联合一些社会积极力量，共同推动民族的自强、复兴。

综上所述，三民主义纲领、统一战线政策、艰苦奋斗精神是孙中山“留给我们的最中心最本质最伟大的遗产”，也是“对中华民族最伟大的贡献”。

(2)怎么理解“中国共产党人是孙中山先生革命事业最坚定的支持者、最忠诚的合作者、最忠实的继承者”?

答：参见本章典型题(含考研真题)详解材料分析题第2题答案。

第四章　中国共产党成立和中国革命新局面

4.1　复习指南

【视频导学（名师点拨）】

中国共产党成立和
中国革命新局面

扫码看视频导学

【知识框架（庖丁解牛）】

中国共产党成立和中国革命新局面
- 新文化运动和五四运动
  - 新文化运动与思想解放的潮流
  - 十月革命与马克思主义在中国的初步传播
  - 五四运动：新民主主义革命的开端
- 马克思主义广泛传播与中国共产党诞生
  - 中国早期马克思主义思想运动
  - 马克思主义与中国工人运动的结合
  - 中国共产党第一次全国代表大会的召开与中国共产党的成立
- 中国革命的新局面
  - 民主革命纲领的制定和工农运动的发动
  - 国共合作和大革命的进行
  - 大革命的失败及其教训

【通关提要（提纲挈领）】

本章主要介绍1915年新文化运动到1927年大革命失败之间的历史。需要着重从背景、经过以及历史影响等方面把握新文化运动、五四运动、中国共产党成立、第一次国共合作和大革命这几个重大历史事件。值得注意的是，本章是2021年版教材改动较大的一章，需要重点学习，可结合习近平主席“七一”讲话进行学习。从历年命题情况看，本章是常考章节，选择题、分析题均会涉及。

4.2　课后习题详解

1．中国的先进分子为什么和怎样选择了马克思主义？

答：中国的先进分子选择马克思主义的思想旗帜，走上马克思主义指引的道路，是他们经过长期的、艰苦的探索之后的必然结果。

(1)中国的先进分子选择马克思主义的原因

①新文化运动的开展，在客观上为马克思主义在中国的传播创造了有利的条件。

a. 对民主和科学的张扬，对旧民主、旧文化、旧礼教的批判，在政治上和思想上给予封建统治者前所未有的沉重打击。

b. 加速了中国人民的觉醒，促成了一场前所未有的启蒙运动和空前的思想解放运动。

c. 否定了两千多年封建正统思想的权威，使人们敢于独立思考问题、敢于接受新思想。

②在新文化运动中，先进知识分子开始对资产阶级民主主义产生怀疑，为先进知识分子接受马克思主义提供了土壤。

a. 在帝国主义时代，资本主义制度的内在矛盾已经比较充分地暴露出来。

b. 第一次世界大战以极端的形式进一步暴露了资本主义制度固有的不可克服的矛盾。

c. 中国人学习西方屡遭失败，给中国人民极大的刺激，从而对资本主义方案产生了更大的怀疑。

d. 中国在巴黎外交的失败，使中国人产生了避害意识，因而开始探索救国救民的新方案。

③十月革命推动中国的先进分子从认同资产阶级民主主义转向认同社会主义。在十月革命以后，五四运动前后的中国思想界，产生了一批赞成俄国十月社会主义革命、具有初步共产主义思想的知识分子。

a. 十月革命启示人们：经济文化落后的国家可以用社会主义思想指导革命走向胜利。

b. 十月革命诞生的社会主义新俄国号召反对帝国主义，并且以新的平等的态度对待中国，这有力地推动了社会主义思想在中国的传播。

c. 十月革命胜利的事实，给予中国的先进分子以新的革命方法的启示，推动他们去研究这个革命所遵循的主义。

④五四运动促进了马克思主义在中国的传播及其与中国工人运动的结合。经过五四运动后，具有初步共产主义思想的知识分子开始在工人阶级中宣传马克思主义，组织工人运动，这促进了马克思主义在中国的进一步传播，并同工人阶级结合，为中国共产党的成立准备了条件。

(2)中国的先进分子选择马克思主义的路径

①进行马克思主义思想运动。

a. 早期的马克思主义思想运动。为了适应中国社会发展和革命发展的需要，早期马克思主义者在中国掀起了一场研究、传播马克思主义的思想运动。对马克思主义基本理论的学习，初步形成了马克思主义应当与中国实际相结合的思想，开始提出知识分子应当同劳动群众相结合的思想。

b. 新文化运动。中国的先进分子在接受马克思主义思想之后，继承了五四运动的科学和民主的精神，并赋予它们以新的含义，使它们在更高的层次上得到了发扬。

②将马克思主义与中国工人运动相结合。

a. 中国共产党的早期组织进行了各项马克思主义与中国工人运动相结合的活动。马克思主义者到工人中去进行宣传和组织工作，进行了关于建党问题的讨论和实际组织工作，党的发起组制定了《中国共产党宣言》。

b. 成立了中国共产党。中国共产党从一开始就是一个以马克思列宁主义理论为基础的政党，是一个区别于第二国际旧式社会改良党的新型工人阶级革命政党。

2. 为什么说中国共产党的成立是“开天辟地的大事变”？

答：中国共产党的成立，是中华民族发展史上一个开天辟地的大事变。中国人民从来就勤劳勇敢，富于斗争传统。他们的斗争之所以屡遭挫折和失败，重要原因之一是没有一个先进的坚强的政党作为凝聚自己力量的领导核心。自从有了中国共产党，这种局面就开始从根本上改变了。这主要体现为：

(1)中国共产党的成立使中国革命有了坚强的领导核心，灾难深重的中国人民有了可以依赖的组织者和领导者，中国革命从此不断向前发展，由民主主义革命向社会主义革命推进。

(2)中国共产党的成立，使中国革命有了科学的指导思想。中国共产党以马克思主义为指导思想，把马克思主义和中国革命的具体实践相结合，制定了正确的革命纲领和斗争策略，为中国人民指明了斗争的目标和走向胜利的道路。

(3)中国共产党的成立，使中国革命有了新的革命方法，并沟通了中国革命和世界无产阶级革命之间的联系，为中国革命获得广泛的国际援助以及避免走资本主义提供了客观可能性。

(4)中国共产党的成立，使中国革命的面貌焕然一新。

①中国共产党提出了反帝反封建的民族民主革命纲领，为中国人民指出了明确的斗争目标，基本解决了革命的敌友划分问题。

②中国共产党发动工农群众开展革命斗争，在中国掀起了第一个工人运动的高潮，同时中国共产党也开始从事发动农民群众的工作，农民群众运动蓬勃发展，找到了发动群众这一正确的革命方法。

③中国共产党实行国共合作，并在共同合作中发挥了重要作用，掀起了大革命高潮，推翻了北洋军阀的统治。

3. 什么是中国共产党人的初心和使命？为什么必须“不忘初心，牢记使命”？

答：(1)中国共产党人的初心和使命

中国共产党诞生于中国人民同帝国主义和封建制度的压迫的斗争屡战屡败、民族危机深重的时代，中国共产党一经成立，就把实现共产主义作为党的最高理想和最终目标，义无反顾肩负起实现中华民族伟大复兴的历史使命。中国共产党人的初心和使命就是为中国人民谋幸福，为中华民族谋复兴。

(2)“不忘初心，牢记使命”的原因

①为中国人民谋幸福，为中华民族谋复兴。这个初心和使命是激励中国共产党人不断前进的根本动力，是中国共产党领导中国人民取得革命胜利的重要原因。

②当前，中国的社会主义建设进入了新的阶段，新的历史阶段，意味着新的挑战，只有不忘初心，牢记使命，才能确保党的纯洁性，不断提高党的执政能力；才能推进改革，克服困难，最终达到中华民族伟大复兴的目标。

4. 中国共产党成立后，中国革命呈现了哪些新面貌?

答: 中国共产党成立后，立即投身于中国革命的洪流中，使中国革命呈现出新面貌，主要体现在以下几个方面:

(1)中国共产党是在特定的社会历史条件下成立的，它的成立是一个“开天辟地的大事变”，使当时中国革命的前途焕然一新。

①使中国革命有了坚强的领导核心，中国人民有了可依赖的组织者和领导者，保证了中国革命胜利的发展。

②使中国革命有了马克思列宁主义科学的指导思想，并与中国实际相结合，为中国人民指明了斗争的目标和走向胜利的道路。

③使中国革命有了新的革命方法，并沟通了中国革命与世界革命的联系，为中国革命获得国际援助和避免走上资本主义提供了客观可能性。

(2)中国共产党成立后，第一次提出了反帝反封建的民族民主革命纲领，这为中国人民指出了明确的斗争目标。

(3)中国共产党成立后，发动工农群众开展革命斗争，在中国掀起了第一个工人运动的高潮，同时中国共产党也开始从事发动农民群众的工作，农民群众运动蓬勃发展。

(4)中国共产党成立后，实行国共合作，并在共同合作中发挥了重要作用，掀起了大革命高潮，推翻了北洋军阀的统治。

4.3 典型题(含考研真题)详解

一、单项选择题(下列每题给出的四个选项中，只有一个选项是符合题目要求的)

扫码看真题视频

1. 大革命失败后，要不要坚持革命?如何坚持革命?这是摆在中国共产党面前的两个带根本性的问题。党从残酷的现实中认识到，没有革命的武装就无法战胜武装的反革命，就无法夺取中国革命胜利，就无法改变中国人民和中华民族的命运，必须以武装的革命反对武装的反革命。南昌起义打响了武装反抗国民党反动派的第一枪，这是中国共产党(　　)。[2022年考研政治真题]

A. 实施土地革命和武装起义方针的开始

B. 建设无产阶级领导的新型人民军队的开端

C. 实行工农武装割据的开始

D. 独立领导革命战争、创建人民军队和武装夺取政权的开端

【解析】1927年8月1日，在以周恩来为书记的前敌委员会领导下，贺龙、叶挺、朱德、刘伯承等率领共产党掌握和影响的军队2万多人，在南昌打响了武装反抗国民党反动派的第一枪。这是中国共产党独立领导革命战争、创建人民军队和武装夺取政权的开端。D项正确。9月9日，毛泽东等领导的湘赣边界秋收起义爆发。起义军公开打出了“工农革命军”的旗帜，在攻打中心城市长沙受挫后，毛泽东果断改变计划，决定向敌人控制比较薄

1D

弱的农村转移。9 月 29 日，毛泽东领导起义军在江西永新县三湾村进行了著名的三湾改编，从组织上确立了党对军队的领导。三湾改编是建设无产阶级领导的新型人民军队的重要开端。10 月 7 日，起义部队抵达江西省宁冈县茅坪，开始了创建井冈山农村革命根据地的斗争(这是实行工农武装割据的开始)。八七会议(1927 年 8 月 7 日在汉口召开)确定了实施土地革命和武装起义的方针。ABC 三项错误。

2. 1915 年 9 月，陈独秀在上海创办《青年杂志》。他在该刊发刊词中宣称，“盖改造青年之思想，辅导青年之修养，为本志之天职。批评时政，非其旨也。”此时陈独秀把主要注意力倾注于思想变革的原因是(　　)。[2014 年考研政治真题]

A. 他认为批评时政不利于改造青年思想

B. 他对资产阶级民主主义产生了怀疑

C. 他对政治问题不感兴趣

D. 他认定改造国民性是政治变革的前提

【解析】陈独秀在发表于《青年杂志》第一卷第一号的通信中说过：“盖改造青年之思想，辅导青年之修养，为本志之天职。批评时政，非其旨也。”不过，在政治斗争中，他们并非旁观者。他随后讲过，他们之所以把主要注意力倾注于清除旧思想方面，是由于他们认定“伦理问题不解决，则政治学术，皆枝叶问题”。国民性不改造，“不但共和政治不能进行，就是这块共和招牌，也是挂不住的”。

3. 1914 年至 1918 年的第一次世界大战，是一场空前残酷的大屠杀。它改变了世界政治的格局，也改变了各帝国主义国家在中国的利益格局，大战对中国产生了巨大的影响。大战使中国的先进分子(　　)。[2015 年考研政治真题]

A. 对西方资产阶级民主主义产生怀疑　　B. 对中国传统文化产生怀疑

C. 认识到必须优先改造国民性　　D. 认识到工人阶级的重要作用

【解析】BC 两项，不是第一次世界大战对中国的影响，而是伴随着中国人学习西方，伴随着新文化运动而产生的。D 项，中国的先进分子真正认识到工人阶级的重要作用是在五四运动期间。

4. 第一次世界大战，德国战败。1918 年 12 月，陈独秀在《每周评论》中说，大战结果是“公理战胜强权”，并把美国总统威尔逊称作是“现在世界上第一个好人”。然而，陈独秀在 1919 年 5 月 4 日出版的《每周评论》上的一篇文章中又写到：“什么公理，什么永久和平，什么威尔逊总统十四条宣言，都成了一文不值的空话。”导致陈独秀认识发生变化的直接原因是(　　)。[2017 年考研政治真题]

A. 日本对德宣战，出兵山东

B. 中国在巴黎和会上外交失败

C. 苏俄宣布废除从前同中国签订的一切不平等条约

D. 美国不愿放弃在华种种特权

【解析】五四运动的直接导火索是巴黎和会上中国外交失败。1919 年上半年召开的巴黎

2D　3A　4B

和会，中国政府提出的正义要求遭到拒绝。同时，会议不顾中国代表的抗议，规定德国应该将在山东的特权转交给日本，五四运动由此爆发。A 项，1914 年，日本对德国宣战，出兵山东。C 项，苏俄在十月革命后，于 1919 年 7 月 25 日和 1920 年 9 月 27 日两次发表宣言，宣布废除沙皇俄国与中国签订的一切不平等条约，放弃在中国的一切特权。D 项，1928—1929 年期间，国民党政府成立后，美国不愿放弃在华种种特权。

5. “十月革命一声炮响，给我们送来了马克思列宁主义”。五四运动以后，马克思主义在中国得到了广泛传播。在中国最早讴歌十月革命，比较系统地介绍马克思主义的是(　　)。[2010 年考研政治真题]

A. 陈独秀　　B. 李大钊　　C. 毛泽东　　D. 瞿秋白

【解析】在中国大地上率先举起马克思主义旗帜的，是李大钊。他从爱国的立场出发，从民主主义者转变为共产主义者。1919 年 9 月、11 月，他发表了《我的马克思主义观》一文，明确地把马克思主义称为“世界改造原动的学说”，并且对马克思的唯物史观、剩余价值学说和阶级斗争理论作了比较系统的介绍。与以往一些人对马克思学说所作的片断的、不确切的表述不同，这篇文章对马克思主义的介绍已经具有相当完整的形态，而且作出了基本正确的阐释。这表明，李大钊已经成为中国的第一个马克思主义者。

6. 1924 年 1 月，中国国民党第一次全国代表大会在广州召开，大会通过的宣言对三民主义作出了新的解释。新三民主义成为第一次国共合作的政治基础，究其原因，是由于新三民主义的政纲(　　)。[2014 年考研政治真题]

A. 同中国共产党在民主革命阶段的纲领基本一致

B. 把斗争的矛头直接指向北洋军阀

C. 体现了联俄、联共、扶助农工三大革命政策

D. 把民主主义概括为“平均地权”

【解析】1924 年 1 月，孙中山主持中国国民党第一次全国代表大会，大会通过的宣言对三民主义作出了新的解释：在民族主义中突出了反帝的内容，强调对外实行中华民族的独立，同时主张国内各民族一律平等；在民权主义中强调了民主权利应“为一般平民所共有”，不应为“少数人所得而私”；把民生主义概括为“平均地权”和“节制资本”两大原则(后来又提出了“耕者有其田”的主张)，并提出要改善工农的生活状况。这个新三民主义的政纲同中国共产党在民主革命阶段的纲领基本一致，因此成为国共合作的政治基础。

7. 新文化运动兴起的标志是(　　)。

A. 蔡元培就任北京大学校长　　B. 鲁迅发表《狂人日记》

C. 陈独秀在上海创办《新青年》　　D. 胡适发表《文学改良刍议》

【解析】1915 年 9 月，陈独秀在上海创办《青年杂志》(后改名为《新青年》)，成为新文化运动兴起的标志。不久，《新青年》编辑部迁到北京，李大钊、鲁迅、胡适等参加编辑部工作并成为主要撰稿人。

5B　6A　7C

8．新文化运动是从1915年9月陈独秀在上海创办《青年杂志》(后改名《新青年》)开始的。新文化运动是中国历史上一次前所未有的启蒙运动和空前深刻的思想解放运动，具有重要的意义。以下选项内容不正确的是(　　)。

A．新文化运动提出的基本口号是民主和科学

B．新文化运动的主要阵地是《新青年》杂志和北京大学

C．新文化运动是新民主主义的文化运动

D．新文化运动为外国各种思想流派传入中国敞开了大门

【解析】以1919年五四运动为分界点，五四运动以前的新文化运动以反对封建主义的旧文化、宣传资产阶级民主主义的文化为主要内容；五四以后的新文化运动，马克思主义开始逐步地在思想文化领域中发挥指导作用，这部分才是新民主主义的文化运动。

9．新文化运动的基本口号是(　　)。

A．民主和自由　　B．平等和博爱　　C．民主和科学　　D．理性和科学

【解析】新文化运动的基本口号是民主和科学，即拥护德先生(Democracy)和赛先生(Science)。民主，既是指资产阶级民主主义的制度，又是指资产阶级民主主义的思想。科学有广义和狭义之分，狭义指自然科学，广义指社会科学。

10．在俄国十月革命影响下，中国最先由民主主义者转变为共产主义者、率先举起马克思主义旗帜的是(　　)。

A．陈独秀　　B．李大钊　　C．陈望道　　D．毛泽东

【解析】在中国大地上率先举起马克思主义旗帜的，是李大钊。他从爱国的立场出发，从民主主义者转变为共产主义者。十月革命以后，他于1918年7月发表《法俄革命之比较观》一文，认定资本主义文明“当入盛极而衰之运”，“二十世纪初叶以后之文明，必将起绝大之变动”。在同年11月、12月发表的《庶民的胜利》《Bolshevism的胜利》两文中，他指出十月革命“是二十世纪中世界革命的先声”，确信“将来的环球，必是赤旗的世界”。1919年9月、11月，他发表了《我的马克思主义观》一文，明确地把马克思主义称为“世界改造原动的学说”，并且对马克思的唯物史观、剩余价值学说和阶级斗争理论作了比较系统的介绍。与以往一些人对马克思学说所作的片断的、不确切的表述不同，这篇文章对马克思主义的介绍已经具有相当完整的形态，而且作出了基本正确的阐释。这表明，李大钊已经成为中国的第一个马克思主义者。

11．中国新民主主义革命的伟大开端是(　　)。

A．辛亥革命　　B．俄国十月社会主义革命

C．中国共产党的成立　　D．五四运动

【解析】五四运动是在新的社会历史条件下发生的，它具有以辛亥革命为代表的旧民主主义革命所不具备的一些特点，主要是：①表现了反帝反封建的彻底性；②它是一次真正的群众运动；③促进了马克思主义在中国的传播及其与中国工人运动的结合。正因为五四运动具备了上述新的历史特点，它也成了中国革命的新阶段，即新民主主义革命阶段的

8C　9C　10B　11D

开端。

12. 1919年5月爆发的五四运动，是中国近代史上一个划时代的事件。关于这个运动说法正确的是(　　)。

A. 改变了中国半殖民地半封建社会的性质，中国革命从此进入新民主主义革命时期

B. 工人阶级开始代替资产阶级成了资产阶级民主革命的主力军

C. 促进了新思想的传播，为新文化运动的兴起准备了理论基础

D. 表现了反帝反封建的彻底性

【解析】A项，五四运动标志着资产阶级领导的旧民主主义革命的结束和无产阶级领导的新民主主义革命的开始，使中国的社会性质发生变化(变为新民主主义社会)。新民主主义社会是过渡时期，是过渡到社会主义的准备阶段，但中国仍然是半殖民地半封建国家。B项，工人阶级是新民主主义革命的领导阶级，但不是主力军(革命的主力军是农民)。C项，五四运动发生在新文化运动之后。

13. 五四运动以前的新文化运动主要是资产阶级民主主义的新文化反对封建主义的旧文化的斗争，那么在五四运动以后的新文化运动中，马克思主义开始逐步地在思想文化领域中发挥指导作用。这个阶段的新文化运动的民主的含义是(　　)。

A. 民主精神和民主思想，包括个性解放、人格独立及自由民主权利等

B. 与封建君主专制制度相对立的资产阶级民主政治制度

C. 多数人的民主，以劳动群众为主体的民主

D. 马克思主义的科学世界观和社会主义论

【解析】中国的先进分子在接受马克思主义之后，并没有抛弃而是继承了五四运动的科学和民主的精神，并赋予它们以新的含义，使它们在更高的层次上得到了发扬。民主不再指狭隘的资产阶级民主，而是指多数人的民主、以劳动群众为主体的民主。他们强调，必须铲除少数人的特权，改变“大多数的无产劳动者困苦不自由”这种“不合乎‘德谟克拉西’的状况”。科学，除自然科学外，就对社会的研究来说，主要是指马克思主义的科学世界观和社会革命论。

14. 1920年，陈独秀等建立的中国共产党早期组织是(　　)。

A. 北京共产主义小组　　B. 上海共产主义小组

C. 武汉共产主义小组　　D. 广州共产主义小组

【解析】中国共产党的最早组织是1920年8月在中国工人阶级最密集的中心城市——上海成立的共产主义小组。陈独秀任书记，成员有李汉俊、李达等。1920年11月，创办《共产党》(月刊)。这标志着共产党和共产主义的旗帜在中国大地上树立起来了。

15. 中国共产党是在特定的社会历史条件下成立的，具有自己的历史特点。以下不属于中国共产党创建的历史特点的是(　　)。

A. 一开始就是一个以马克思列宁主义理论为基础的党

12D　13C　14B　15D

B. 党的阶级基础工人阶级具有坚定的革命性，没有社会改良主义的基础

C. 党内出身于小资产阶级的党员占有相当大的数量

D. 党成立时就提出了反帝反封建的民主革命的纲领，指出了明确的斗争目标

【解析】AB 两项，中国共产党是在特定的社会历史条件下成立的。一方面，它成立于俄国十月革命取得胜利，第二国际社会民主主义、修正主义遭到破产之后。另一方面，它是在半殖民地半封建中国的工人运动的基础上产生的。因此，中国共产党一开始就是一个以马克思列宁主义理论为基础的党，是一个区别于第二国际旧式社会改良党的新型工人阶级革命政党。C 项，在当时的中国，工人阶级人数不多，又比较年轻，许多工人不久前还是小生产者。在党内，出身于小资产阶级的党员占有相当大的数量。

16. 中国共产党成立后，党的工作重点在(　　)。

A. 组织工人运动　　B. 发动农民

C. 开展土地革命　　D. 开展武装斗争

【解析】中国共产党第一次全国代表大会于 1921 年 7 月 23 日在上海法租界望志路 106 号举行。其间由于会场受到暗探注意和法租界巡捕房搜查，最后一天的会议改在嘉兴南湖的游船上举行。大会确定党的名称为中国共产党。党的纲领是：以无产阶级革命军队推翻资产阶级，采用无产阶级专政以达到阶级斗争的目的——消灭阶级，废除资本私有制，以及联合第三国际等。大会在讨论实际工作计划时，决定首先集中精力组织工人。鉴于当时的党“几乎完全由知识分子组成”，大会决定“要特别注意组织工人，以共产主义精神教育他们”。

17. 1924 年 1 月，国民党一大在广州召开，大会通过的宣言对三民主义作了新的解释。其中民生主义的内涵有(　　)。

A. 推翻封建君主专制制度，建立资产阶级民主共和国

B. 对外实现中华民族的独立，主张国内各民族一律平等

C. 民主权利应“为一般平民所共有”

D. 平均地权，节制资本

【解析】1924 年 1 月，国民党一大在广州召开，大会通过的宣言对三民主义作了新的解释：①在民族主义中突出了反帝的内容，强调对外实行中华民族的独立，同时主张国内各民族一律平等；②在民权主义中强调了民主权利应“为一般平民所共有”，不应为“少数人所得而私”；③把民生主义概括为“平均地权”和“节制资本”两大原则(后来又提出了“耕者有其田”的主张)，并提出要改善工农的生活状况。

18. 1927 年，蒋介石在上海制造了捕杀共产党员和革命群众的(　　)。

A. 中山舰事件　　B. 整理党务案

C. 四一二政变　　D. 七一五政变

【解析】1927 年 4 月 12 日，蒋介石在上海发动反共政变，以“清党”名义捕杀共产党员和革命群众，制造了四一二政变。在此次政变中国民党新右派大肆屠杀共产党员、国民党

16A　17D　18C

左派及革命群众，使中国大革命受到严重的摧残，标志着大革命的部分失败，是大革命从胜利走向失败的转折点，同时也宣告国共两党第一次合作失败。

二、多项选择题(下列每题给出的四个选项中，至少有两个选项是符合题目要求的)

1. 1915 年 9 月，陈独秀在上海创办《青年杂志》(后改名《新青年》)，吹响了新文化运动的号角。新文化运动高举民主和科学两面大旗，向封建主义思想文化发起了前所未有的猛烈冲击。新文化运动的历史意义表现在它(　　)。[2016 年考研政治真题]

A. 是中国历史上一次前所未有的启蒙运动

B. 在社会上掀起了一股思想解放的潮流

C. 为马克思主义在中国的传播创造了有利条件

D. 彻底否定了孔学的历史作用

【解析】新文化运动在我国历史发展中具有重大的历史意义：①新文化运动是中国历史上一次前所未有的深刻的思想解放运动和启蒙运动，对封建专制的批判唤醒了有识青年，使广大青年接受了一次西方民主和科学思想的洗礼。②它在社会上掀起的生气勃勃的思想解放潮流冲击了禁锢人们思想的闸门，激励着人们去探求救国救民的真理。③在新文化运动的推动和影响下，中国涌现了一批青年革命民主主义者，为马克思主义在中国的广泛传播准备了思想的和文化的条件。D 项，新文化运动的倡导者并没有因为批判孔学就否定中国的全部传统文化。

2. 1925 至 1927 年的大革命，规模宏伟，内涵丰富。与辛亥革命相比较，其不同点在于(　　)。[2013 年考研政治真题]

A. 它的主要斗争形式是武装斗争

B. 它广泛而深刻地发动了工农群众

C. 它的革命对象是帝国主义和封建军阀

D. 它是在以国共合作为基础的统一战线的组织形式下进行的

【解析】1925 至 1927 年中国反帝反封建的革命，比之以往任何一次革命，包括辛亥革命和五四运动，群众的动员程度更为广泛，斗争的规模更加宏伟，革命的社会内涵更加深刻。具体表现在：①大革命是在反对帝国主义、反对军阀的政治口号下进行的；②大革命是在以国共合作为基础的统一战线的组织形式下进行的；③大革命是近代中国历史上空前广泛而深刻的群众运动；④大革命的主要斗争形式是革命战争。

3. 五四运动爆发的时代条件和社会历史条件有(　　)。

A. 旧民主主义革命的终结

B. 新文化运动掀起的思想解放的潮流

C. 新的社会力量的成长、壮大

D. 俄国十月革命对中国的影响

【解析】1919 年 5 月爆发的五四运动，是中国近代史上一个划时代的事件。这个运动是在新的时代条件和社会历史条件下发生的：①新的社会力量的成长、壮大；②新文化运动掀起的思想解放的潮流；③俄国十月革命对中国的影响。

1ABC　2BCD　3BCD

4. 马克思主义的传播，并没有中断或取消五四运动以前开始的反封建的思想启蒙工作，具体表现在中国先进分子(　　)。

A. 继承了五四运动的科学和民主的精神，并在马克思主义的基础上加以改造，从而赋予它们以新的涵义

B. 以唯物史观为武器，从反对封建思想入手，进而提出必须反对产生封建思想的社会制度

C. 把反封建思想的斗争的立足点，从争取个人的个性解放，扩展到争取人民群众的社会解放的高度

D. 把反封建的斗争方式，从少数人进行的思想批判，逐步地发展为人民群众的革命实践

【解析】A 项，中国的先进分子在接受马克思主义之后，并没有抛弃而是继承了五四运动的科学和民主的精神，并赋予它们以新的含义，使它们在更高的层次上得到了发扬。BCD 三项，马克思主义的传播，并没有中断或取消五四运动以前开始的反封建的思想启蒙工作，具体表现在：①中国的先进分子以唯物史观为武器，从反对封建思想入手，进而提出必须反对产生封建思想的社会制度；②把反封建思想的斗争的立足点，从争取个人的个性解放，扩展到争取人民群众的社会解放的高度；③把反封建的斗争方式，从少数人进行的思想批判，逐步地发展为人民群众的革命实践。他们在很大程度上克服了以往启蒙者的弱点，有力地推动了反封建的启蒙运动。

5. 中国共产党成立的历史特点有(　　)。

A. 它成立于俄国十月革命取得胜利、第二国际修正主义遭到破产之后

B. 它是在半殖民地半封建中国的工人运动的基础上产生的

C. 一开始就是一个以马克思列宁主义理论为基础的党

D. 是一个区别于第二国际旧式社会改良党的新型工人阶级革命政党

【解析】中国共产党是在特定的社会历史条件下成立的。一方面，它成立于俄国十月革命取得胜利，第二国际社会民主主义、修正主义遭到破产之后。另一方面，它是在半殖民地半封建中国的工人运动的基础上产生的。所以，中国共产党一开始就是一个以马克思列宁主义理论为基础的党，是一个区别于第二国际旧式社会改良党的新型工人阶级革命政党。

6. 中共二大主要的历史功绩是制定了彻底的反帝反封建的民主革命纲领，其中在当前阶段的纲领内容包括(　　)。

A. 实现社会主义、共产主义　　B. 打倒军阀

C. 推翻国际帝国主义的压迫　　D. 统一中国为真正民主共和国

【解析】1922 年 7 月，中国共产党第二次全国代表大会通过对中国社会经济政治状况的分析，明确地指出，加给中国人民“最大痛苦的是资本帝国主义和军阀官僚的封建势力”，因此，“反对这两种势力的民主主义的革命运动是极有意义的”。党的最高纲领是实现社会主义、共产主义；党在当前阶段的纲领应当是：打倒军阀；推翻国际帝国主义的压迫；统

4ABCD　5ABCD　6BCD

一中国为真正民主共和国。

7. 大革命后期，以陈独秀为代表的右倾机会主义错误主要表现在(　　)。

A. 不能发扬民主，家长制作风严重

B. 放弃了对于农民、城市小资产阶级和民族资产阶级的领导权

C. 放弃了对武装力量的领导权

D. 不能摆脱共产国际的错误指导

【解析】大革命之所以失败，客观方面，是由于反革命力量的强大，是由于资产阶级发生严重的动摇、统一战线出现剧烈的分化，是由于蒋介石集团、汪精卫集团先后被帝国主义势力和地主阶级、买办资产阶级拉进反革命营垒里去了。主观方面，是由于中国共产党的中央领导机关在大革命的后期犯了以陈独秀为代表的右倾机会主义的错误，放弃了无产阶级对于农民群众、城市小资产阶级和民族资产阶级的领导权，尤其是武装力量的领导权，使大革命遭到了失败。当时的中国共产党还处在幼年时期，没有经验，缺乏对中国社会和中国革命基本问题的深刻认识，还不善于将马克思列宁主义的基本原理和中国革命的实践结合起来，难以摆脱共产国际的那些错误的指导思想。

三、简答题

1. 简述五四运动前新文化运动的主要内容。

答：1915年9月，陈独秀在上海创办《青年杂志》(后改名为《新青年》)，成为新文化运动兴起的标志。北京大学和《新青年》编辑部是新文化运动的主要阵地。五四运动前新文化运动的主要内容包括：

(1)新文化运动提出的基本口号是民主和科学。民主，主要是指资产阶级的民主思想和民主制度，倡导建立法国式的资产阶级共和国；民主还提倡个性解放，平等自由，造就自主、自由的人。科学主要指自然科学，提倡以科学的精神和科学方法来研究社会。

(2)新文化运动把攻击的矛头集中指向以维护封建专制为宗旨和基本内容的孔学，以进化论观点和个性解放思想为主要武器，猛烈抨击封建纲常礼教，大力提倡新道德，反对旧道德。新文化运动的倡导者并没有因为批判孔学就否定中国的全部传统文化。

(3)新文化运动还提倡白话文、反对文言文，提倡新文学、反对旧文学，主张文学革命。1918年5月，鲁迅发表《狂人日记》，这是新文学运动的第一篇白话文小说。

2. 简述五四运动爆发的社会历史条件。

答：1919年5月爆发的五四运动，是中国近代史上的一个划时代的事件。这个运动是在新的时代条件和社会历史条件下发生的。这些具体条件主要体现在以下几个方面：

(1)新的社会力量的成长、壮大。在1914年至1918年世界大战期间，中国的资本主义经济得到了相当迅速的发展。中国资产阶级和工人阶级的力量也进一步成长起来。五四运动前夕，中国产业工人已经达到200余万人。这样，五四运动就获得了比以往的革命斗争更加广泛的群众基础。

(2)新文化运动掀起的思想解放的潮流。受到这个潮流影响的年轻一代知识界，尤其是

7BCD

那些具有初步共产主义思想的知识分子，为五四运动准备了最初的群众队伍和骨干力量。

(3)俄国十月革命对中国的影响。陈独秀指出，十月革命以后，“中国人也受了两个教训：一是无论南北，凡军阀都不应当存在；一是人民有直接行动的希望。五四运动遂应运而生”。

3. 简述十月革命对中国的影响。

答：1917 年俄国爆发了十月社会主义革命，推动中国的先进分子把自己的目光从西方转向东方，从资产阶级民主主义转向社会主义。十月革命对中国的影响有：

(1)十月革命给予中国人的一个启示是：经济文化落后的国家也可以用社会主义思想指引自己走向解放之路。十月革命发生在其国情与中国一样的封建压迫严重和经济文化落后的俄国，因而对中国社会的先进分子具有特殊的吸引力。

(2)十月革命诞生的社会主义俄国号召反对帝国主义，并且以新的平等的态度对待中国，这有力地推动了社会主义思想在中国的传播。1919 年苏维埃俄国第一次对华宣言声明放弃沙俄在中国攫取的一切特权，这引起很大的震动。

(3)十月革命中俄国工人、农民和士兵群众的广泛发动并由此赢得胜利的事实，给予中国社会的先进分子以新的革命方法的启示，这推动他们去研究其遵循的主义。

4. 简述五四运动后新文化运动的发展变化。

答：五四运动后新文化运动进入了一个新的发展阶段，其发展变化如下：

(1)五四运动以前的新文化运动主要是资产阶级民主主义的新文化反对封建主义的旧文化的斗争，在五四运动以后的新文化运动中，马克思主义开始逐步地在思想文化领域中发挥指导作用。

(2)中国社会的先进分子在接受马克思主义之后，并没有抛弃反而是继承了五四运动的科学和民主的精神，并赋予它们以新的含义，使其在更高的层次上得到了发扬。民主不再指狭隘的资产阶级民主，而是指多数人的民主、以劳动群众为主体的民主。

(3)马克思主义理论的传播，并没有中断或取消五四运动以前开始的反封建的思想启蒙工作，具体体现为：

①中国社会的先进分子以唯物史观作为武器，从反对封建思想入手，进而提出必须反对产生封建思想的社会制度。

②把反封建思想的斗争的立足点，从争取个人的个性解放，扩展到争取人民群众的社会解放的高度；

③把反封建的斗争方式，从少数人进行的思想批判，逐步地发展为人民群众的革命实践。他们在很大程度上克服了以往启蒙者的弱点，有力地推动了反封建的启蒙运动。

5. 简述中国共产党在国民革命中的重要作用。

答：国民革命是在国共合作的条件下进行的。如果没有国共合作，就不会在短时间内掀起这样一场革命。在这场革命中，中国共产党起着独特的、不可代替的作用，主要体现为：

(1)大革命是在反对帝国主义、反对军阀的政治口号下进行的。而提出这个口号的，正是中国共产党。

(2)大革命是在以国共合作为基础的统一战线的组织形式下进行的，而中国共产党正是国共合作的倡导者和统一战线的组织者。

(3)大革命是近代中国历史上空前广泛而深刻的群众运动。而中国共产党正是人民群众的主要发动者和组织者。经过共产党人的深入细致的工作，一向被视为一盘散沙的中国人民的力量逐步地组织起来、凝聚起来。这就为国民革命的发展、广东战争和北伐战争的胜利奠定了群众基础。

(4)大革命的主要斗争形式是革命战争。共产党人不仅帮助和推动了国民革命军的建立，而且在军队中进行了卓有成效的政治工作，积极提高国民革命军的素质，增强其凝聚力和战斗力，同时，共产党员在战斗中更是身先士卒，起着先锋作用和表率作用。

四、论述题

1. 试述五四运动以前新文化运动的性质并对其进行评价。

答：1915年9月，陈独秀在上海创办《青年杂志》(后改名为《新青年》)，成为新文化运动兴起的标志。北京大学和《新青年》编辑部是新文化运动的主要阵地。

(1)五四运动以前新文化运动的性质

五四运动以前的新文化运动是资产阶级民主主义的新文化反对封建主义旧文化的斗争。

(2)对五四运动以前新文化运动的评价

①积极意义

a. 新文化运动的倡导者提倡民主、反对专制，提倡科学、反对迷信盲从，是切中时弊的。正因为如此，这两个口号在当时即获得了人们广泛的赞同，并产生了深远的影响。

b. 新文化运动的倡导者并没有因为批判孔学就否定中国的全部传统文化。第一，他们指出，孔学并不等于全部国学。第二，他们并没有否定孔学的历史作用。第三，他们也没有把孔学说得一无是处。他们批判孔学，是为了指明它在根本上已经不适于现代生活，是为了反对孔学对人们的思想禁锢，是为了动摇孔学的绝对权威的地位，从而使人们敢于冲破封建思想的牢笼，去进行独立思考，以求得“真实合理的信仰”。

c. 新文化运动的倡导者们在社会上掀起了一股思想解放的潮流。这股潮流冲击了禁锢人们思想的闸门。而这个闸门一被打开，各种新思潮的涌流就不仅不可避免，而且是无法遏制的了。正因为如此，在那时，这个运动是生动活泼的、前进的和革命的。

②新文化运动的局限性

a. 新文化运动的倡导者批判孔学，是为了给中国发展资本主义扫清障碍。但是，因为资产阶级共和国的方案在中国行不通，所以从根本上说，提倡资产阶级民主主义，并不能为人们提供一种有效的思想武器去认识中国，改造中国社会。

b. 新文化运动的倡导者把改造国民性置于优先地位，但是又脱离改造产生封建思想的社会环境的革命实践，没有把运动普及到工农群众中去，仅仅依靠少数人的呐喊，其目标难以实现。

c. 文化运动的倡导者中不少人在思想方法上存在绝对肯定或绝对否定的形式主义偏向。这种形式主义地看问题的方法，影响了这个运动后来的发展。

2. 试述五四运动的历史特点。

答：五四运动是在新的社会历史条件下发生的，具有以辛亥革命为代表的旧民主主义革命所不具备的历史特点。这种特点具体体现在以下几个方面：

(1)五四运动表现了反帝反封建的彻底性

近代以来，中国人民对帝国主义的认识经历了两个阶段：第一阶段是表面的感性认识的阶段，这典型地表现在义和团等笼统的排外主义的斗争上。第二阶段是理性的认识阶段，即认识到帝国主义内部和外部的各种矛盾，并意识到帝国主义联合中国买办阶级和封建阶级以压榨中国人民大众的实质，这种认识是从1919年五四运动前后才开始的。这表明，中国人民反帝反封建的斗争已经提升到一个新的水平。

(2)五四运动是一次真正的群众运动

参加到运动中的有工人阶级、学生群众和新兴的民族资产阶级，特别是“六五”以后，中国工人阶级以中国历史上空前规模的政治大罢工，对五四运动的发展起着决定性的作用。这表明中国工人阶级已经成为中国政治舞台上一支独立的政治力量，开始走上领导中国革命的新阶段。它为中国共产党的创建奠定了阶级基础。

(3)五四运动促进了马克思主义在中国的传播及其与中国工人运动的结合

在五四运动的推动下，马克思主义在中国传播开来。在五四运动中，工人阶级显示了伟大的力量。那些接触了社会主义思潮、初步掌握了马克思主义的知识分子开始到工人中进行宣传和组织工作，发挥了某种先锋和桥梁的作用。而先进知识分子与工人群众相结合的过程，又是马克思主义与中国工人运动相结合的过程。

3. 试述中国共产党早期组织的活动。

答：中国共产党早期组织的活动主要包括：

(1)研究和宣传马克思主义

共产党早期组织的成员在《新青年》杂志(1920年9月成为上海党的早期组织的机关刊物)和《共产党》(月刊)等报刊上发表文章，宣传马克思主义和俄国革命的经验。为了扩大马克思主义的思想阵地，他们同反马克思主义的思想流派进行了斗争，这些斗争具体体现为：

①1919年李大钊与胡适关于“问题与主义”的争论。

②1920年年底，共产党早期组织的成员与张东荪、梁启超关于社会主义的论战。

③共产党早期组织的成员与黄凌霜、区声白等无政府主义者进行的论战。

总之，同反马克思主义思潮进行的斗争，帮助一批倾向社会主义的进步分子划清了社会主义与资本主义的界限，科学社会主义与资产阶级、小资产阶级社会主义流派的界限，推动他们走上了马克思主义的道路。

(2)到工人中去进行宣传和组织工作

为了能在工人群众中有效地开展工作，一些先进的知识分子穿起工人的服装，学习工人的语言，从事工人的劳动，力求与工人打成一片。创办了一批专门供工人阅读的进行马克思主义启蒙教育的刊物。同时，还创办了各种形式的工人学校。经过宣传教育，觉悟的工人有了组织起来的要求。1920年11月，共产党早期组织领导的第一个工会——上海机器工会宣告成立。北京、武汉、长沙、广州和济南等地的工人也相继成立工会。工会开始发动工人开展罢工斗争。

(3)建立社会主义青年团

在共产党早期组织的领导下，1920 年 11 月，社会主义青年团在上海宣告成立。其后，北京、天津、武汉、长沙等地也成立了团组织。各地团组织通过引导青年学习马克思主义，参加实际斗争，为党造就了一批后备力量。

(4)进行关于建党问题的讨论和实际组织工作

1920 年 11 月，党的发起组——上海共产主义小组制定了《中国共产党宣言》，阐述共产主义者的理想、共产主义者的目的和阶级斗争的最近状态。各地的共产主义者对建党的有关问题展开了讨论。如毛泽东与蔡和森通信，讨论建党问题。

4. 试述中国共产党成立的历史特点和意义。

答：1921 年 7 月 23 日在上海召开了中国共产党第一次全国代表大会，大会确定党的名称为中国共产党，通过了党的纲领，选举产生了党的领导机构。中共一大正式宣告了中国共产党的成立。

(1)中国共产党成立的历史特点

①它成立于俄国十月革命取得胜利，第二国际社会民主主义、修正主义遭到破产之后。它所接受的，是没有被修正主义阉割的马克思主义的完整的科学世界观和社会革命论，是在帝国主义和无产阶级革命时代发展了的马克思主义即列宁主义，是在斗争中同资产阶级、小资产阶级社会主义划清了界限的科学社会主义。

②它是在半殖民地半封建中国的工人运动的基础上产生的。中国工人阶级身受帝国主义者、本国资产阶级和封建势力的三重压迫，具有坚强的革命性。在这个阶级中，不存在欧洲那种工人贵族阶层，没有社会改良主义的基础。而且在半殖民地的中国，工人阶级根本不可能进行和平的议会斗争，他们不可能对资产阶级民主制度抱有期望。

所以，中国共产党从一开始就是一个以马克思列宁主义理论为基础的党，是一个区别于第二国际旧式社会改良党的新型工人阶级革命政党。

(2)中国共产党成立的历史意义

中国共产党的成立，是中华民族发展史上一个开天辟地的大事变。近代以来，中国人民的斗争屡遭挫折和失败的重要原因，就是没有一个先进、坚强的政党作为凝聚力量的领导核心。自从有了中国共产党，这种局面就开始从根本上改变了。这种改变具体体现为：

①中国共产党一经成立，就把实现共产主义作为自身的最高理想和最终目标，义无反顾肩负起实现中华民族伟大复兴的历史使命。中国人民在党的带领下，由此踏上了争取民族独立、自身解放的光明的道路，开启了实现国家富强、人民富裕的历史征程。

②中国共产党人的初心和使命，就是为中国人民谋幸福，为中华民族谋复兴。这个初心和使命是激励中国共产党人不断前进的根本动力。因此，中国共产党从诞生时起，就充满着生机和活力，预示着中国的光明前途和希望。

③中国共产党的成立，深刻改变了近代以后中华民族发展的方向和进程，深刻改变了中国人民和中华民族的前途和命运，深刻改变了整个世界发展的趋势和格局。

5. 试述国民革命的历史意义以及失败的原因和教训。

答：北伐战争的胜利进展以及工农运动的蓬勃开展，将国民革命推向高潮。由于国民党右派的叛变以及共产党中央的右倾错误，1927 年 7 月，国共合作破裂，国民革命失败。

(1)国民革命的历史意义

①大革命实际上是未来胜利的革命的一次伟大的演习。因为正是在这个时期，中国共产党人进行了轰轰烈烈的革命工作，领导了全国反帝反封建的伟大斗争，在中国革命历史上写下了光荣的一页，同时开始探索马克思主义中国化的现实途径，初步提出了无产阶级领导的、人民大众的、反帝反封建的新民主主义革命的基本思想，并且从大革命的失败中汲取了严重的历史教训，开始懂得进行土地革命和掌握革命武装的重要性。

②大革命使中国人民的觉悟程度和组织程度有了明显的提高，中国共产党开始掌握了一部分革命武装。所有这些，为中国革命进入土地革命战争阶段准备了必要的条件。

(2)国民革命失败的原因

①客观原因：

a. 由于反革命力量的强大。

b. 由于资产阶级发生严重的动摇，统一战线出现剧烈的分化。

c. 由于蒋介石集团、汪精卫集团先后被帝国主义势力和地主阶级、买办资产阶级拉进了反革命营垒里。

②主观原因：

a. 以陈独秀为首的中共中央领导机关在大革命后期犯了右倾机会主义错误，放弃了无产阶级对于农民群众、城市小资产阶级和民族资产阶级的领导权，尤其是武装斗争的领导权。

b. 当时的中国共产党处于幼年时期，缺乏对中国社会和中国革命基本问题的深刻认识，缺乏革命经验尤其是处理同资产阶级的复杂关系的经验，还不善于把马克思主义基本原理和中国革命的实践结合起来。

c. 当时的中国共产党作为共产国际的一个支部，直接受共产国际的指导。共产国际及其在中国的代表虽然在这次大革命中起了积极的作用，但也进行了一些错误指导，对酿成陈独秀右倾机会主义错误有直接影响。

(3)国民革命失败的教训

党要领导人民取得革命胜利，就必须坚持无产阶级对革命的领导权，必须掌握革命的武装，坚持武装斗争。在革命的失败中，共产党人认识到了武装斗争的极端重要性。

五、材料分析题（要求结合所学知识分析材料回答问题）

1. 结合材料回答问题：［2015 年考研政治真题］

1925 年郭沫若在一篇文章中讲述这样一个故事：

十月十五日丁祭过后的第二天，孔子和他的得意门生颜回、子路、子贡三位在上海的文庙里吃着冷肉的时候，有四位年轻的大班抬了一乘朱红漆的四轿，一直闯进庙来，里面走出一位脸如螃蟹，胡须满腮的西洋人来，原来这胡子螃蟹脸就是马克思。

孔子一见来的是马克思，他便禁不得惊喜着叫出：啊啊，有朋自远方来，不亦乐乎呀！

你来到敝庙里来，有什么见教呢？

马克思说：我是特为领教而来。我们的主义已经传到你们中国，我希望在你们中国能够实现。但是近来有些人说，我的主义和你的思想不同，所以在你的思想普遍着的中国，我的主义是没有实现的可能性。因此我便来直接领教你：究竟你的思想是怎么样？和我的主义怎样不同？

孔子说：难得你今天亲自到了我这里来，太匆促了，不好请你讲演，至少请你作一番谈话罢。你的理想的世界是怎样的呢？

马克思说：我的理想的世界，是我们生存在这里面，万人要能和一人一样自由平等地发展他们的才能，人人都各能尽力做事而不望报酬，人人都各能得生活的保障而无饥寒的忧虑，这就是我所谓"各尽所能，各取所需"的共产社会。

孔子说：你这个理想社会和我的大同世界竟是不谋而合，你请让我背一段我的旧文章给你听罢。"大道之行也，天下为公，选贤与能，讲信修睦；故人不独亲其亲，不独子其子，使老有所终，壮有所用，幼有所长，鳏寡孤独废疾者皆有所养，男有分，女有归；货恶其弃于地也不必藏于己，力恶其不出于身也不必为己；是故谋闭而不兴，盗窃乱贼而不作，故外户而不闭，是谓大同。"这不是和你的理想完全是一致的吗？

马克思说：我的理想和有些空想家不同，我的理想不是虚构出来的，也并不是一步可以跳到的。我们先从历史上证明社会的产业有逐渐增殖之可能，其次是逐渐增殖的财产逐渐集中于少数人之手中，于是使社会生出贫乏病来，社会上的争斗便永无宁日。

孔子说：我从前也早就说过"不患寡而患不均，不患贫而患不安"的呀！

孔子的话还没有十分落脚，马克思早反对起来了：不对，不对！你和我的见解终竟是两样，我是患寡且患不均，患贫且患不安的，你要晓得，寡了便均不起来，贫了便是不安的根本。所以我对于私产的集中虽是反对，对于产业的增殖却不惟不敢反对，而且还极力提倡。所以我们一方面用莫大的力量去剥夺私人的财产，而同时也要以莫大的力量来增殖社会的产业。

孔子说：尊重物质本是我们中国的传统思想，洪范八政食货为先，管子也说过"仓廪实而知礼节，衣食足而知荣辱"，我的思想乃至我国的传统思想，根本和你一样，总要先把产业提高起来，然后才来均分。

马克思到此才感叹起来：我不想在两千年前，在遥远的东方，已经有了你这样的一个老同志！你我的见解完全是一致的，怎么有人曾说我的思想和你的不合，和你们中国的国情不合，不能施行于中国呢？

——摘编自郭沫若《马克思进文庙》

(1)"马克思进文庙"的历史背景是什么？

(2)如何理解孔子与马克思对话中谈到的他们之间思想上的"不同"与"一致"？

【参考答案】

(1)"马克思进文庙"的历史背景是什么？

答："马克思进文庙"是发生在五四运动后的新文化运动时期，其历史背景主要包括：

①巴黎和会打破了中国人民对帝国主义列强的幻想，更由于俄国十月革命的影响的扩大，马克思主义在中国广泛传播，中国出现了要不要马克思主义以及以什么主义改造中国

的争论。

②马克思主义与各种反马克思主义和非马克思主义思想流派进行了斗争，进一步扩大了马克思主义思想阵地。五四运动后，马克思主义与中国工人运动的结合为中国共产党的成立和新民主主义革命做了思想上和组织上的准备。

(2)如何理解孔子与马克思对话中谈到的他们之间思想上的“不同”与“一致”？

答：马克思主义与以儒家为代表的中国传统文化是两种不同的文化，在一些具体主张上有差别，但两者并不是对立的，两者都为中国社会所需要。

①马克思主义与孔子思想的“不同”

a. 孔子所设想的理想世界更多的是一种古代思想家的哲学理想，虽然描绘了理想社会的蓝图却并没有提出实现理想世界的现实途径。马克思提出了理想世界并且为实现这个理想社会找到了现实的途径。这是马克思主义与儒家文化最大的不同之处。马克思主义在批判旧世界的基础上阐明新世界的特点，在总结工人运动的实践基础上提出改造世界的方法。

b. 孔子的思想是为封建统治者服务的，而马克思的思想是为无产阶级服务的，站在最广大人民利益的立场上是马克思主义鲜明的政治立场。马克思的理想社会是没有剥削、没有阶级、没有压迫的社会主义社会。

c. 孔子所说的“物质的重要性”是从纯粹的物质财富数量的重要性上强调的，马克思强调的“物质的重要性”是强调生产力作为人类社会发展的决定性力量在推动人类社会发展中的作用，即马克思对物质的强调是由于认识到了生产力在社会发展中的决定作用。

②马克思主义与孔子思想的“一致性”

a. 孔子和马克思都看到了“物质的重要性”，都主张建立一个人与人之间平等和睦的理想世界。

b. 马克思主义在中国化的过程中吸收了包括孔学在内的中国传统文化的精髓。以孔子为代表的中国传统文化哲学中蕴含了朴素的共产主义以及以人为本的思想、追求自由平等以及大同思想，这都与马克思的思想契合。

总之，马克思主义作为一种外来思想文化传入中国，要使它能为中国人民广泛接受，并在实践中发挥指导作用，必须和中国优秀文化相结合，必须和中国的具体实际相结合，即马克思主义必须中国化。

2. 结合材料回答问题：

材料1

五四运动陡然爆发，我于是卷入旋涡……抱着不可思议的“热烈”参与学生运动。我们处于社会生活之中，还只知道社会中了无名毒症，不知道怎么样医治，学生运动的意义是如此，单由自己的体验，那不安的感觉再也藏不住了……当时爱国运动的意义，绝不能望文生义的去解释他。中国民族几十年受剥削，到今日才感受殖民地化的况味。帝国主义压迫的切骨的痛苦，触醒了空泛的民主主义的噩梦。学生运动的引子，山东问题，本来就包括在这里。工业先进国的现代问题是资本主义，在殖民地上就是帝国主义，所以学生运动倏然一变而倾向于社会主义，就是这个原因。况且家族农业经济破产，旧社会组织失了他的根据地，于是社会问题更复杂了。从孔教问题，妇女问题一直到劳动问题，社会改造问题；从文字上的文学问题一直到人生观的哲学问题；都在这一时期兴起，萦绕着新时代的中国社会思想。

——摘自瞿秋白：《五四前后中国社会思想的变动》

材料2

八十年前爆发的五四运动，是以一批先进青年知识分子为先锋、广大人民群众参加的彻底反帝反封建的伟大爱国革命运动，也是一场伟大的思想解放运动和新文化运动。这场运动，成为中国旧民主主义革命走向新民主主义革命的转折点……

1919年5月4日，北京数千学生涌上街头，高呼“外争国权、内惩国贼”等口号，由此掀起了有工人阶级、小资产阶级、民族资产阶级和其他爱国人士广泛参加的全国性群众斗争。五四运动是中国人民以往前赴后继斗争的继续和新的发展。在这场斗争中，中国工人阶级第一次以声势浩大的政治大罢工显示出崭新的战斗姿态。五四运动鲜明地贯穿着彻底地、不妥协地反帝反封建的爱国主题。五四运动作为极大地促进思想解放的新文化运动，猛烈地冲击和荡涤着几千年来的封建旧礼教、旧道德、旧思想、旧文化，为新思想、新文化在中国的广泛传播开辟着道路。

——摘自胡锦涛：《发扬伟大的爱国主义精神 为建设有中国特色社会主义努力奋斗——在五四运动八十周年纪念大会上的讲话》

请回答：为什么说五四运动是中国新民主主义革命的开端？

【参考答案】

为什么说五四运动是中国新民主主义革命的开端？

答：五四运动是在新的社会历史条件下发生的，它具有以辛亥革命为代表的旧民主主义革命所不具备的一些特点，主要包括：

(1)五四运动表现了反帝反封建的彻底性。“彻底性”不是指完成了反帝反封建的任务，而是指斗争的坚决性、不妥协性。同时，又指从感性地排外到理性地认识帝国主义的实质。

(2)五四运动是一次真正的群众运动，参加到运动中的有工人阶级、学生群众和新兴的民族资产阶级。

(3)五四运动促进了马克思主义在中国的传播及其与中国工人运动的结合，为1921年中国共产党的成立作了思想上和干部上的准备。

(4)五四运动发生在俄国十月革命之后，发生在无产阶级社会主义革命的新时代，属于世界无产阶级社会主义革命的一部分。

(5)五四运动中工人阶级开始登上历史舞台，逐渐成为革命的领导阶级，领导阶级的不同成为新旧民主主义革命的根本区别。

正因为五四运动具备了上述新的历史特点，所以成为了中国革命的新阶段即新民主主义革命阶段的开端。

3. 结合材料回答问题：［2018年考研政治真题］

材料1

从一八四零年的鸦片战争到一九一九年的五四运动的前夜，共计七十多年中，中国人没有什么思想武器可以抗御帝国主义，旧的顽固的封建主义的思想武器打败仗了，抵不住，宣告破产了，不得已，中国人被迫从帝国主义的老家即西方资产阶级革命时代的武器库中学来了进化论、天赋人权论和资产阶级共和国等思想武器和政治方案，组织过政党，举行过革命，以为可以外御强列，内建民国。但是这些东西也和封建主义的思想武器一样，软弱得很，又是抵不住，败下阵来，宣告破产了。

十月革命一声炮响，给中国送来了马克思列宁主义，中国先进分子从马克思列宁主义的科学真理中看到了解决中国问题的出路。在近代以后中国社会的剧烈运动中，在中国人民反抗封建统治和外来侵略的激烈斗争中，在马克思列宁主义同中国工人运动的结合过程中，一九二一年中国共产党应运而生。从此，中国人民谋求民族独立、人民解放和国家富强、人民幸福的斗争就有了主心骨，中国人民就从精神上由被动转为主动。

——摘自《毛泽东选集》第四卷，习近平《决胜全面建成小康社会夺取新时代中国特色社会主义伟大胜利——在中国共产党十九次全国代表大会上的报告》

材料 2

2017 年 10 月 18 日，中国共产党第十九次全国代表大会在北京隆重举行，大会的主题是：不忘初心，牢记使命，高举中国特色社会主义伟大旗帜，决胜全面建成小康社会，夺取新时代中国特色社会主义伟大胜利，为实现中华民族伟大复兴的中国梦不懈奋斗。习近平同志代表第十八届中央委员会向大会作报告，指出："不忘初心，方得始终"。中国共产党的初心和使命，就是为中国人民谋幸福，为中华民族谋复兴，这个初心和使命就是共产党人不断前进的根本动力。

10 月 31 日，十九大闭幕仅一周，习近平总书记带领中共中央政治局常委专程从北京前往上海和浙江嘉兴，瞻仰上海中共一大会址和浙江嘉兴南湖红船。在瞻仰中共一大会议室原址时，习近平动情地说，毛泽东同志称这里是中国共产党的"产床"，这个比喻很形象，我看这里也是我们中国共产党人的精神家园。在参观南湖革命纪念馆时，习近平说，在浙江工作期间，我曾经把"红船精神"概括为开天辟地、敢为人先的首创精神，坚定理想、百折不挠的奋斗精神，立党为公、忠诚为民的奉献精神。我们要结合时代特点大力弘扬"红船精神"。参观结束时，习近平同志发表了重要讲话，指出，上海党的一大会址、嘉兴南湖红船是我们党梦想起航的地方，我们党从这里诞生，从这里出征，从这里走向全国执政，这里是我们党的根脉。习近平同志强调，"其作始也简，其将毕也必巨。"96 年来，我们党团结带领人民取得了举世瞩目的伟大成就，这值得我们骄傲和自豪。同时，事业发展永无止境，共产党人的初心永远不能改变。唯有不忘初心，方可告慰历史、告慰先辈，方可赢得民心、赢得时代，方可善作善成、一往无前。

——摘编自《人民日报》(2017 年 11 月 1 日)

(1) 为什么说中国共产党是"应运而生"？

(2) 中国共产党为什么能由"简"而"巨"，团结带领人民取得举世瞩目的伟大成就？

【参考答案】

(1) 为什么说中国共产党是"应运而生"？

答： 中国共产党是中国近现代历史发展的必然产物，是马列主义与中国工人运动相结合的产物。

①中国共产党的产生符合当时中国的历史需要

近代以来，随着西方列强的入侵，中国逐渐沦为半殖民地半封建社会。完成反帝反封建的任务，实现民族独立、人民解放和国家富强、人民富裕成为两大重要历史任务。农民阶级、地主阶级和民族资产阶级都为了国家出路进行了早期的探索，但都由于阶级局限而失败。实践证明，不触动封建根基的自强运动和改良主义，旧式的农民战争，资产阶级革命派领导的革命，照搬西方资本主义的其他种种方案，都不能完成中华民族救亡图存的民族使命和反帝反封建的历史任务。在这种情况下，中国共产党的理念给中国带来新的曙光。

②中国共产党的产生满足当时中国的使命要求

中国的发展进步，客观上要求有能够指导中国人民进行反帝反封建革命的先进理论，有能够领导中国社会变革的先进社会力量。中国共产党的诞生成为历史发展的必然。十月革命一声炮响给中国送来了马克思主义。1919 年五四运动，中国工人阶级登上历史舞台。马克思主义与中国工人运动相结合产生了中国共产党。历史和人民最终选择了中国共产党。中国共产党“应运而生”。

(2)中国共产党为什么能由“简”而“巨”，团结带领人民取得举世瞩目的伟大成就？

答：中国共产党之所以能由“简”而“巨”，团结带领人民取得举世瞩目的伟大成就，原因在于：

①中国共产党拥有的先进理论指导是其由“简”而“巨”的重要前提。

a. 正是因为有先进理论的指导，有用先进理论武装起来的先进政党的领导，有先进政党顺应历史潮流、勇担历史重任、敢于做出巨大牺牲，中国人民才能彻底变命运、焕发蓬勃生机。

b. 中国共产党的成立是开天辟地的大事变。有了中国共产党，中国革命就有了坚强的领导力量、科学的指导思想、正确的方向和奋斗目标以及新的革命方法。中国共产党的成立使中国革命的面貌焕然一新。中国共产党一成立，就把为人民谋幸福，为国家谋复兴作为自己的奋斗目标。正是“红船精神”这种开天辟地、敢为人先的首创精神，坚定理想、百折不挠的奋斗精神，立党为公、忠诚为民的奉献精神，让中国共产党拥有了巨大的力量。

②中国共产党拥有的革命武器是其由“简”而“巨”的现实基础。

a. 中国共产党成立走过的历程，是中华民族发展史上不能忘却、不容否定的壮丽篇章，也是中国人民和中华民族继往开来、奋勇前进的现实基础。在半殖民地半封建的社会下，中国共产党带领中国人民艰苦奋斗，推翻了帝国主义、封建主义和官僚资本主义的反动统治，实现了民族独立和人民解放，建立了人民当家作主的新中国。中国共产党代表了中华民族和中国人民的根本利益。

b. 中国共产党在新中国成立后，进行社会主义建设，创造性地实现由新民主主义到社会主义的转变，确立了社会主义基本制度。

c. 中国共产党始终不忘初心，牢记使命，不断地加强自身建设。

③中国共产党拥有的科学发展道路是其由“简”而“巨”的中坚力量。

a. 历史和人民选择中国共产党领导中华民族伟大复兴的事业是正确的，中国共产党领导中国人民开辟的中国特色社会主义道路是正确的，中国共产党和中国人民扎根中国大地、吸纳人类文明优秀成果、独立自主实现国家发展的战略是正确的，必须长期坚持、永不动摇。

b. 中国共产党进行改革开放和社会主义现代化建设，开创、坚持、发展中国特色社会主义，现代化建设取得举世瞩目的伟大成就。为实现“两个一百年”奋斗目标，为实现中华民族伟大复兴的中国梦开辟了光明前景，从而也为加强中国共产党的执政地位奠定了物质基础。

4. 结合材料回答问题：［2011 年考研政治真题］

材料 1

2011 年是中国共产党成立 90 周年。在这 90 年里，党走过了不平凡的历程。

中华人民共和国成立前夕，毛泽东在一篇文章中指出：“一九一七年的俄国革命唤醒了中国人，中国人学得了一样新的东西，这就是马克思列宁主义。中国产生了共产党，这是开天辟地的大事变。”

——摘自《毛泽东选集》

材料 2

最近，有一本名为《苦难辉煌》的党史专著，颇受广大读者欢迎。

在这部著作中，作者一再追问：

为什么中国共产党从最初的几十个人，仅仅经过 20 多年的发展，就打败了强大的对手，取得了辉煌的胜利，建立了新中国？

历史给国民党很多机会，却只给共产党很少机会，但是共产党抓住了这仅有的机会，实现了中国革命的胜利。这又是为什么？

中国共产党从几十人的小党发展到今天 7000 多万人的大党，中国人民解放军从南昌起义后剩下不到 800 人到今天的威武雄狮，党和军队为何由小到大，由弱到强，筚路蓝缕，披荆斩棘？中国共产党的力量来自哪里？中国人民解放军的力量来自哪里？

作者回答：我们拥有一批顶天立地的真人。他们不为钱，不为官，不怕苦，不怕死，只为胸中的主义和心中的信仰。

——摘编自《人民日报》《光明日报》

(1) 为什么说中国共产党的成立“是开天辟地的大事变”？

(2) 结合中国共产党成立以来中国社会变革的历程，说明“主义”和“信仰”是怎样成为“力量”的？

【参考答案】

(1) 为什么说中国共产党的成立“是开天辟地的大事变”？

答：习近平总书记在“七一讲话”中指出，中国共产党的产生是开天辟地的大事变，这一事变深刻改变了近代以后中华民族发展的方向和进程，深刻改变了中国人民和中华民族的前途和命运，深刻改变了世界发展的趋势和格局。其主要原因参见本章课后习题第 2 题答案。

(2) 结合中国共产党成立以来中国社会变革的历程，说明“主义”和“信仰”是怎样成为“力量”的？

答：“主义”是指马克思主义，“信仰”是指中国共产党对马克思主义的信奉。马克思主义是科学的世界观和方法论，是认识世界和改造世界的思想武器。中国共产党人坚定地信仰马克思主义，并为理想和信仰而奋斗。中国共产党成立以来，党带领人民进行的社会变革主要有：新民主主义革命；社会主义革命、建设和改革。“主义”和“信仰”在上述社会变革中都发挥出了力量，主要表现为：

①在新民主主义革命时期，中国共产党人以马克思主义为指导，结合中国实际情况，带领中国人民开辟了农村包围城市、武装夺取政权的道路，毛泽东思想初步形成。抗战时期，毛泽东阐释了新民主主义理论，毛泽东思想逐渐成熟。正是在毛泽东思想指导下，中国取得了新民主主义革命的胜利，建立了新中国，结束了中国半殖民地半封建社会的历史，中国人民终于站起来了。

②新中国成立后，中国进入了新民主主义社会。中国共产党以马列主义、毛泽东思想为指导，完成了对农业、手工业和资本主义工商业的社会主义改造，建立了社会主义基本制度，实现了中国历史上最伟大、最深刻的社会变革。

③虽然历经“大跃进”“文化大革命”的波折，但是在十一届三中全会确立了改革开放的基本路线，实现了“拨乱反正”，并指引我国的现代化建设取得了巨大成就。中国共产党人开辟了中国特色社会主义建设道路，创造性地探索和回答了什么是马克思主义、怎样对待马克思主义，什么是社会主义、怎样建设社会主义，建设什么样的党、怎样建设党，实现什么样的发展、怎样发展等重大理论和实际问题，实现了马克思主义与中国实际的第二次结合，形成了中国特色社会主义理论体系。中国特色社会主义是改革开放以来党团结和带领人民所取得的根本成就。

综上所述，中国共产党用中国化的马克思主义分析、解决中国实际问题，制定正确的路线方针政策，动员、组织人民群众，经过艰苦卓绝的斗争，取得了新民主主义革命胜利，确立了社会主义基本制度，开辟了中国特色社会主义道路，从根本上改变了中华民族和中国人民的前途命运，并带领中国人民不断取得社会主义现代化建设的新成果，向着中华民族伟大复兴的中国梦不断迈进。

第五章　中国革命的新道路

5.1　复习指南

【视频导学(名师点拨)】

中国革命的新道路

扫码看视频导学

【知识框架(庖丁解牛)】

- 中国革命的新道路
  - 中国共产党对革命新道路的探索
    - 国民党在全国统治的建立及其性质
    - 土地革命战争的兴起
      - 大革命失败后的艰难环境
      - 开展武装反抗国民党反动统治的斗争
    - 农村包围城市、武装夺取政权道路的开辟
  - 中国革命在曲折中前进
    - 土地革命战争的发展及其挫折
    - 遵义会议实现伟大历史转折
    - 红军长征胜利和迎接全民族抗战
      - 红军长征胜利及其意义
      - 总结历史经验，迎接全民族抗战

【通关提要(提纲挈领)】

本章主要讲述了中国共产党领导人民军队和广大人民群众对革命新道路的探索，以及中国革命在探索中的曲折行进。要重点把握的知识点有：革命新道路理论、土地革命战争、中国共产党的土地政策、党内屡犯“左”倾错误的原因、遵义会议、红军长征胜利的意义、长征精神等。

5.2　课后习题详解

1. 以毛泽东为主要代表的中国共产党人是如何探索和开辟中国革命新道路的?

答：以毛泽东为代表的中国共产党人在探索和开辟中国革命新道路上主要做了以下努力：

(1)开展武装反抗国民党统治的斗争。

①1927年8月，中共中央在汉口召开紧急会议，即八七会议，彻底清算了大革命后期的陈独秀右倾机会主义错误，确定了土地革命和武装反抗国民党的方针。

②八七会议以后，举行了南昌起义、湘赣边界的秋收起义、广州起义，中国革命由此发展到了一个新阶段。

(2)走农村包围城市的革命道路。

以农村为重点，到农村去发动农民，进行土地革命，开展武装斗争，建设根据地，这是1927年以后中国革命发展的客观规律所要求的，依靠了党和人民的集体奋斗，凝聚了党和人民的集体智慧。

(3)毛泽东不仅在实践中首先把革命进攻的方向指向了农村，而且从理论上阐明了武装斗争的极端重要性和农村应当成为党的工作中心的思想。

①1928年，毛泽东写了《中国的红色政权为什么能够存在?》《井冈山的斗争》等文章，明确指出以农业为主要经济的中国革命，以军事发动暴动，是一种特征；还科学阐明了共产党领导的土地革命、武装斗争与根据地建设这三者之间的辩证统一关系。

②1930年，毛泽东在《星星之火，可以燎原》一文中指出：红军、游击队和红色区域的建立和发展，是半殖民地中国在无产阶级领导下的农民斗争的最高形式，是半殖民地农民斗争发展的必然结果，并且无疑是促进全国革命高潮的重要因素。

(4)农村包围城市，武装夺取政权理论，是对1927年革命失败后中国共产党领导的红军和根据地斗争经验的科学概括。

①它是以毛泽东为代表的中国共产党人同当时党内盛行的马克思主义教条化、把共产国际和苏联经验神圣化的错误倾向作坚决斗争基础上形成的。

②农村包围城市、武装夺取政权理论的提出，标志着中国化的马克思主义(即毛泽东思想)的初步形成。

(5)随着革命新道路的开辟，中国革命开始走向复兴。

中国共产党领导的红军和根据地逐步发展起来，红军游击战争实际上已经成为中国革命的主要形式，农村革命根据地成为积蓄和锻炼革命力量的主要战略阵地。

2. 中国革命新道路“新”在哪里?

答：中国革命新道路之“新”体现在：

(1)农村包围城市，武装夺取政权，建立农村革命根据地，突破了苏联模式的局限。农村包围城市道路革命新道路的开辟，无论在中国革命史上，还是在马克思列宁主义、毛泽东思想发展史上都具有十分重要的意义。

①农村包围城市道路革命新道路的开辟，实现了中国革命由城市转向农村的历史性转变，保存和发展了革命力量。

②农村包围城市、武装夺取政权的革命新道路，揭示了中国革命发展的规律，指导中国革命取得了最后胜利。

③农村包围城市、武装夺取政权的革命新道路，丰富和发展了马克思主义关于暴力革命的学说，为半殖民地半封建国家的人民解放斗争提供了重要经验。

④中国革命新道路的开辟，是马克思列宁主义普遍原理与中国革命具体实践相结合的光辉典范，是毛泽东思想形成的重要标志。

(2)土地革命是党在革命根据地开展打土豪、分田地、废除封建剥削和债务，满足农民群众土地要求的革命。

中国共产党在革命根据地开展打土豪、分田地、废除封建剥削和债务的土地革命，满足了农民群众的土地要求。1931年春，毛泽东总结土地革命的经验，制定出一条完整的土地革命路线。那就是：依靠贫农、雇农，联合中农，限制富农，保护中小工商业者，消灭地主阶级，变封建半封建的土地所有制为农民的土地所有制。这条路线，调动了一切反封建的因素，保证了土地革命的胜利。

(3)新与旧是相对的，当时中国革命的道路被称为新，是要站在当时的历史舞台思考问题，相比以前的旧传统体制，对照革命以来走的弯路和错误，所以说新提出的革命道路是新的。

3. 怎样认识长征的意义？如何继承和发扬长征精神？

答：长征是指在土地革命战争时期，中国工农红军主力撤离长江南北各苏区，转战两年，到达陕甘苏区的战略转移行动，它是人类历史上的伟大奇迹，具有重大的意义。

(1)长征的意义

①长征为中国革命保存了有生力量，为党培养了一大批优秀的干部，中国共产党正是依靠这支队伍作基干，使革命力量逐步恢复、发展、壮大，直到取得全国的胜利。

②在长征的过程中，中国共产党通过总结成功的经验和挫折、失败的教训，一方面反对右倾机会主义，另一方面反对“左”倾机会主义，使自己从两条战线斗争中巩固和壮大起来，把党领导的革命事业坚持下来并向前推进。

③红军的长征宣告了国民党反动派消灭中国共产党和红军的图谋彻底失败，宣告了中国共产党和红军肩负着中华民族希望，胜利实现了北上抗日的战略转移，实现了中国共产党和中国革命事业从挫折走向胜利的伟大转折。

(2)继承和发扬长征精神

①加强红军长征及其精神的教育。教育和引导广大干部和群众特别是青少年加强爱国主义和革命传统教育，教育他们了解长征的历史和长征精神，正确认识长征和长征精神在中国历史上的重要地位和作用，使他们真正懂得没有长征就没有今天的新中国，长征精神至今仍然是我们的传家宝。

②大力提倡长征精神。通过教育使人民做到团结友爱、顾全大局、自力更生、艰苦奋斗、开拓进取、自强不息，真正成为有理想、有道德、有文化、有纪律的社会主义新型公民，为促进社会主义精神文明建设和建立社会主义和谐社会贡献力量。

③不断促进长征精神的与时俱进。继承和发扬长征精神，就要不断赋予长征精神以新的时代内涵，继承先烈遗志，发扬长征精神，勤于学习、甘于奉献，与时俱进、求真务实，为实现中国经济和社会事业更快更好发展而努力奋斗。

④切实抓好发展这个党执政兴国的第一要务。长征中，革命先烈为了实现革命理想，为了让子孙后代过上幸福美好的生活，为了中华民族的伟大复兴，出生入死、浴血奋战。继承和弘扬长征精神，就是要求我们必须义不容辞地肩负起时代赋予的神圣使命，紧紧抓住发展这个党执政兴国的第一要务，以更好更快发展总揽全局，高举科学发展旗帜，奏响发展最强音。

⑤始终保持与人民的血肉联系。继承和发扬长征精神，就是要求我们在经济建设的新长征中，坚持一切为民谋发展，既维护好群众的长远利益，又维护好群众的现实利益，让广大群众分享改革发展带来的实惠。始终坚持科学决策、民主决策，把最广大人民的根本利益作为一切工作的出发点和落脚点。

⑥加强和改善党的领导。注重总结和发扬我们党在革命战争时期保持先进性、增强创造力的历史经验，以党的执政能力建设和先进性建设为重点，全面推进党的科学化建设。

4. 中国共产党是如何总结历史经验、加强党的思想理论建设的?

答: 在一定时期内，一部分领导人之所以犯了全局性的、严重的错误，主要是对于马克思列宁主义的理论和中国革命的实践没有统一的理解而引起的。毛泽东强调，为了纠正错误，必须端正思想路线，实行马克思列宁主义与中国实际相结合的原则。红军长征到达陕北以后，毛泽东、中共中央用很大的精力，去总结历史经验，加强共产党自身的思想理论建设。这些举措具体体现为:

(1)1935 年 12 月，毛泽东作了《论反对日本帝国主义的策略》的报告，阐明党的抗日民族统一战线的新政策，批判党内的关门主义和对于革命的急性病，系统地解决了党的政治路线上的问题。

(2)1936 年 12 月，毛泽东写了《中国革命战争的战略问题》，总结土地革命战争中党内军事问题上的大争论，系统地说明了有关中国革命战争战略方面的诸多问题。

(3)1937 年夏，毛泽东在延安抗日军政大学讲授《实践论》和《矛盾论》，从马克思主义认识论的高度，总结中国共产党的历史经验，揭露和批评党内的主观主义(尤其是教条主义)的错误，深入论证马克思列宁主义基本原理同中国具体实际相结合的原则，科学地阐明了党的马克思主义的思想路线。

5.3 典型题(含考研真题)详解

一、单项选择题(下列每题给出的四个选项中，只有一个选项是符合题目要求的)

扫码看真题视频

1. 大革命失败后，白色恐怖笼罩全国。在生死考验面前，中国共产党人坚持革命的理想信念，表现出大无畏的英雄气概。为了挽救革命，1927 年 8 月 7 日，中共中央在汉口召开紧急会议，史称“八七会议”。这次会议(　　)。[2023 年考研政治真题]

A. 批评了大革命后期存在的“左”倾错误

B. 阐明了党的工作重心由城市转移到乡村的必要性

C. 提出了组织湘、鄂、粤、赣四省农民秋收暴动

D. 确定了土地革命和武装起义的方针

【解析】大革命失败以后，党在汉口召开八七会议，确立了土地革命和武装起义方针。

1D

2. 1927 年大革命失败后，党的工作重心开始转向农村，在农村建立革命根据地。农村革命根据地能够在中国长期存在和发展的根本原因是(　　)。[2011 年考研政治真题]

A. 中国是一个政治、经济、文化发展极不平衡的半殖民地半封建的大国

B. 良好的群众基础和革命形势的继续向前发展

C. 相当力量正式红军的存在

D. 党的领导及其正确的政策

【解析】农村革命根据地在中国长期存在和发展的原因及条件主要有：①近代中国是一个政治、经济、文化发展极不平衡的半殖民地半封建的大国。这是农村革命根据地能够在中国存在和发展的根本原因。②红色政权首先发生和能够长期存在的地方，往往是在那些受过大革命影响、曾经有过高涨的革命群众运动的地方，这为农村革命根据地的建立奠定了较好的群众基础。③全国革命形势的继续向前发展，是中国红色政权能够存在和发展的又一重要客观条件。④相当力量正式红军的存在，党的领导及其正确的政策，是红色政权能够存在和发展的关键性的主观条件。

3. 1929 年 12 月下旬，红四军党的第九次代表大会在福建上杭县古田村召开，会议总结了红军创立以来的经验，通过了著名的古田会议决议。决议的中心思想是(　　)。[2015 年考研政治真题]

A. 武装斗争是中国革命的主要形式

B. 中国共产党必须服从共产国际的领导

C. 用无产阶级思想进行军队和党的建设

D. 在农村根据地广泛开展土地革命

【解析】1929 年，古田会议决议创造性地解决了在农村环境中、在党组织和军队以农民为主要成分的环境下，如何从加强思想建设入手，保持党的无产阶级先锋队性质和建设党领导的新型人民军队的问题，这是人民军队完全区别于一切旧军队的政治特质和根本优势，对于中国革命新道路的开辟和坚持具有重要的意义。A 项，1927 年，八七会议确定了进行土地革命和武装反抗国民党反动统治的总方针，此后，武装斗争成为中国革命的主要形式。B 项，1922 年，中共二大决议中国共产党加入第三国际，是共产国际的支部，服从共产国际的领导。D 项，秋收起义失败后毛泽东率队伍上井冈山，建立农村根据地，发动农民起义，开展了广泛的土地革命。

4. 中国共产党在领导人民革命的过程中，积累了丰富的经验，锻造出了有效的克敌制胜的武器，武装斗争就是中国共产党在中国革命中战胜敌人的重要法宝之一，其实质是(　　)。[2018 年考研政治真题]

A. 无产阶级领导的反帝国主义战争　　B. 资产阶级领导的反封建战争

C. 工农联合的反军阀战争　　D. 工人阶级领导的农民战争

【解析】中国革命的基本问题是农民问题。毛泽东指出：中国的武装斗争实质上是无产阶级领导下的农民战争。其主要原因在于：①农民是封建势力的主要压榨对象和帝国主义

2A　3C　4D

的主要掠夺对象，农民阶级具有极强的革命性。他们是中国革命的主力军和广大的动力，是无产阶级最可靠的同盟军。②农民是中国革命军队的主要来源。不同时期的中国人民武装力量——红军、游击队、八路军和新四军、中国人民解放军，绝大部分都是穿着军装的农民。③中国革命长期进行的武装斗争，主要是在中国共产党领导下的农民游击战。因此，武装斗争的实质是工人阶级领导下的农民战争。

5. 1948 年 10 月 2 日，刘少奇在同华北记者团谈话时，讲了一个希腊神话故事：巨人安泰是地神之子，他在同对手搏斗时，只要身不离地，就能从大地母亲那里不断吸取力量，所向无敌；但是，只要他一离开大地，就会毫无力量。他的对手赫拉克勒斯发现了他的这一特征，在一次搏斗中突然把他举到半空中将他扼死。刘少奇借用这一神话故事强调中国共产党始终要(　　)。[2013 年考研政治真题]

A. 坚持理论联系实际　　B. 保持党的方针政策的正确

C. 保持对敌人的高度警惕　　D. 保持同人民群众的血肉联系

【解析】一直以来，党中央强调指出，能否始终保持同人民群众的血肉联系，直接关系到党的生死存亡。因此，从生死存亡的高度认识党群关系，具有十分重要的意义。刘少奇借用希腊神话故事，将中国共产党比喻成地神之子巨人安泰，将人民群众比喻成大地母亲，强调中国共产党必须始终保持同人民群众的血肉联系。

6. 蒋介石、汪精卫先后叛变革命，实行清党分共政策后，国民党是(　　)。

A. 代表资产阶级与小资产阶级利益的政党

B. 工人、农民、城市小资产阶级和民族资产阶级的革命联盟

C. 由代表地主阶级、买办性的大资产阶级利益的反动集团控制的政党

D. 民族资产阶级的政党

【解析】蒋介石、汪精卫先后叛变革命，实行清党分共政策，标志着 1927 年大革命的失败。大革命失败以后，国民党已不再是工人、农民、城市小资产阶级和民族资产阶级的革命联盟，而是变成了一个由代表地主阶级、买办性的大资产阶级利益的反动集团所控制的政党，其统治同北洋军阀的统治没有本质的区别。

7. 共产党独立领导革命战争、创建人民军队和武装夺取政权的开端是(　　)。

A. 南昌起义　　B. 秋收起义　　C. 广州起义　　D. 百色起义

【解析】1927 年 8 月 1 日，以周恩来为书记的前敌委员会及贺龙、叶挺、朱德和刘伯承等人，率领共产党掌握或影响下的北伐军 2 万多人在南昌举行起义，打响了武装反抗国民党反动统治的第一枪。这是中国共产党独立领导革命战争、创建人民军队和武装夺取政权的开端。B 项，秋收起义，是 9 月 9 日毛泽东等在湘赣边界领导的起义，起义军公开打出了“工农革命军”的旗帜；在攻打长沙的计划受挫后，起义部队决定南下，向敌人控制比较薄弱的农村区域转移，并于 10 月 7 日抵达江西省宁冈县茅坪，开始了创建井冈山农村革命根据地的斗争。C 项，广州起义，是 12 月 11 日中共广东省委书记张太雷和叶挺、叶剑英等领导的，这次起义是对国民党的屠杀政策发动的又一次英勇的反击。D 项，百色起义，是

5D　6C　7A

1929 年 12 月 11 日中国共产党利用蒋中正和桂系军阀俞作柏、李明瑞之间的矛盾，在广西百色发动的旨在反对蒋中正和国民党，武装夺取政权的一次成功的武装起义。

8. 在大革命失败的危急关头，中共八七会议确定的总方针是(　　)。

A. 推翻北洋军阀黑暗统治

B. 开辟农村革命根据地

C. 土地革命和武装反抗国民党反动统治

D. 建立工农民主统一战线

【解析】1927 年 8 月 7 日，中共中央在汉口秘密召开紧急会议(即八七会议)，彻底清算了大革命后期的陈独秀右倾机会主义错误，确定了土地革命和武装反抗国民党反动统治的总方针，并选出了以瞿秋白为首的中央临时政治局。会议还提出了“整顿改编自己的队伍，纠正过去严重的错误，而找着新的道路”的任务。八七会议使中国共产党在政治上大大前进了一步，开始了从大革命失败到土地革命战争兴起的转折。

9. 1931 年 2 月，毛泽东进一步总结根据地土地革命的经验，要求各地各级工农民主政府发布公告，明确规定农民已经分得的田地归农民个人私有，可以自主租借买卖，别人不得侵犯。毛泽东和邓子恢等一起制定了土地革命中的阶级路线和土地分配方法。以下与毛泽东等制定的土地分配方法不符合的是(　　)。

A. 按劳动力而不是按人口平分土地　　B. 以乡为单位分配土地

C. 在原耕地的基础上实行抽多补少　　D. 在原耕地的基础上实行抽肥补瘦

【解析】1931 年 2 月，毛泽东进一步总结根据地土地革命的经验，要求各地各级工农民主政府发布公告，明确规定农民已经分得的田归农民个人私有，可以自主租借买卖，别人不得侵犯；生产的产品，除向政府缴纳土地税外，均归农民个人私有，任凭自由买卖。毛泽东还和邓子恢等一起制定了土地革命中的阶级路线和土地分配方法，包括：①坚定地依靠贫农、雇农，联合中农，限制富农，保护中小工商业者，消灭地主阶级；②以乡为单位，按人口平分土地，在原耕地的基础上，实行抽多补少、抽肥补瘦。

10. 1930 年 5 月，毛泽东撰写的关于坚持辩证唯物主义思想路线的著作是(　　)。

A.《中国的红色政权为什么能够存在?》　　B.《井冈山的斗争》

C.《星星之火，可以燎原》　　D.《反对本本主义》

【解析】1930 年 5 月，毛泽东在《反对本本主义》一文中总结经验并深刻阐明了坚持辩证唯物主义的思想路线、坚持理论与实际相结合的极端重要性，明确提出“中国革命斗争的胜利要靠中国同志了解中国情况”，表现了毛泽东开辟新道路、开创新理论的革命首创精神。

11. 毛泽东思想初步形成的标志是(　　)。

A. 实事求是思想路线的提出

B. 农村包围城市、武装夺取政权理论的提出

C. 中共七大确立毛泽东思想为党的指导思想

8C　9A　10D　11B

D. 新民主主义革命理论科学体系的形成

【解析】农村包围城市、武装夺取政权理论的提出，标志着中国化的马克思主义即毛泽东思想的初步形成。这是马克思主义在中国的创造性的运用和发展。

12. 中华苏维埃第一次全国代表大会选举的中央执行委员会主席是(　　)。

A. 毛泽东　　B. 刘少奇　　C. 陈独秀　　D. 周恩来

【解析】1931 年 11 月，中华苏维埃第一次全国工农兵代表大会在江西省瑞金县叶坪村举行。大会通过了《中华苏维埃共和国宪法大纲》以及土地法令、劳动法等法律文件；选举产生了中华苏维埃共和国中央执行委员会；成立了中华苏维埃共和国临时中央政府，毛泽东当选为主席。

13. 中国共产党在长征途中召开的遵义会议，集中解决了在当时具有决定意义的(　　)。

A. 军事问题和组织问题　　B. 政治问题和路线问题

C. 战略问题和战术问题　　D. 思想问题和作风问题

【解析】1935 年，在占领黔北重镇遵义之后，中共中央政治局在这里召开了扩大会议(史称遵义会议)。遵义会议集中解决了当时具有决定意义的军事问题和组织问题。这次会议开始确立以毛泽东为代表的马克思主义的正确路线在中共中央的领导地位，挽救了党、挽救了红军、挽救了中国革命，是中国共产党历史上一个生死攸关的转折点，标志着中国共产党从幼稚走向成熟。

14. 阐明党的抗日民族统一战线新政策的文件是(　　)。

A.《中国革命战争的战略问题》　　B.《新民主主义论》

C.《论反对日本帝国主义的策略》　　D.《中国革命和中国共产党》

【解析】1935 年 12 月，毛泽东作了《论反对日本帝国主义的策略》的报告，阐明党的抗日民族统一战线的新政策，批判党内的关门主义和对于革命的急性病，系统地解决了党的政治路线上的问题。A 项，1936 年 12 月，毛泽东写了《中国革命战争的战略问题》这部著作，总结土地革命战争中党内在军事问题上的大争论，系统地说明了有关中国革命战争战略方面的诸问题。BD 两项，20 世纪 30 年代后期和 40 年代前期，为了将丰富的中国革命实际经验马克思主义化，以便更好地指导抗日战争和中国革命，毛泽东撰写了《〈共产党人〉发刊词》《中国革命和中国共产党》《新民主主义论》等一批重要的理论著作。

二、多项选择题(下列每题给出的四个选项中，至少有两个选项是符合题目要求的)

1.《反对本本主义》是毛泽东在土地革命战争时期为反对当时红军中的教条主义思想而写的重要著作。毛泽东在这篇著作中提出的重要思想有(　　)。[2023 年考研政治真题]

A. “关心群众生活，注意工作方法”

B. “把城市工作和根据地工作提到同等重要的地位”

C. “没有调查，没有发言权”

12A　13A　14C　|　1CD

D. “中国革命斗争的胜利要靠中国同志了解中国情况”

【解析】《反对本本主义》是毛泽东同志于1930年5月为反对当时中国工农红军中的教条主义思想而写的关于调查研究问题的重要著作，文章提出“没有调查，没有发言权”和“中国革命斗争的胜利要靠中国同志了解中国情况”等重要思想。这表现了毛泽东开辟新道路、创造新理论的革命首创精神。

2. 1935年1月中共中央政治局在长征途中召开的遵义会议，是党的历史上一个生死攸关的转折点。这次会议(　　)。[2022年考研政治真题]

A. 全面讨论了政治路线的是非问题

B. 解决了当时党内所面临的最迫切的组织问题和军事问题

C. 结束了“左”倾教条主义错误在中央的统治

D. 开始确立毛泽东在中共中央和红军的领导地位

【解析】遵义会议集中解决了当时具有决定意义的军事问题和组织问题。经过激烈的争论，多数人同意以毛泽东为代表的正确意见，批评了博古、李德在第五次反“围剿”中的错误。结束了“左”倾教条主义错误在中央的统治。会议增选毛泽东为中央政治局常务委员，并委托张闻天起草《中央关于反对敌人五次“围剿”的总结的决议》(即遵义会议决议)。会后不久，中共中央政治局常务委员分工，根据毛泽东的提议，决定由张闻天代替博古负总的责任；博古任红军总政治部代理主任；并成立了由周恩来、毛泽东、王稼祥组成的新的三人团，全权负责红军的军事行动。会议的一系列重大决策，是在中国共产党同共产国际的联系中断的情况下独立自主地作出的。遵义会议开始确立以毛泽东为代表的马克思主义的正确路线在中共中央的领导地位，从而在极其危急的情况下挽救了中国共产党、挽救了中国工农红军、挽救了中国革命，遵义会议是党的历史上一个生死攸关的转折点，它标志着中国共产党在政治上开始走向成熟。BCD三项正确。政治路线问题是在1935年12月的瓦窑堡会议上解决的，A项错误。

3. 1927年10月，毛泽东率领湘赣边界秋收起义的工农革命军，开始创建以宁冈为中心的井冈山农村革命根据地，走农村包围城市、武装夺取政权的革命新道路。毛泽东确定在井冈山建立根据地，是因为这个地区(　　)。[2019年考研政治真题]

A. 有较好的群众基础　　B. 地势险要且易守难攻

C. 易于部队筹款筹粮　　D. 敌人的统治力量比较薄弱

【解析】1927年秋收起义之后，毛泽东率领湘赣起义的工农武装力量，开始创建井冈山革命根据地，探索农村包围城市武装夺取政权的革命道路。毛泽东之所以选择这条道路的原因是基于当时国内军阀割据和帝国主义势力交叉控制之下，全国政治经济发展不平衡，农村是敌人统治的薄弱环节，加之井冈山比较偏远，易守难攻，有利于发展革命势力。经过大革命的洗礼，群众的革命意愿和革命能力提升，为我党走农村包围城市武装夺取政权奠定了群众基础。井冈山地处各县交界处，周围各县农业经济可供部队筹款筹粮。

4. 忠诚于党、听党指挥是我军的光荣传统。1929年12月下旬，红四军党的第九次代

2BCD　3ABCD　4BCD

表大会在福建上杭县古田村召开。这次会议史称古田会议。会议通过的毛泽东起草的决议案，确立了思想建党、政治建军原则，规定红军是一个执行革命的政治任务的武装集团，必须(　　)。[2018 年考研政治真题]

A. 实行全国军事的总动员　　B. 担负打仗、筹款和做群众工作的任务

C. 加强政治工作　　D. 绝对服从共产党的领导

【解析】1929 年 12 月下旬，红四军党的第九次代表大会在福建上杭县古田村召开(史称古田会议)。会议通过了毛泽东起草的决议案，规定红军必须绝对服从共产党的领导，必须承担打仗、筹款和做群众工作的任务，必须加强思想和政治教育，纠正党内的错误思想。A 项，实行全国军事总动员是洛川会议的内容。

5. 1931 年 1 月至 1935 年 1 月，以王明为代表的“左”倾错误给中国革命带来严重危害，其主要错误有(　　)。[2013 年考研政治真题]

A. 排斥和打击中间势力　　B. 将反帝反封建与反资产阶级并列

C. 集中力量攻打大城市　　D. 主张“一切经过统一战线”

【解析】1931 年 1 月至 1935 年 1 月出现了以陈绍禹(王明)为代表的“左”倾教条主义，其主要错误有：①在革命性质和统一战线问题上，混淆民主革命与社会主义革命的界限，将反帝反封建与反资产阶级并列，将民族资产阶级视为中国革命最危险的敌人，一味排斥和打击中间势力。②在革命道路问题上，继续坚持以城市为中心，将准备城市工人的总同盟罢工和武装起义作为共产党最主要的任务，指令根据地的红军采取“积极进攻的策略”，配合攻打中心城市。③在土地革命问题上，提出坚决打击富农和“地主不分田，富农分坏田”的主张。④在军事斗争问题上，实行进攻中的冒险主义、防御中的保守主义、退却中的逃跑主义。⑤在党内斗争和组织问题上，推行宗派主义和“残酷斗争，无情打击”的方针。D 项，主张“一切经过统一战线”“一切服从统一战线”，是王明在抗日战争时期转入右倾投降主义时的错误主张。

6. 国民党政府统治下的中国(　　)。

A. 是一个处在帝国主义和封建主义统治之下的半殖民地半封建社会

B. 革命的对象依然是帝国主义和封建主义

C. 革命的性质依然是反帝反封建的资产阶级民主革命

D. 迫切需要进行无产阶级社会主义革命

【解析】在 1927 年大革命失败以后，国民党已不再是工人、农民、城市小资产阶级和民族资产阶级的革命联盟，而是变成了一个由代表地主阶级、买办性的大资产阶级利益的反动集团所控制的政党。国民党所实行的是代表地主阶级、买办性的大资产阶级利益的一党专政和军事独裁统治，表现为：①中国仍是一个处在帝国主义和封建主义统治之下的半殖民地半封建社会；②中国革命的对象依然是帝国主义和封建主义；③中国革命的性质也依然是反帝反封建的资产阶级民主革命。

7. 1927 年 7 月中旬，中共中央临时政治局常委会决定(　　)。

5ABC　6ABC　7ABC

A. 将党所掌握和影响的部队向南昌集中，准备起义
B. 组织湘、鄂、赣、粤四省的农民在秋收季节举行暴动
C. 召集中央会议讨论和决定新时期的方针和政策
D. 确定土地革命和武装反抗国民党反动统治的总方针

【解析】1927 年 7 月中旬，中共中央临时政治局常委会决定了三件大事：①将党所掌握和影响的部队向南昌集中，准备起义；②组织湘、鄂、赣、粤四省的农民，在秋收季节举行暴动；③召集中央会议，讨论和决定新时期的方针和政策。D 项，八七会议确定了土地革命和武装反抗国民党反动统治的总方针。

8. 标志着中国共产党进入创造红军的新时期的起义有(　　)。
A. 秋收起义　B. 广州起义　C. 百色起义　D. 南昌起义

【解析】由于大革命失败，中国共产党得到了惨痛的教训。于是有了南昌起义、秋收起义和广州起义，进入了创造红军的新时期。中国革命由此发展到了一个新的阶段，即土地革命战争时期。C 项，百色起义发生于 1929 年 12 月 11 日，是在南昌起义、秋收起义、广州起义的影响和鼓舞下，在广西少数民族地区实行“工农武装割据”的一次光辉实践。

9. 井冈山农村革命根据地建立的历史意义有(　　)。
A. 把革命的退却和革命的进攻有机地结合起来
B. 成功地实现了中国革命的伟大战略转变
C. 开辟了以农村包围城市、武装夺取政权的新道路
D. 开始了从大革命失败到土地革命战争兴起的历史性转折

【解析】井冈山农村革命根据地的建立把革命的退却和革命的进攻有机地结合起来，成功地实现了中国革命的伟大战略转变。开辟了以农村包围城市、武装夺取政权的新道路，而这一理论的提出也标志着中国化的马克思主义即毛泽东思想的初步形成。D 项，1927 年 8 月 7 日，中共中央在汉口秘密召开紧急会议(即八七会议)，中国开始了从大革命失败到土地革命战争兴起的历史性转折。

10. 毛泽东和邓子恢等一起制定了土地革命中的阶级路线和土地分配方法，包括(　　)。
A. 坚定地依靠贫农、雇农，联合中农，限制富农，保护中小工商业者，消灭地主阶级
B. 以乡为单位，按人口平分土地
C. 在原耕地的基础上，实行抽多补少、抽肥补瘦
D. 减租减息

【解析】1931 年 2 月，毛泽东进一步总结根据地土地革命的经验，要求各地各级工农民主政府发布公告，明确规定农民已经分得的田归农民个人私有，可以自主租借买卖，别人不得侵犯；生产的产品，除向政府缴纳土地税外，均归农民个人私有，任凭自由买卖。毛泽东还和邓子恢等一起制定了土地革命中的阶级路线和土地分配方法，包括：①坚定地依靠贫农、雇农，联合中农，限制富农，保护中小工商业者，消灭地主阶级；②以乡为单位，

8ABD　9ABC　10ABC

按人口平分土地，在原耕地的基础上，实行抽多补少、抽肥补瘦。至此，中国共产党就在中国历史上第一个制定了可以付诸实施的比较完整的土地革命纲领和路线。D 项，抗日战争期间根据地内停止实行没收地主土地的政策，普遍实行减租减息政策。

11. 在 1928 年 10 月和 11 月，毛泽东写了《中国的红色政权为什么能够存在?》和《井冈山的斗争》两篇文章，阐述了(　　)。

A. 红色政权能够长期存在并发展的主客观条件

B. 工农武装割据的思想

C. 以乡村为中心的思想

D. 实事求是、群众路线、独立自主的基本思想

【解析】1928 年 10 月和 11 月，毛泽东写了《中国的红色政权为什么能够存在?》和《井冈山的斗争》两篇文章，论证了红色政权能够长期存在并发展的主客观条件，提出了工农武装割据的思想。文章明确地指出，以农业为主要经济的中国革命，以军事发展暴动，是一种特征；同时还科学地阐述了共产党领导的土地革命、武装斗争与根据地建设这三者之间的辩证统一关系，强调工农武装割据的思想，是共产党和割据地方的工农群众必须具备的一个重要思想。C 项，1930 年 1 月，毛泽东在《星星之火，可以燎原》中提出了以乡村为中心的思想，初步形成了农村包围城市、武装夺取政权的理论。D 项，1930 年 5 月，毛泽东在《反对本本主义》一文中，阐明了坚持辩证唯物主义的思想路线即坚持理论与实际相结合的原则的极端重要性，提出了“没有调查，没有发言权”和“中国革命斗争的胜利要靠中国同志了解中国情况”的重要思想，表现了毛泽东开辟新道路、创造新理论的革命首创精神。

12. 红军长征胜利的意义主要有(　　)。

A. 长征是一部伟大的革命英雄主义的史诗

B. 向全中国和全世界宣告，中国共产党及其领导的人民军队是一支不可战胜的力量

C. 铸就了伟大的长征精神

D. 中国革命新局面的开始

【解析】1936 年 10 月，红二、四方面军先后同红一方面军在甘肃会宁、静宁将台堡(今属宁夏回族自治区)会师。至此，三大主力红军的长征胜利结束。长征的胜利结束具有重要的意义，主要表现为：①中国工农红军的长征是一部伟大的革命英雄主义的史诗。②它向全中国和全世界宣告，中国共产党及其领导的人民军队，是一支不可战胜的力量。③中国共产党人和红军将士用生命和热血铸就了伟大的长征精神。④宣告了国民党反动派消灭中国共产党和红军的图谋彻底失败，宣告了中国共产党和红军肩负着民族希望，胜利实现了北上抗日的战略转移，实现了中国共产党和中国革命事业从挫折走向胜利的伟大转折。⑤长征一结束，中国革命的新局面就开始了。

三、简答题

1. 简述农村包围城市、武装夺取政权理论提出的重要意义。

答： 农村包围城市、武装夺取政权这条革命新道路的开辟，依靠了党和人民的集体奋

11AB　12ABCD

斗，凝聚了党和人民的集体智慧。这一理论对中国革命的发展具有极为重要的意义：

(1)农村包围城市、武装夺取政权的理论是对 1927 年革命失败后中国共产党领导的红军和根据地斗争经验的科学概括。它是在以毛泽东为主要代表的中国共产党人同当时党内盛行的把马克思主义教条化、把共产国际决议和苏联经验神圣化的错误倾向作坚决斗争的基础上逐步形成的。

(2)农村包围城市、武装夺取政权的理论，是马克思主义在中国的创造性的运用和发展，指明了中国革命胜利的唯一正确道路，标志着中国化的马克思主义即毛泽东思想的初步形成。

2. 简述古田会议的主要内容及其意义。

答：1929 年 12 月下旬，在福建上杭县古田村召开了红四军党的第九次代表大会，史称古田会议。

(1)古田会议的主要内容

会议通过了毛泽东起草的决议案，确立了思想建党、政治建军原则，规定红军是一个执行革命的政治任务的武装集团，必须绝对服从共产党的领导，必须担负打仗、筹款和做群众工作的任务，必须加强政治工作。决议案强调，必须加强思想和政治路线的教育，纠正党内的错误思想。

(2)古田会议的意义

古田会议决议创造性地解决了在农村环境中、在党组织和军队以农民为主要成分的环境下，如何从加强思想建设入手，保持党的无产阶级先锋队性质和建设党领导的新型人民军队的问题，这是人民军队完全区别于一切旧军队的政治特质和根本优势，对于开辟和坚持中国革命新道路具有重要的意义。

3. 简述长征的意义。

答：长征是指在土地革命战争时期，中国工农红军主力撤离长江南北各苏区，转战两年，到达陕甘苏区的战略转移行动，它是人类历史上的伟大奇迹，具有重大的意义。其意义具体体现为：

(1)中国共产党领导的中国工农红军长征的胜利，是中国革命转危为安的关键。

①红军的长征宣告了国民党反动派消灭中国共产党和红军的图谋彻底失败，宣告了中国共产党和红军肩负着民族希望，胜利实现了北上抗日的战略转移，实现了中国共产党和中国革命事业从挫折走向胜利的伟大转折。

②长征的胜利，不仅保存了中国革命力量，而且使中国共产党找到了中国革命力量生存发展新的落脚点，找到了中国革命事业胜利前进新的出发点，长征一结束，中国革命的新局面就开始了。

(2)中国工农红军的长征是一部伟大的革命英雄主义的史诗。

①它向全中国和全世界宣告，中国共产党及其领导的人民军队，是一支不可战胜的力量。长征历时之长、规模之大、行程之远、环境之险恶、战斗之惨烈，在中国历史上是绝无仅有的，在世界战争史乃至人类文明史上也是极为罕见的。

②长征的胜利，是中国共产党人理想的胜利，是中国共产党人信念的胜利。它向世人

证明了中国共产党人的理想信念是坚不可摧的。红军长征是20世纪最能影响世界前途的重要事件之一，是充满理想和献身精神、用意志和勇气谱写的人类史诗。

③长征迸发出的激荡人心的强大力量，跨越时空，跨越民族，是人类为追求真理和光明而不懈努力的伟大史诗。红军长征，铸就了伟大的长征精神。

4. 中国工农红军铸就的长征精神是什么?

答: 中国工农红军的长征是一部伟大的革命英雄主义的史诗。它向全中国和全世界宣告，中国共产党及其领导的人民军队，是一支不可战胜的力量。中国共产党人和红军将士用生命和热血铸就了伟大的长征精神，这就是:

(1)把全国人民和中华民族的根本利益看得高于一切，坚定革命的理想和信念，坚信正义事业必然胜利的精神。

(2)为了救国救民，不怕任何艰难险阻，不惜付出一切牺牲的精神。

(3)坚持独立自主、实事求是，一切从实际出发的精神。

(4)顾全大局、严守纪律、紧密团结的精神。

(5)紧紧依靠人民群众，同人民群众生死相依、患难与共、艰苦奋斗的精神。

总之，伟大长征精神，是中国共产党人及其领导的人民军队革命风范的生动反映，是中华民族自强不息的民族品格的集中展示，是以爱国主义为核心的民族精神的最高体现。长征精神为中国革命不断从胜利走向胜利提供了强大精神动力。

四、论述题

1. 试述八七会议的主要内容和历史意义。

答: 1927年8月7日，中共中央在汉口秘密召开紧急会议，即八七会议。在中国革命处于严重危机的情况下，八七会议制定出继续革命斗争的正确方针，为挽救党和革命作出了巨大贡献。

(1)八七会议的主要内容

①会议彻底清算了大革命后期陈独秀的右倾机会主义错误。

②确定了土地革命和武装斗争的方针。

③选出了以瞿秋白为首的中央临时政治局。

④毛泽东在发言中着重阐述了农民问题和武装斗争对于中国革命的极端重要性，既充分肯定开展农民运动的必要性；又特别强调军事运动必须同民众运动结合起来，强调党要非常注意军事，提出“政权是由枪杆子中取得的”的重要论断。

⑤会议还提出了“整顿改编自己的队伍，纠正过去严重的错误，寻找着新的道路”的任务。

(2)八七会议的历史意义

八七会议使中国共产党在政治上大大前进了一步，开始了从大革命失败到土地革命战争兴起的转折。它给正处在思想混乱和组织涣散中的中国共产党指明了出路。根据7月中央临时政治局常委会作出的决定和八七会议确定的方针，中国共产党人开始高举武装斗争和土地革命的旗帜，复兴中国革命。

2. 试述毛泽东在理论上为农村包围城市、武装夺取政权革命新道路作出的贡献。

答：毛泽东不仅在实践中首先把革命的进攻方向指向了农村，开辟了井冈山革命根据地，而且从理论上阐明了武装斗争的极端重要性和农村应当成为党的工作中心的思想。其理论贡献主要包括：

(1)1928年10月和11月，毛泽东写了《中国的红色政权为什么能够存在?》和《井冈山的斗争》两篇文章，论证了红色政权能够长期存在并发展的主客观条件，提出了工农武装割据的思想。文章明确地指出，以农业为主要经济的中国革命，以军事发展暴动，是一种特征。实行工农武装割据，就是在中国共产党领导之下，把土地革命、武装斗争与根据地建设三者结合起来。同时还阐明了工农武装割据长期存在并发展的条件非常重要，它为解决以农村为工作中心的问题奠定了基础。

(2)1929年4月，针对共产国际和中共党内某些人担心农村斗争超过城市斗争将不利于中国革命的观点，毛泽东指出：半殖民地中国的革命，只有农民斗争得不到工人的领导而失败，没有农民斗争的发展超过工人的势力而不利于革命本身的。

(3)随着红军的发展和根据地的扩大，1930年1月，毛泽东在《星星之火，可以燎原》一文中进一步阐明了中国革命只能走与资本主义国家不同的道路，指出：那种全国范围的、包括一切地方的、先争取群众后建立政权的理论，并不适合中国革命的实情。红军、游击队和红色区域的建立和发展，是半殖民地中国在无产阶级领导之下的农民斗争的最高形式和半殖民地农民斗争发展的必然结果，并且无疑是促进全国革命高潮的最重要因素。以毛泽东为书记的红四军前敌委员会还明确地提出了“农村工作是第一步，城市工作是第二步”的思想。

这些论述，提出了党把工作重心由城市转移到农村，在农村开展游击战争，深入进行土地革命，建立和发展红色政权，待条件成熟时再夺取全国政权的中国革命新道路的思想。

3. 试述中国革命只能走农村包围城市武装夺取政权的道路的重要性、必要性和可能性。

答：农村包围城市武装夺取政权的革命道路，是以毛泽东为代表的中国共产党人在领导中国革命实践中逐步摸索出来的一条具有中国特色的发展道路和总战略。这一革命道路的重要性、必要性和可能性为：

(1)武装斗争的极端重要性

大革命的失败使共产党人认识到了武装斗争的极端重要性。1927年8月7日，八七会议确定了土地革命和武装斗争的方针。毛泽东在会上着重阐述了党必须依靠农民和掌握枪杆子的思想，强调党“以后要非常注意军事，须知政权是由枪杆子中取得的”。

(2)走农村包围城市道路的必要性

①从中国的社会性质看，中国是一个外无独立内无民主的半殖民地半封建的国家。无议会可以利用，共产党没有进行合法斗争的条件，人民要当家作主，夺取政权，只有进行武装斗争。

②从中国革命的动力看，中国是一个落后的农业大国，农民不仅人数众多，而且深受帝国主义、封建主义的压迫和剥削，是反帝反封建的主力军。农民问题是中国民主革命的中心问题，中国民主革命的实质是农民革命。中国的武装斗争，实质上是无产阶级领导下

的农民革命战争。

③从敌我力量对比看，中国革命的敌人是异常强大的，革命力量在一定时期内相对地弱小。在这种情况下，革命力量不可能马上同敌人进行决战，一下子取得胜利，而应同敌人作长期的持久的斗争，逐步积累和发展革命力量，准备将来同敌人进行决战，这就需要建立革命根据地作为革命阵地。

(3)走农村包围城市道路的可能性

1928 年 10 月和 11 月，毛泽东在《中国的红色政权为什么能够存在?》《井冈山的斗争》两篇文章中回答了红色政权存在和发展的可能性：

①当时的中国是几个帝国主义国家间接统治的政治经济发展极端不平衡的半殖民地半封建的大国。这是红色政权能够存在和发展的根本原因。

②国民革命的影响。

③全国革命形势的继续向前发展。

④相当力量的正式红军的存在。

⑤共产党组织的坚强有力和各项政策的正确贯彻执行。

4. 试述遵义会议的背景、内容及其意义。

答：1935 年 1 月 15 日至 17 日，中共中央政治局在黔北重镇遵义召开了扩大会议，史称遵义会议。

(1)遵义会议的背景

长征初期，中共中央领导人博古依靠与共产国际有关系的军事顾问、德国人李德，犯了退却中的逃跑主义错误。在强渡湘江之后，红军和中央机关人员锐减到 3 万多人。这使得广大的共产党员和红军指战员明显地滋长了对错误领导的怀疑和不满。一些支持过“左”倾错误的中央领导人如张闻天、王稼祥等，也改变态度，转而支持毛泽东的正确主张。这样，中央红军根据毛泽东的提议，改向敌人力量薄弱的贵州挺进，并在占领黔北重镇遵义之后，中共中央政治局于 1935 年 1 月 15 日至 17 日在这里召开了扩大会议。

(2)遵义会议的内容

①遵义会议集中解决了当时具有决定意义的军事问题和组织问题。经过激烈的争论，多数人同意以毛泽东为代表的正确意见，批评了博古、李德在第五次反“围剿”中的错误。会议增选毛泽东为中央政治局常务委员，并委托张闻天起草《遵义会议决议》。

②会后决定由张闻天代替博古负总的责任；博古任红军总政治部代理主任；成立了由周恩来、毛泽东、王稼祥组成的新的“三人团”，全权负责红军的军事行动。

(3)遵义会议的意义

遵义会议开始确立以毛泽东为主要代表的马克思主义的正确路线在党中央的领导地位，从而在极其危急的情况下挽救了中国共产党、挽救了中国工农红军、挽救了中国革命，成为中国共产党历史上一个生死攸关的转折点，它标志着中国共产党在政治上开始走向成熟。这为党和革命事业转危为安、不断打开新局面提供了最重要的保证。

五、材料分析题(要求结合所学知识分析材料回答问题)

1. 结合材料回答问题：[2017 年考研政治真题]

从1934年10月至1936年10月，红军第一、第二、第四方面军和第二十五军进行了伟大的长征。我们党领导红军，以非凡的智慧和大无畏的英雄气概，战胜千难万险，付出巨大的牺牲，胜利完成震撼世界、彪炳史册的长征，宣告了国民党反动派消灭中国共产党和红军的图谋彻底失败，宣告了中国共产党和中国革命事业从挫折走向胜利的伟大转折，开启了中国共产党为实现民族独立、人民解放而斗争的新的伟大进军。

长征途中，英雄的红军，血战湘江，四渡赤水，巧渡金沙江，强渡大渡河，飞夺泸定桥，鏖战独树镇，勇克包座，转战乌蒙山，击退上百万穷凶极恶的追兵阻敌，征服空气稀薄的冰山雪岭，穿越渺无人烟的沼泽草地，纵横十余省，长驱二万五千里。

长征途中，党中央召开的遵义会议，是我们党历史上一个生死攸关的转折点。这次会议确立了毛泽东同志在红军和党中央的领导地位，开始确立了以毛泽东同志为主要代表的马克思主义的正确路线在党中央的领导地位，开始形成以毛泽东同志为核心的党的第一代中央领导集体，这是我们党和革命事业转危为安、不断打开新局面最重要的保证。

长征途中，我们党通过艰苦卓绝的实践探索，成功把解决生存危机同拯救民族危亡联系在一起，把长征的大方向同建立抗日前进阵地联系在一起，实现了国内革命战争的抗日民族战争的转变，为夺取中国人民抗日战争胜利、进而夺取新民主主义革命胜利打下了坚实基础。

长征的胜利，不仅保存了革命力量，而且使我们党找到了中国革命力量生存发展的落脚点，找到了中国革命事业胜利前进新的出发点，从长征的终点出发，我们党领导中国人民展开了中国革命波澜壮阔的新画卷。

历史是不断向前的，要达到理想的彼岸，就要沿着我们确定的道路不断前进。每一代人有每一代人的长征路，每一代人都要走好自己的长征路。今天，我们这一代人的长征，就是要实现"两个一百年"奋斗目标、实现中华民族伟大复兴的中国梦。

实现伟大的理想，没有平坦的大道可走，夺取坚持和发展中国特色社会主义伟大事业新发展，夺取推进党的建设新的伟大工程新成效，夺取具有许多新历史特点的伟大斗争新胜利，我们还有许多"雪山""草地"需要跨越，还有许多"娄山关""腊子口"需要征服，一切贪图安逸、不愿继续艰苦奋斗的想法都是要不得的，一切骄傲自满、不愿继续开拓前进的想法都是要不得的。

长征永远在路上。一个不记得来路的民族，是没有出路的民族。不论我们的事业发展到哪一步，不论我们取得了多大成就，我们都要大力弘扬伟大长征精神，在新的长征路上继续奋勇前进。

——摘自习近平《在纪念红军长征胜利80周年大会上的讲话》

(1)为什么说长征的胜利既是"中国革命力量生存发展新的落脚点"，也是"中国革命事业胜利前进新的出发点"？

(2)如何理解"长征永远在路上"？

【参考答案】

(1)为什么说长征的胜利既是"中国革命力量生存发展新的落脚点"，也是"中国革命事业胜利前进新的出发点"？

答：长征的胜利既是"中国革命力量生存发展新的落脚点"，也是"中国革命事业胜利前进新的出发点”，其原因包括：

①长征前，由于党内“左”倾教条主义的错误领导，中央革命根据地第五次反“围剿”失败，使党和中国革命事业遭到了重创。中国共产党到了生死存亡的危急关头，中国革命面临着方向和道路的抉择。

②长征途中，中国共产党通过艰苦卓绝的实践探索，成功把解决生存危机同拯救民族危亡联系在一起，把长征同建立抗日前进阵地联系在一起，实现了国内革命战争向抗日民族战争的转变，为夺取中国人民抗日战争胜利、进而夺取新民主主义革命胜利打下了坚实基础。长征一结束，中国革命的新局面就开始了。

③长征的胜利，保存了革命的火种，使得中国共产党形成了以陕甘宁为中心的革命根据地，推动一大批革命根据地如雨后春笋般建立和发展起来，宣告了国民党反动派消灭中国共产党和红军的图谋彻底失败，宣告了中国共产党和中国红军肩负着民族希望，胜利实现了战略转移，实现了中国共产党和中国革命事业从挫折走向胜利的伟大转折。中国共产党领导的革命力量有了新的战略阵地，成为了中国革命力量生存和发展新的落脚点。

④从长征的终点出发，中国共产党领导中国人民展开了中国革命波澜壮阔的新画卷。长征胜利后，在中国共产党领导下，中国人民取得了抗日战争和解放战争的胜利，开启了中国共产党为实现民族独立、人民解放而斗争的新的伟大进军。

(2)如何理解“长征永远在路上”?

答：“长征永远在路上”是指中国共产党领导的革命、建设与改革事业都是一场伟大的长征。其含义具体体现在：

①在革命年代，长征实现了中国共产党和中国革命事业从挫折走向胜利的伟大转折，开启了中国共产党为实现民族独立、人民解放而斗争的新的伟大进军。

②在新民主主义革命胜利的基础上，中国共产党带领中国人民经过艰苦摸索和曲折实践，开启了建设中国特色社会主义的长征，终于找到了中国特色社会主义道路，迎来了中华民族伟大复兴的光明前景。

③每一代人有每一代人的长征之路。在当代中国，我们这一代人的长征就是要实现“两个一百年”奋斗目标、实现中华民族伟大复兴的中国梦，夺取坚持和发展中国特色社会主义伟大事业新进展，夺取推进党的建设新的伟大工程新成效，夺取具有许多新的历史特点的伟大斗争新胜利。新的长征路上还有许多困难需要克服，必须继续发扬长征精神。

2. 结合材料回答问题：

材料1

乡村是统治阶级的四肢，城市才是他们的头脑与心腹，单只斩断了他的四肢，而没有斩断他的头脑，炸裂他的心腹，还不能制他的最后的死命。

——摘自李立三：《新的革命高潮前面的诸问题》(1930年6月)

材料2

不要城市就是否定共产党是无产阶级政党，就是否认无产阶级对农民的领导，结果共产党只有变成小资产阶级农民党。(你们)在斗争的布置上有用乡村包围城市的企图，这种倾向是极危险的。

——摘自中共中央致湖北省委信(1929 年 2 月)

材料 3

中国革命之再起，主要的是靠城市工人阶级的斗争来决定，单是统治的资产阶级内部纷争动摇是不够的。游民无产阶级固然不是工人革命之卫军与支柱，即农民虽然在农业国革命中有很大的作用，然而它们从来不能有独立作用及独立的成功……农民暴动是没有出路的，而且会走到反对工人阶级，没有工人阶级的政权，彻底的土地革命是不会实现的，没收一切土地不但资产阶级的议会政治办不到，即农民暴动也办不到。

——摘自陈独秀：《关于所谓“红军”问题》(1930 年 4 月)

材料 4

红军、游击队和红色区域的建立和发展，是半殖民地中国在无产阶级领导下的农民斗争的最高形式和半殖民地农民斗争发展的必然结果；并且无疑义的是促进全国革命高潮的最重要因素。

——摘自毛泽东：《星星之火，可以燎原》(1930 年 1 月)

材料 5

强大的帝国主义及其在中国的反动同盟军，总是长期地占据着中国的中心城市，如果革命的队伍不愿意和帝国主义及其走狗妥协，而要坚持地奋斗下去，如果革命的队伍要准备积蓄和锻炼自己的力量，并避免在力量不够的时候和强大的敌人作决定胜负的战斗，那就必须把落后的农村造成先进的巩固的根据地，造成军事上、政治上、经济上、文化上的伟大的革命阵地，借以反对利用城市进攻农村区域的凶恶敌人，借以在长期战斗中逐步地争取革命的全部胜利。

——摘自毛泽东：《中国革命和中国共产党》(1939 年 12 月)

(1) 材料中反映了中国革命哪两种观点？比较两种观点。

(2) 论述毛泽东中国革命道路理论的主要内容及其意义。

【参考答案】

(1) 材料中反映了中国革命哪两种观点？比较两种观点。

答：材料 1、2、3，反映了坚持以城市为中心，反对走农村包围城市的道路的观点；材料 4、5，反映了走农村包围城市的道路的观点。两种观点分歧的实质是从中国实际出发还是照抄照搬俄国十月革命的经验。

①由于俄国资本主义发展程度较高，城市中有大量无产阶级作为革命主力和后备支撑，因而能够走以城市为中心的革命道路。

②中国的革命经验则表明：以农村为工作重点，到农村去发动农民，进行土地革命，开展武装斗争，建设根据地，这是 1927 年以后中国革命发展的客观规律所要求的。

(2) 论述毛泽东中国革命道路理论的主要内容及其意义。

答：毛泽东中国革命道路理论是指农村包围城市、武装夺取政权的理论，它是对 1927 年革命失败后中国共产党领导的红军和根据地斗争经验的科学概括。

①毛泽东中国革命道路理论的主要内容

a. 中国民主革命首先在敌人统治力量比较薄弱的农村，发动农民武装暴动，建立人民军队，建立革命根据地，把武装斗争、土地革命、建立政权结合起来，使之建成支持长期革命战争的战略基地。

b. 共产党应当以大部分力量甚至全部力量去发展乡村工作。

c. 革命势力占据了广大农村之后，即可以联合起来包围城市、封锁城市，用广大的农村革命势力以向城市进攻，这样，革命必然可以得到胜利。

②毛泽东中国革命道路理论的意义

a. 农村包围城市的革命道路，是符合中国国情的正确的革命道路，也是中国革命能够成功的唯一正确的革命道路。

b. 它是以毛泽东为主要代表的中国共产党人关于中国革命战争和建立农村革命根据地的经验总结，正确地揭示了中国革命发展的客观规律。

c. 它是毛泽东思想的闪光点，是坚持实事求是、一切从实际出发，打破思想禁锢和教条主义的束缚，将中国的革命实际情况同马列主义衔接，是马克思主义中国化的成就之一。

d. 丰富了马克思主义理论，为世界范围内的共产主义运动开辟了新的道路，并为其他半殖民地半封建社会的国家的民主革命提供了榜样。

e. 它是中国共产党人把马列主义关于武装夺取政权的基本原理同中国革命的具体实践相结合的典范，标志着毛泽东思想的形成。

f. 农村包围城市、武装夺取政权的革命发展道路的理论，贯穿的基本思想是马列主义基本原理同中国革命实践相结合，走自己的路，这对于中国进行社会主义建设具有启迪意义。并为殖民地半殖民地国家和人民的解放斗争提供了重要经验，中国革命的胜利极大地鼓舞了他们争取解放的信心和斗志。

3. 结合材料回答问题：

材料 1

大革命失败后，在纠正陈独秀右倾机会主义错误的同时，党内开始滋长一种“左”的急躁情绪。从 1927 年 7 月大革命失败到 1935 年 1 月遵义会议召开之前，“左”倾错误先后三次在党中央的领导机关取得了统治地位。第一次是 1927 年 11 月至 1928 年 4 月的“左”倾盲动错误，认为革命形势在不断高涨，盲目要求“创造总暴动的局面”。第二次是 1930 年 6 月至 9 月以李立三为代表的“左”倾冒险主义，错误地认为中国革命乃至世界革命进入高潮，盲目要求举行全国暴动和集中红军力量攻打武汉等中心城市。第三次是 1931 年 1 月至 1935 年 1 月以陈绍禹(王明)为代表的“左”倾教条主义。

材料 2

早在 1930 年 5 月，毛泽东针对当时党和红军内部普遍存在的教条主义倾向，撰写了《反对本本主义》一文，第一次使用了党的“思想路线”这一科学概念。强调“必须洗刷唯心精神”，反对“唯书”“唯上”的本本主义，指出“马克思主义的‘本本’是要学习的，但是必须同我国的实际情况相结合”，树立“从斗争中创造新局面的思想路线”。

1937 年，他撰写的《实践论》《矛盾论》，科学地阐述了无产阶级的世界观、认识论和方法论，系统地论述了党的辩证唯物主义的思想路线。

(1)20 世纪 20 年代后期、30 年代中期，中国共产党内为什么连续出现“左”倾错误？

(2)中国共产党是如何总结历史经验制定正确的路线与政策的？

【参考答案】

(1)20 世纪 20 年代后期、30 年代中期，中国共产党内为什么连续出现“左”倾错误?

答：中国共产党在前进的道路上，也曾犯过重大错误，遭受了重大挫折。

①20 世纪 20 年代后期、30 年代前中期，中国共产党内连续出现了三次“左”倾错误，分别是：

a. 1927 年 11 月至 1928 年 4 月的“左”倾盲动错误。

b. 1930 年 6 月至 9 月以李立三为代表的“左”倾冒险主义。

c. 1931 年 1 月至 1935 年 1 月以王明为代表的“左”倾教条主义。

②连续出现这些“左”倾错误主要有以下原因：

a. 主要原因是全党的马克思主义理论准备不足，理论素养不高，实践经验也很缺乏，对于中国的历史状况和社会状况、中国革命的特点、中国革命的规律不了解，对于马克思列宁主义的理论和中国革命的实践没有统一理解。总结起来就是，中国共产党还不善于把马克思列宁主义与中国实际全面地、正确地结合起来。

b. 共产国际对中国共产党内部事务的错误干预和瞎指挥。

c. 八七会议以后党内一直存在着浓厚的“左”倾情绪始终没有得到认真的清理。

d. 半殖民地半封建中国社会的阶级状况，决定了中国共产党的党员中农民和小资产阶级出身的占大多数，使党处于小资产阶级思想的包围中。党内出现只注重书本知识，不注重实际的教条主义，只注重感性知识而轻视理论的经验主义，影响党的思想、路线和政策。

(2)中国共产党是如何总结历史经验制定正确的路线与政策的?

答：中国共产党总结历史经验制定正确路线与政策的过程如下：

①毛泽东早在 1930 年《反对本本主义》一文中提出，要注重调查研究，反对教条主义，阐明了坚持辩证唯物主义的思想路线即坚持理论与实际相结合的原则的极端重要性。

②1935 年 1 月召开遵义会议，确立了以毛泽东为主要代表的马克思主义的正确路线在党中央的领导地位，从而在极其危急的情况下挽救了中国共产党、挽救了中国工农红军、挽救了中国革命，成为中国共产党历史上一个生死攸关的转折点。这为党和革命事业转危为安、不断打开新局面提供了最重要的保证。

③1935 年 12 月，毛泽东在瓦窑堡会议上作了《论反对日本帝国主义的策略》的报告，阐明党的抗日民族统一战线的新政策，批判党内的关门主义和对于革命的急性病，系统地解决了党的政治路线上的问题。

④1936 年 12 月，毛泽东写了《中国革命战争的战略问题》这部著作，总结土地革命战争中党内在军事问题上的大争论，系统地说明了有关中国革命战争战略方面的诸问题。

⑤1937 年夏，毛泽东在延安抗日军政大学讲授《实践论》和《矛盾论》，从马克思主义认识论的高度，总结中国共产党的历史经验，揭露和批评党内的主观主义(尤其是教条主义)的错误，深入论证马克思列宁主义基本原理同中国具体实际相结合的原则，科学地阐明党的唯物主义的思想路线。

这样，中国共产党就从理论上对党的政治路线、军事路线和思想路线进行了拨乱反正的工作，为迎接即将到来的伟大的抗日民族解放战争作了准备。

4. 结合材料回答问题：

材料 1

中国共产党的 90 年历史，是一部团结带领中国人民实现民族独立、人民解放和国家富强、人民幸福的奋斗史；是一部把马克思主义基本原理同中国实际和时代特征相结合、不断找到适合中国国情发展道路的探索史。

环顾世界，还有哪个政党有这样的理论勇气，在与具体实际的结合中不断推动理论的飞跃，从毛泽东思想的创立到中国特色社会主义理论体系的形成，为伟大事业提供了行动指南。浴血奋战闯出一条“农村包围城市，武装夺取政权”的革命之路，自力更生铺就一条社会主义建设之路，解放思想开启一条改革开放之路。为人民利益而奋斗，90 年筚路蓝缕的探索中开辟中国特色社会主义伟大道路。

——《人民日报》社论《永远为人民而奋斗——热烈庆祝中国共产党成立九十周年》2011 年 6 月 30 日

材料 2

无产阶级要取得胜利，就完全要靠他的政党——共产党的斗争策略的正确和坚决。共产党的正确而不动摇的斗争策略，绝不是少数人坐在房子里能够产生的，它是要在群众的斗争过程中才能产生的，这就是说要在实际经验中才能产生。因此，我们需要时时了解社会情况，时时进行实际调查。

——毛泽东：《反对本本主义》(1930 年 5 月)

强大的帝国主义及其在中国的反动同盟军，总是长期地占据着中国的中心城市，如果革命的队伍不愿意和帝国主义及其走狗妥协，而要坚持地奋斗下去，如果革命的队伍要准备积蓄和锻炼自己的力量，并避免在力量不够的时候和强大的敌人作决定胜负的战斗，那就必须把落后的农村造成先进的巩固的根据地，造成军事上、政治上、经济上、文化上的伟大的革命阵地，借以反对利用城市进攻农村区域的凶恶敌人，借以在长期战斗中逐步地争取革命的全部胜利。

——毛泽东：《中国革命和中国共产党》(1939 年 12 月)

(1) 结合材料分析如何正确理解中国革命道路的理论。

(2) 中国共产党的 90 年历史说明了什么?

【参考答案】

(1) 结合材料分析如何正确理解中国革命道路的理论。

答： 中国革命道路理论是指农村包围城市、武装夺取政权的理论。

①开辟中国革命新道路的背景

大革命失败后，在国民党的统治下，中国的半殖民地半封建社会性质没有改变。白色恐怖笼罩着全国城乡，中国革命转入低潮，中国共产党遇到了前所未有的困难。敢不敢坚持革命？怎样坚持革命？这是中国共产党人和革命群众必须回答的两个根本性的问题。

②中国革命新道路的开辟

a. 大革命失败，中国共产党得到了惨痛的教训，于是爆发了南昌起义、秋收起义和广州起义，进入了创造红军的新时期，开启了中国革命新纪元。中国革命由此发展到了一个新的阶段，即土地革命战争时期，或称十年内战时期。

b. 革命工作应当以城市为中心，这是中国共产党成立后一个时期内全党的共同认识。大革命失败的初期，中共中央继续留在上海，党的工作重心仍然放在中心城市。但是，所有以占领中心城市为目标的起义很快就失败了。这些起义失败后保留下来的部队，大都经过摸索，逐步转移到了远离国民党统治中心的农村区域，在那里发动农民群众、开展游击战争、进行土地革命和创建工农政权。

c. 八七会议初步提出占领县城以建立革命政权、实行武装割据的思想；中共六大肯定了农村根据地和红军是决定革命新高潮的更大的发展基础和重要力量；1930 年 5 月，中共中央机关刊物《红旗》发表署名信件，明确提出共产党应当以大部分力量甚至全副力量去发展乡村工作；认为革命势力占据了广大农村之后，即可以联合起来包围城市、封锁城市。

③对中国革命新道路的评价

a. 以农村为工作重点，到农村去发动农民，进行土地革命，开展武装斗争，建设根据地，这是 1927 年以后中国革命发展的客观规律所要求的。农村包围城市、武装夺取政权这条革命新道路的开辟，依靠了党和人民的集体奋斗，凝聚了党和人民的集体智慧。

b. 农村包围城市、武装夺取政权的理论是在以毛泽东为主要代表的中国共产党人同当时党内盛行的把马克思主义教条化、把共产国际决议和苏联经验神圣化的错误倾向作坚决斗争的基础上逐步形成的。这是马克思主义在中国的创造性的运用和发展，指明了中国革命胜利的唯一正确道路。随着革命新道路的开辟，中国革命开始走向复兴。

(2) 中国共产党的 90 年历史说明了什么?

答: 中国共产党自 1921 年成立以来，经历了不断探索、曲折前进的发展历程。

①中国共产党 90 年的历史经验

a. 要以马克思主义为党的思想旗帜，坚持其中国化、时代化和大众化。

b. 只有走中国特色之路，才能走出党的事业的成功与光辉。

c. 要立足基本国情、抓住主要矛盾、为民族解放、社会制度确立和经济社会发展而奋斗。

d. 要坚定不移的推进改革开放，为中华民族的发展提供坚强动力。

e. 保持党同人民群众的血肉联系，是党不懈的动力与力量源泉。

f. 要以独立自主、开放合作的姿态面对世界、走向世界和影响世界，积极发挥中国共产党、中国政府在国际社会中的作用。

g. 要探索和改革党的领导方式和执政方式，充分发挥党在革命和建设中的领导作用。

②中国共产党的历史地位

a. 中国共产党是中国工人阶级的先锋队，同时是中国人民和中华民族的先锋队，是中国特色社会主义事业的领导核心，代表中国先进生产力的发展要求，代表中国先进文化的前进方向，代表中国最广大人民的根本利益。

b. 中国的近现代史充分证明了这样的道理：没有共产党，就没有新中国，有了共产党，中国的面貌就焕然一新。中国共产党的执政地位是在长期革命斗争中逐步形成的，是中国近现代历史发展的必然，是中国人民的选择。

第六章　中华民族的抗日战争

6.1　复习指南

【视频导学（名师点拨）】

中华民族的抗日战争

扫码看视频导学

【知识框架（庖丁解牛）】

- 中华民族的抗日战争
  - 日本发动企图灭亡中国的侵略战争
    - 日本灭亡中国的计划及其实施
    - 日本帝国主义的残暴统治
  - 中国人民奋起抗击日本侵略者
    - 中国共产党举起武装抗日的旗帜
    - 抗日救亡运动的兴起
    - 抗日民族统一战线的建立与全民族抗战的开始
  - 抗日战争的正面战场
    - 战略防御阶段的正面战场
    - 战略相持阶段的正面战场
  - 抗日战争的中流砥柱
    - 全面抗战路线和持久战的战略总方针
    - 敌后战场的开辟与游击战争的发展
    - 坚持抗战、团结、进步的方针
    - 抗日民主根据地的建设
    - 大后方的抗日民主运动和进步文化工作
    - 中国共产党的自身建设
      - “马克思主义的中国化”命题的提出
      - 新民主主义理论的系统阐明
      - 整风运动和《关于若干历史问题的决议》
      - 中共七大和毛泽东思想指导地位的确立
    - 抗日战争的胜利及其意义
      - 抗日战争的胜利
      - 中国人民抗日战争在世界反法西斯战争中的地位
      - 抗日战争胜利的原因和意义

【通关提要（提纲挈领）】

中国人民的抗日战争，对整个国家和民族而言意义重大，因此也是考研的重点内容之一。本章应该着重关注抗日战争胜利的原因和意义（可以联系中华民族伟大复兴）、中国共产党在抗战中的中流砥柱作用以及国共第二次合作等。本章历年命题频率极高，多以选择题为主，分析题也会涉及，需要与当下的时事热点结合起来学习。

6.2　课后习题详解

1. 为什么说中国的抗日战争是神圣的民族解放战争？

答：中国抗日战争之所以是神圣的民族解放战争，主要是因为：

(1)从世界意义上看，世界反法西斯战争是人类历史上规模空前的战争，战火遍及亚洲、欧洲、非洲和大洋洲，中国的抗日战争是世界反法西斯战争的东方主战场。中国人民抗日战争的胜利，对世界各国夺取反法西斯战争的胜利，维护世界和平的伟大事业产生了巨大促进作用。

(2)从战争的性质上看，抗日战争是半殖民地半封建的中国和帝国主义的日本之间在20世纪30年代展开的一个民族反对另一个民族侵略、压迫、奴役的战争。中国是正义的、进步的反侵略战争，是得道的；日本是非正义的、野蛮的侵略战争，是失道的。日本侵略者肆意践踏中国的大好河山，屠杀中国军民，强行掠夺中国劳工，蹂躏和摧残妇女，进行细菌战和化学战，制造了南京大屠杀等一系列灭绝人性的惨案，犯下了令人发指的罪行，使源远流长的中华文明遭到了惨重破坏，使中华民族蒙受了巨大损失。

(3)从战争的结果上看，中国人民抗日战争，是近代以来中华民族反抗外敌入侵第一次取得完全胜利的民族解放战争。

①中国人民彻底打败了日本侵略者，捍卫了中国的国家主权和领土完整，使中华民族避免遭受殖民奴役的厄运。

②中国人民抗日战争的胜利，促进了中华民族的觉醒，成为中华民族走向复兴的转折点，正是在中国人民抗日战争胜利的基础上，中国共产党领导中国人民取得了新民主主义革命的胜利。

③中国人民抗日战争，弘扬了中华民族的伟大精神，人民空前团结起来，使中华民族焕发出巨大凝聚力和旺盛生命力。

2. 为什么说中国共产党是中国人民抗日战争的中流砥柱？

答：经历了大革命的失败后，中国共产党有了更适合中国国情的纲领，善于发动广大人民群众，实行全民族抗战。它以自己的坚定意志和模范行动，在全民族抗战中发挥了中流砥柱的作用。其原因主要有：

(1)以毛泽东为杰出代表的中国共产党人，把马克思列宁主义基本原理同中国革命具体实际相结合，创立和发展了毛泽东思想的科学理论。制定、实施了一套完整的抗战策略和方针，提出了持久战的战略思想，对抗日战争的胜利发挥了重要的思想和战略指导作用。

(2)共产党始终坚持全面抗战路线和持久战的方针。共产党强调要打倒帝国主义关键在于实行全国军事总动员和全国人民总动员，把抗日战争发展成全民族的抗战。最大限度地动员了全国军民共同抗战，成为凝聚全民族力量的杰出组织者和鼓舞者；全面抗战爆发后毛泽东针对各种舆论系统地阐述了抗日战争的特点、前途和发展规律，阐明了持久战的总方针，使全民族认清了抗日战争的性质和发展进程，对全国抗战起了积极作用。

(3)开辟敌后战场，建立抗日根据地。全国抗战开始后，共产党领导的八路军、新四军进行了多次抗战，粉碎了日军不可战胜的神话，有力地配合了正面战场的作战。中国抗日战争由两个战场组成，国民党领导的正面战场和共产党领导的敌后战场。共产党在敌后建立抗日根据地，开展游击战争，有力地打击了日军，牵制了日军大量的军力，减轻了正面战场的压力，在促进战争转入相持阶段起了重要作用。尤其是在战争进入相持阶段后，正面战场的作战力下降，转入次要位置，而敌后游击战则成为主要的抗日作战方式。共产党还在抗日根据地大力发展经济和文化建设，帮助根据地人民渡过难关。

(4)击退国民党的反共摩擦，巩固和壮大抗日民族统一战线。全面抗战期间，国民党先后发起三次反共高潮，人民军队都给予了坚决的反击，成功击退国民党。同时中国共产党坚持把中日矛盾放在首位，积极争取抗日合作，并制定了“发展进步势力，争取中间势力，孤立顽固势力”的策略和方针，始终坚持抗日统一战线。中国共产党人以自己最富于牺牲的爱国主义精神、不怕流血牺牲的模范行动，支撑起全民族救亡图存的希望，成为夺取抗战胜利的民族先锋。

3. 怎样评价国民党政府在抗日战争中执行的路线和正面战场的地位与作用?

答: 国民党政府在抗日战争中执行的路线和正面战场的地位和作用体现在以下几个方面:

(1)国民党政府执行的是片面抗战路线，即不敢放手发动和武装群众，实行单纯的政府和正规军的抗战。在战略技术上，没有采取积极防御的方针，而是进行单纯的阵地防御战。这是由国民党政府的阶级本质和阶级利益所决定的，不仅使国民党正面战场节节失利，而且危害群众利益，使国民党政府孤立于人民群众之外。

(2)国民党领导的正面战场对抗日战争的胜利做出了重要贡献，特别是在抗日战争初期的战略防御阶段，牵制和消耗了日本大量军力，为兵力的部署调遣和人民群众的转移争取了宝贵的时间。

(3)国民党领导的正面战场在抗日战争中表现不同，其地位和作用也不同。这种不同具体体现为:

①抗战初期的战略防御阶段，国民党政府积极抗战，正面战场在整个抗战中起了重要作用。但由于其实行片面抗战路线，也遭受了巨大损失。

②进入战略相持阶段后，国民党一面消极抗战，一面制造反共摩擦事件，其在抗战中的地位和作用明显下降。

③在战略反攻阶段，国民党虽然坚持抗战，但重点是在准备抢夺抗战胜利果实，对夺取抗战最后胜利的作用十分有限。

4. 如何理解中国人民抗日战争胜利对实现中华民族伟大复兴的意义?

答: 中国人民抗日战争是20世纪中国和人类历史上的重大事件。这一伟大胜利，是中华民族从近代以来陷入深重危机走向伟大复兴的历史转折点。中国人民抗日战争胜利对实现中华民族伟大复兴的意义主要体现为:

(1)中国人民抗日战争的胜利，不仅彻底粉碎了日本军国主义殖民奴役中国的图谋，有力捍卫了国家主权和领土完整，更洗刷了近代以来抗击外来侵略屡战屡败的民族耻辱。中国人民的顽强努力和巨大牺牲，迫使日本归还了甲午战后从中国窃取的东北、台湾、澎湖列岛等神圣领土，捍卫了国家主权和领土完整。

(2)中国人民抗日战争的胜利，促进了中华民族的大团结，形成了伟大的抗战精神。在国家风雨飘摇、存亡绝续的艰难挣扎中，大江南北、长城内外，空前觉醒的中华儿女“誓死不做亡国奴”，在全民族的共同努力下，历尽艰辛、毁家纾难，最终打败了穷凶极恶的日本侵略者，谱写了彪炳史册的抗战精神，向全世界展示了优秀的中华儿女天下兴亡、匹夫有责的爱国情怀，视死如归、宁死不屈的民族气节，不畏强暴、血战到底的英雄气概，百折不挠、坚忍不拔的必胜信念。伟大抗战精神是中国人民弥足珍贵的精神财富。

(3)中国人民抗日战争的胜利，对世界各国夺取反法西斯战争的胜利，维护世界和平产生了巨大影响。在世界反法西斯战争中，中国人民抗日战争开始最早、持续时间最长。中国人民为最终战胜法西斯势力作出了历史性贡献，国际地位显著提高，中国成为联合国安理会五个常任理事国之一。中国人民赢得了世界各国爱好和平人民的尊敬，中华民族赢得了崇高的民族声誉。

(4)中国人民抗日战争的胜利，坚定了中国人民追求民族独立、自由和解放的意志，开启了古老中国凤凰涅槃、浴火重生的历史新征程，为中国共产党团结带领全国人民继续奋斗，赢得新民主主义革命胜利，奠定了重要基础。

6.3　典型题(含考研真题)详解

一、单项选择题(下列每题给出的四个选项中，只有一个选项是符合题目要求的)

扫码看真题视频

1. 延安是中国革命的圣地。从1935年到1948年，党中央和毛泽东等老一辈革命家在延安生活和战斗了13年。领导中国革命事业从低潮走向高潮、实现历史性转折，扭转了中国前途命运。2022年10月27日，习近平总书记带领中共中央政治局常委专程从北京前往延安，瞻仰延安革命纪念地，宣示新一届中央领导集体将继承和发扬延安时期党形成的优良革命传统和作风。延安精神所体现的党的宗旨是(　　)。[2023年考研政治真题]

A. 全心全意为人民服务　　B. 坚定正确的政治方向
C. 解放思想实事求是　　D. 自力更生艰苦奋斗

【解析】中国共产党的宗旨是全心全意为人民服务，延安精神中也体现着党的根本宗旨。

2. 抗日战争是一场全民族反抗外敌入侵的正义战争。抗战初期，在华北战场上规模最大、最激烈的一次战役，也是国共两党军队合作抗日、配合最好的一次战役是(　　)。[2016年考研政治真题]

A. 台儿庄战役　　B. 长城抗战　　C. 平津会战　　D. 忻口会战

【解析】忻口会战是太原会战中的一场战役，是华北战场上规模最大、最激烈的一次战

1A　2D

役，也是国共两党军队合作抗日、配合最好的一次战役。A 项，台儿庄战役是 1938 年国民党在正面战场单独领导的一场战役，台儿庄大捷是抗战爆发后中国正面战场取得的首次重大胜利。B 项，长城会战发生于 1933 年 3 月，是九一八事变后国民党军队在华北进行的第一次较大规模的抗击日本侵略的战役。当时国共还未合作，全民族抗战还没有开始。C 项，平津会战(国民党称平津战役)发生于 1948 年 11 月至 1949 年 1 月，是解放战争中中国人民解放军对国民党发动的三大战役之一。

3. 20 世纪 40 年代前期，为了提高广大党员的思想建设水平，增强党的凝聚力和战斗力，中国共产党在全国范围内开展了一场整风运动。这场整风运动最主要的任务是(　　)。[2018 年考研政治真题]

A. 反对享乐主义以整顿作风　　B. 反对宗派主义以整顿党风

C. 反对党八股以整顿文风　　D. 反对主观主义以整顿学风

【解析】1941 年 5 月，毛泽东作了《改造我们的学习》的报告。整风运动首先在党的高级干部中进行。1942 年 2 月，毛泽东先后作了《整顿党的作风》和《反对党八股》的讲演，整风运动在全党范围普遍展开。整风运动的主要内容是：反对主观主义以整顿学风，反对宗派主义以整顿党风，反对党八股以整顿文风。其中，反对主观主义以整顿学风是整风运动最主要的任务。

4. 毛泽东思想是马克思主义中国化的第一大理论成果，是在中国革命和建设的实践中逐步形成和发展起来的。在土地革命战争后期和抗日战争时期，毛泽东思想得到多方面展开而达到成熟，其标志是(　　)。[2017 年考研政治真题]

A. 新民主主义理论的系统阐明

B. 农村包围城市，武装夺取政权理论的科学概括

C. 人民民主专政理论的完整论述

D. 思想政治工作和文化工作理论的系统提出

【解析】遵义会议以后，毛泽东在理论上系统地总结了中国革命特别是抗日战争的实践经验，撰写了《〈共产党人〉发刊词》《中国革命和中国共产党》《新民主主义论》等一批重要的理论著作，科学地阐述了中国新民主主义革命的基本理论、基本路线和基本纲领，精辟地论证了党在民主革命时期的政策和策略。新民主主义理论的主要内容包括：①揭示了中国半殖民地半封建社会的性质和主要特征，近代中国的主要矛盾；②阐明了中国共产党在新民主主义革命阶段的基本纲领；③总结了中国共产党的历史经验，指出了统一战线、武装斗争、党的建设是中国共产党人战胜敌人的三个主要法宝。新民主主义理论的系统阐明，标志着毛泽东思想得到多方面展开而走向成熟。

5. 1931 年日本帝国主义制造了侵略中国的(　　)。

A. 九一八事变　　B. 一·二八事变　　C. 七七事变　　D. 八一三事变

【解析】1931 年 9 月 18 日，日本发动九一八事变，武装侵占中国东北，日本变中国为其独占殖民地的阶段由此开始。B 项，一·二八淞沪抗战，发生于 1932 年 1 月 28 日，日本为

3D　4A　5A

了支援和配合其对中国东北的侵略、掩护其在东北建立伪满洲国的丑剧，自导自演在上海挑衅引发冲突。C项，七七事变，即卢沟桥事变，发生于1937年7月7日，为中国抗日战争全面爆发的起点。D项，八一三事变，发生于1937年8月13日，是日本帝国主义蓄意已久的为扩大侵华战争在中国上海制造的事变。

6. 1935年，日本帝国主义制造了侵略中国的（　　）。

A. 九一八事变　　B. 一·二八事变　　C. 华北事变　　D. 卢沟桥事变

【解析】1935年，日本在华北制造一系列事端，向中国政府提出使华北政权“特殊化”的要求。中国政府在河北、察哈尔两省的主权大部丧失，华北成为日军可以自由出入的“真空地带”。接着，日方又策动华北五省（河北、察哈尔、绥远、山西、山东）两市（北平、天津）“防共自治运动”，制造傀儡政权。这就是华北事变。A项，九一八事变发生于1931年；B项，一·二八事变发生于1932年初；D项，卢沟桥事变发生于1937年7月7日，是日本全面侵略中国的标志，也是中华民族全民族抗战开始的标志。

7. 中华民族进入全民族抗战是在（　　）。

A. 九一八事变后　　B. 一·二八事变后

C. 华北事变后　　D. 卢沟桥事变后

【解析】1937年7月7日，卢沟桥事变爆发，中国守军奋起抵抗日军的进攻。中国开始奋起进行全民族抗战，在东方开辟了世界第一个大规模的反法西斯战场。

8. 1935年12月，中国共产党确定抗日民族统一战线政策的会议是（　　）。

A. 遵义会议　　B. 瓦窑堡会议　　C. 洛川会议　　D. 晋绥干部会议

【解析】1935年12月，中共中央在陕北瓦窑堡召开政治局会议，提出了在抗日的条件下与民族资产阶级重建统一战线的新政策，批评了党内长期存在的“左”倾冒险主义、关门主义的错误倾向。中国共产党在新的历史时期即将到来时，掌握了政治上的主动权。

9. 抗日战争进入相持阶段后，日本对国民党政府采取的方针是（　　）。

A. 以华制华，以战养战　　B. 速战速决

C. “三光”政策　　D. 以政治诱降为主、军事打击为辅

【解析】抗日战争进入相持阶段后，日本对国民党政府采取以政治诱降为主、军事打击为辅的方针。国民党在重申坚持持久抗战的同时，其对内对外的政策发生了重大变化。1939年1月，国民党五届五中全会决定成立“防共委员会”，确定了“防共、限共、溶共、反共”的方针。蒋介石还将抗战到底的含义解释为“恢复到卢沟桥事变以前的状态”。这标志着国民党政府逐步转变为消极抗战。

10. 1937年8月，中国共产党在陕北洛川召开的政治局扩大会议上制定了（　　）。

A. 抗日救国十大纲领　　B. 抗日民族统一战线的策略总方针

C. 中国人民对日作战的基本纲领　　D. 持久抗战的总方针

【解析】1937年8月，中国共产党在陕北洛川召开政治局扩大会议，制定了抗日救国十

6C　7D　8B　9D　10A

大纲领，强调要打倒日本帝国主义，关键在于使已经发动的抗战成为全面的全民族的抗战。

11．在抗日战争的战略相持阶段，主要的抗日作战方式是(　　)。

A．敌后游击战争　　B．国民党正面战场

C．共产党正面战场　　D．敌后游击战争和国民党正面战场相结合

【解析】在抗日战争的初期和中期，游击战被提到了战略的地位，具有全局性的意义。在战略防御阶段，从全局看，国民党正面战场的正规战是主要的，敌后的游击战是辅助的。在战略相持阶段，敌后游击战争成为主要的抗日作战方式。日军逐步将主要兵力用于打击敌后战场的人民军队，以保持和巩固其占领地。

12．中国共产党在抗日战争时期实行的土地政策是(　　)。

A．没收地主土地为农民所有　　B．没收一切土地归国有

C．减租减息　　D．没收一切公共土地与地主土地

【解析】减租减息是中国共产党在抗日根据地为适当调节各抗日阶层的利益实行的土地政策。各地抗日民主政权十分重视根据地的经济建设。根据地内停止实行没收地主土地的政策，普遍实行减租减息政策(地租，按原来租额比例，减低25%；战前借贷，以15%为计息标准)，以减轻农民受到的封建剥削，提高其抗日和生产的积极性，同时实行交租交息，以利于联合地主阶级抗日。

13．毛泽东明确提出“马克思主义的中国化”命题是在(　　)。

A．瓦窑堡会议　　B．洛川会议

C．中共六届六中全会　　D．中共七大

【解析】1938年9月至11月，中国共产党在延安举行了扩大的六届六中全会。在这次全会上，毛泽东明确地提出了“马克思主义的中国化”这个命题。

14．通过《关于若干历史问题的决议》的会议是(　　)。

A．瓦窑堡会议　　B．中共六届六中全会

C．中共六届七中全会　　D．中共七大

【解析】1945年4月20日，中共扩大的六届七中全会通过了《关于若干历史问题的决议》，对党的若干重大的历史问题作出结论，使全党尤其是党的高级干部对中国民主革命的基本问题的认识达到在马克思列宁主义基础上的一致。

15．毛泽东思想正式命名并被确定为党的指导思想是在(　　)。

A．中共二大　　B．中共七大

C．中共六届六中全会　　D．中共八大

【解析】1945年4月23日至6月11日，中国共产党第七次全国代表大会在延安举行。七大制定了党的政治路线，即“放手发动群众，壮大人民力量，在我党的领导下，打败日本侵略者，解放全国人民，建立一个新民主主义的中国”，制定了实现政治路线的正确的纲领和策略；七大总结了党的建设的历史经验，把党在长期奋斗中形成的优良传统作风概括为

11A　12C　13C　14C　15B

三大作风，即理论和实践相结合的作风，和人民群众紧密地联系在一起的作风，自我批评的作风；七大将以毛泽东为主要代表的中国共产党人把马克思列宁主义基本原理同中国具体实际相结合所创造的理论成果，正式命名为毛泽东思想，并将毛泽东思想规定为党的一切工作的指针。

16. 抗日战争取得完全胜利的重要标志是(　　)。

A. 《联合国宪章》的签署　　B. 美国向日本投掷两颗原子弹

C. 日本天皇宣布投降　　D. 中国收回台湾以及澎湖列岛

【解析】1945 年 10 月 25 日，中国政府在台湾举行受降仪式。根据《波茨坦公告》，被日本占领 50 年之久的台湾以及澎湖列岛，由中国收回。这成为抗日战争取得完全胜利的重要标志。

17. 1945 年 4 月，联合国制宪会议在美国旧金山举行，包括解放区代表在内的中国代表团出席了会议，其中解放区的代表是(　　)。

A. 董必武　　B. 林伯渠　　C. 周恩来　　D. 朱德

【解析】1945 年 4 月，联合国制宪会议在美国旧金山举行，包括中国解放区代表董必武在内的中国代表团出席了会议。中国成为联合国的创始国和联合国安全理事会五个常任理事国之一。

18. 中国人民抗日战争胜利的决定性因素是(　　)。

A. 中国共产党在全民族抗战中起到中流砥柱的作用

B. 中国人民的民族精神

C. 苏联出兵中国东北

D. 美国向日本投掷两颗原子弹

【解析】1945 年 10 月 25 日，中国政府在台湾举行受降仪式。根据《波茨坦公告》，被日本占领 50 年之久的台湾以及澎湖列岛，由中国收回。这成为抗日战争取得完全胜利的重要标志。中国人民抗日战争的胜利，是近代以来中国抗击外敌入侵的第一次完全胜利。中国人民能够战胜不可一世的日本军国主义、赢得胜利的原因主要有：①以爱国主义为核心的民族精神是中国人民抗日战争胜利的决定因素；②中国共产党的中流砥柱作用是中国人民抗日战争胜利的关键；③全民族抗战是中国人民抗日战争胜利的重要法宝；④中国人民抗日战争的胜利，同世界所有爱好和平和正义的国家和人民、国际组织以及各种反法西斯力量的同情和支持也是分不开的。

二、多项选择题(下列每题给出的四个选项中，至少有两个选项是符合题目要求的)

1. 1941 年 1 月，震惊中外的皖南事变爆发后，《新华日报》刊出周恩来的题词手迹："为江南死国难者志哀！""千古奇冤，江南一叶；同室操戈，相煎何急?!"大敌当前，中国共产党以民族利益为重，坚持正确的方针和原则，避免了抗日民族统一战线的破裂。这些方针和原则包括(　　)。[2010 年考研政治真题]

16D　17A　18B　|　1ABD

A. 又联合又斗争

B. 有理、有利、有节

C. 针锋相对，寸土必争

D. 发展进步势力，争取中间势力，孤立顽固势力

【解析】抗日战争时期，中国共产党处理民族矛盾和阶级矛盾的原则是：阶级矛盾服从于民族矛盾。因此，皖南事变后，为了抗日民族统一战线的坚持、扩大和巩固，中国共产党总结反“摩擦”斗争的经验，制定了“发展进步势力，争取中间势力，孤立顽固势力”的策略总方针。其中，顽固势力是指大地主大资产阶级的抗日派，即以蒋介石集团为代表的国民党亲英美派。他们采取两面政策，既主张抗日，又限共、溶共、反共并摧残进步势力。为此，共产党必须以革命的两面政策来对付他们，即贯彻又联合又斗争的政策，斗争不忘统一，统一不忘斗争，二者不可偏废，而以统一为主。同顽固派作斗争时，应坚持有理、有利、有节的原则。

2. 抗日民主根据地是认真贯彻和实现中国共产党全面抗战路线、坚持抗战和争取胜利的坚强阵地。中国共产党高度重视抗日民主根据地的政权建设，其主要举措有(　　)。[2018年考研政治真题]

A. 在少数民族聚居地区试行民族区域自治

B. 各级抗日民主政权机构领导人通过人民选举产生

C. 实行工农兵代表大会制度

D. 抗日民主政府在工作人员分配上实行“三三制”原则

【解析】ABD三项，中国共产党在抗日民主根据地实行“三三制”的民主政权。“三三制”是指抗日民主政府在工作人员的分配上实行“三三制”原则，即共产党员、非党的左派进步分子、不左不右的中间派各占1/3。抗日民主政权普遍采取民主集中制，努力发扬政治民主，保障人民的民主自由权利。抗日民主政权实行各民族平等团结、共同抗日的基本政策，在少数民族聚居地区实行民族区域自治。C项，工农兵代表大会制度是中国共产党在土地革命时期的制度。

3. 1942年，毛泽东在《整顿党的作风》中指出，我们要的是马克思列宁主义的学风。学风问题主要是指(　　)。[2007年考研政治真题]

A. 对待知识分子的态度问题

B. 领导机关、全体干部、全体党员的思想方法问题

C. 我们对待马克思列宁主义的态度问题

D. 全党同志的工作态度问题

【解析】1941年毛泽东在延安干部会上作了《改造我们的学习》的报告，标志着以反对主观主义以整顿学风、反对宗派主义以整顿党风、反对党八股以整顿文风为主题的整风运动开始。其中，学风问题，实质上是思想方法问题，也是对待马列主义的态度问题，落实到工作上就是工作态度问题。毛泽东在《整顿党的作风》中明确指出：“学风问题是领导机关、

2ABD　3BCD

全体干部、全体党员的思想方法问题，是我们对待马克思列宁主义的态度问题，是全党同志的工作态度问题。”

4. 延安整风运动是一场伟大的思想解放运动。这一运动最主要的任务是反对主观主义。主观主义的主要表现形式为(　　)。[2011 年考研政治真题]

A. 教条主义　　B. 形式主义　　C. 经验主义　　D. 宗派主义

【解析】主观主义的实质是理论脱离实际，颠倒了认识和实践的关系，是实际工作中的唯心主义。当时它的主要表现形式是教条主义和经验主义，尤其是教条主义。这是中国共产党内反复出现“左”、右倾错误的思想认识根源。

5. 钓鱼岛及其附属岛屿是中国领土不可分割的一部分。中国最早发现、命名、利用和管辖钓鱼岛。1895 年，清朝在甲午战争中战败，被迫与日本签署不平等的《马关条约》，割让“台湾全岛及所有附属各岛屿”。钓鱼岛等作为台湾“附属岛屿”一并被割让给日本。1941 年 12 月，中国政府正式对日宣战，宣布废除中日之间的一切条约。日本投降后，依据有关国际文件规定，钓鱼岛作为台湾的附属岛屿应与台湾一并归还中国。这些国际文件是(　　)。[2014 年考研政治真题]

A.《波茨坦公告》　B.《开罗宣言》　C.《日本投降书》　D.《德黑兰宣言》

【解析】AB 两项，1941 年 12 月，中国政府正式对日宣战，宣布废除中日之间的一切条约。1943 年 12 月《开罗宣言》明文规定，“日本所窃取于中国之领土，例如，东北四省、台湾、澎湖群岛等，归还中华民国。其他日本以武力或贪欲所攫取之土地，亦务将日本驱逐出境”。1945 年 7 月《波茨坦公告》第八条规定：“《开罗宣言》之条件必将实施，而日本之主权必将限于本州、北海道、九州、四国及吾人所决定之其他小岛”。C 项，1945 年 9 月 2 日，日本政府在《日本投降书》中明确接受《波茨坦公告》，并承诺忠诚履行《波茨坦公告》各项规定。依据《开罗宣言》《波茨坦公告》和《日本投降书》，钓鱼岛作为台湾的附属岛屿应与台湾一并归还中国。D 项，1943 年苏、美、英三国首脑在德黑兰会议结束时发表宣言，它规定盟国在西欧开辟第二战场，实行“霸王战役”计划，发动“诺曼底登陆”的时间，与钓鱼岛问题无关。

6. 抗日战争是近代以来中华民族反抗外敌入侵第一次取得完全胜利的民族解放战争。中国赢得抗日战争胜利的主要原因是(　　)。[2013 年考研政治真题]

A. 中国的国力空前强大

B. 中国共产党发挥了中流砥柱的作用

C. 得到国际反法西斯力量的同情和支持

D. 中国实现了空前的民族觉醒和民族团结

【解析】中国人民抗日战争，是近代以来中华民族反抗外敌入侵第一次取得完全胜利的民族解放战争，是 20 世纪中国和人类历史上的重大事件，具有重要历史意义。中国人民抗日战争胜利的主要原因有：①中国共产党在全民族抗战中起到了中流砥柱的作用；②以爱国主义为核心的伟大民族精神是中国人民抗日战争胜利的决定性因素；③中国人民抗日战

4AC　5ABC　6BCD

争的胜利，同世界所有爱好和平和正义的国家和人民、国际组织以及各种反法西斯力量的同情和支持也是分不开的；④全民族抗战是中国人民抗日战争胜利的重要法宝，中国实现了空前的民族觉醒和民族团结。

7. 以国共两党合作为基础的抗日民族统一战线正式形成的标志为(　　)。

A. 西安事变的和平解决

B. 国民党中央通讯社正式发表《中共中央为公布国共合作宣言》

C. 蒋介石在庐山发表谈话承认中国共产党的合法地位

D. 国民党五届三中全会

【解析】1937 年 9 月 22 日，国民党中央通讯社发表《中共中央为公布国共合作宣言》；23 日，蒋介石发表实际承认共产党合法地位的谈话。以国共两党第二次合作为基础的抗日民族统一战线正式形成。

8. 为了抗日民族统一战线的坚持、扩大和巩固，中国共产党制定了“发展进步势力，争取中间势力，孤立顽固势力”的策略总方针。中间势力主要是指民族资产阶级、开明绅士和地方实力派。争取中间势力需要一定的条件，主要有(　　)。

A. 共产党要有充足的力量

B. 尊重他们的利益

C. 放手发动人民群众主要是农民群众

D. 要同顽固派作坚决的斗争，并能一步一步地取得胜利

【解析】为了抗日民族统一战线的坚持、扩大和巩固，中国共产党总结反“摩擦”斗争的经验，制定了“发展进步势力，争取中间势力，孤立顽固势力”的策略总方针。中间势力主要是指民族资产阶级、开明绅士和地方实力派。争取中间势力需要一定的条件：①共产党要有充足的力量；②尊重他们的利益；③要同顽固派作坚决的斗争，并能一步一步地取得胜利。

9. 抗日民主根据地建设包括(　　)。

A. 民主政权建设　　B. 军队战斗力建设

C. 减租减息　　D. 文化建设

【解析】抗日民主根据地是认真贯彻和实现中国共产党全面抗战路线、坚持抗战和争取胜利的坚强阵地。抗日民主根据地的建设主要包括以下几个方面：①三三制的民主政权建设。加强政权建设，是抗日根据地建设的首要的、根本的任务。②减租减息，发展生产。③文化建设与干部教育。

10. 整风运动的意义有(　　)。

A. 它是一场全党范围的集中的普遍的马克思主义思想教育运动

B. 它是一场伟大的思想解放运动

C. 实事求是的马克思主义思想路线，在全党范围确立起来了

7BC　8ABD　9ACD　10ABCD

D. 增强了运用马克思主义基本原理解决中国革命实际问题的自觉性和能力

【解析】在整风运动中，全党党员，特别是党的高级干部，认真学习马克思主义著作和党的整风运动文献，联系党的历史，联系个人的思想实际和工作实际，开展批评与自我批评，端正了思想路线，增强了运用马克思主义的立场、观点、方法解决中国革命实际问题的自觉性和能力。整风运动是一场伟大的思想解放运动。一切从实际出发、理论联系实际、实事求是的马克思主义思想路线，在全党范围确立了起来。

11. 中国人民抗日战争，是近代以来中华民族反抗外敌入侵第一次取得完全胜利的民族解放战争，其历史意义有(　　)。

A. 捍卫了中国的国家主权和领土完整

B. 促进了中华民族的觉醒，使中国人民在精神上、组织上的进步达到了前所未有的高度

C. 促进了中华民族的大团结，弘扬了中华民族的伟大精神

D. 对世界各国夺取反法西斯战争的胜利、维护世界和平的伟大事业产生了巨大影响

【解析】中国人民抗日战争是20世纪中国和人类历史上的重大事件，为中华民族由近代以来陷入深重危机走向伟大复兴确立了历史转折点。其历史意义包括：①中国人民抗日战争的胜利，彻底粉碎了日本军国主义殖民奴役中国的图谋，捍卫了中国的国家主权和领土完整；②中国人民抗日战争的胜利，促进了中华民族的大团结，弘扬了中华民族的伟大精神；③中国人民抗日战争的胜利，对世界各国夺取反法西斯战争的胜利、维护世界和平的伟大事业产生了巨大影响；④中国人民抗日战争的胜利，促进了中华民族的觉醒，使中国人民在精神上、组织上的进步达到了前所未有的高度。

三、简答题

1. 简述西安事变及其和平解决的意义。

答：西安事变(又称“双十二事变”)是指在1936年12月12日，张学良和杨虎城为了达到劝谏蒋介石改变“攘外必先安内”的既定国策，停止内战，一致抗日的目的，在西安对蒋介石发动的“兵谏”事件。

(1)西安事变的经过

①蒋介石虽然调整了内外政策，但依旧敌视共产党。1936年12月初，蒋介石飞抵西安，逼迫张学良、杨虎城攻打陕甘地区的红军。12日凌晨，张学良、杨虎城在对蒋介石“哭谏”无效的情况下，毅然实行“兵谏”，扣留了蒋介石，提出了改组南京政府、停止一切内战和召开救国会议等八项主张。

②中国共产党审时度势，从民族利益出发，确定促成事变和平解决的基本方针，并派周恩来等组成中共代表团赴西安谈判，经过与张、杨以及南京方面代表宋美龄、宋子文的和平谈判，最终迫使蒋介石作出了停止“剿共”等六项承诺。

(2)西安事变和平解决的意义

①西安事变的和平解决成为时局转换的枢纽，十年内战的局面由此结束，国内和平基

11ABCD

本实现。

②西安事变也是中国共产党抗日民族统一战线策略和逼蒋抗日方针的重大胜利，为国共两党的合作抗日创造了有利条件。

2. 简述抗日民族统一战线的特点。

答：1937年9月22日，国民党中央通讯社发表《中共中央为公布国共合作宣言》；23日，蒋介石发表实际承认共产党合法地位的谈话。以国共两党第二次合作为基础的抗日民族统一战线正式形成。与第一次国共合作的国民革命统一战线相比较，第二次国共合作的抗日民族统一战线具有以下新的特点：

(1)广泛的民族性和复杂的阶级矛盾。抗日民族统一战线不仅包括工人、农民、小资产阶级、民族资产阶级，还包括以国民党蒋介石为代表的亲英美派大地主大资产阶级。同时，阶级成分的复杂和利益的差异，决定了抗日民族统一战线内部存在着复杂的矛盾和斗争。

(2)国共双方有政权有军队的合作。国民党领导全国政权和军队，共产党领导局部政权和军队。

(3)没有正式的固定的组织形式和协商一致的具体的共同纲领。国共两党只能采取临时协商的特殊形式解决问题。

3. 简述中国共产党巩固抗日民族统一战线的策略总方针。

答：为了坚持、扩大和巩固抗日民族统一战线，中国共产党制定了“发展进步势力，争取中间势力，孤立顽固势力”的策略总方针。

(1)进步势力

进步势力主要是指工人、农民和城市小资产阶级，他们是统一战线的基础，抗日战争的主要依靠力量。为了发展进步势力，就要冲破国民党的限制和束缚，放手发动人民群众主要是农民群众，发展全国民众的抗日运动。这是整个策略的中心环节。

(2)中间势力

中间势力主要是指民族资产阶级、开明绅士和地方实力派。争取中间势力是党领导抗日民族统一战线十分重要的任务，争取中间势力需要一定的条件：①共产党要有充足的力量；②尊重他们的利益；③要同顽固派作坚决的斗争，并能一步一步地取得胜利。

(3)顽固势力

顽固势力是指大地主大资产阶级的抗日派，即以蒋介石集团为代表的国民党亲英美派。他们采取两面政策，既主张抗日，又限共、溶共、反共并摧残进步势力。为此，共产党必须以革命的两面政策来对付他们，即贯彻又联合又斗争的政策，斗争不忘统一，统一不忘斗争，二者不可偏废，而以统一为主。同顽固派作斗争时，应坚持有理、有利、有节的原则。

上述原则和方针的提出和贯彻实施，对于坚持全民族抗战到底，具有十分重大的意义。

4. 简述新民主主义革命的基本纲领。

答：新民主主义革命的基本纲领主要包括：

(1)政治上

推翻帝国主义和封建主义的压迫，建立一个以无产阶级为领导、以工农联盟为基础的各革命阶级联合专政的新民主主义共和国。

(2)经济上

①没收操纵国计民生的大银行、大工业、大商业归新民主主义国家所有，建立国营经济；

②没收地主阶级的土地归农民所有，并引导个体农民发展合作经济；

③允许民族资本主义经济的发展和富农经济的存在。

(3)文化上

废除封建买办文化，发展无产阶级领导的人民大众的反帝反封建的中华民族的新文化，即民族的科学的大众的文化。

四、论述题

1. 试述中国共产党全面抗战路线和持久抗战方针的主要内容。

答：中国共产党全面抗战路线和持久抗战方针的主要内容如下：

(1)全面抗战路线

①实行全面的全民族的抗战。与国民党实行的片面抗战路线不同，中国共产党一开始就主张实行人民战争的全面抗战路线。1937 年 8 月，中国共产党在陕北洛川召开政治局扩大会议，制定了抗日救国十大纲领，强调要打倒日本帝国主义，关键在于使已经发动的抗战成为全面的全民族的抗战。

②把工作的重点放在敌后农村。在中国，农民是人民群众的主体。进行人民战争，首先和主要的，就是要发动和组织广大的农民，深入敌后，开展游击战争和群众工作，创建抗日民主政权，逐步把落后的农村建设成为先进的革命阵地。中国共产党把工作的重点放在敌后农村，在新的抗日民族解放战争条件下，继续走农村包围城市的道路。

(2)持久抗战方针

①1938 年，毛泽东发表了《论持久战》等著作，及时、科学地回答了“战争的基本走势究竟怎样？应当坚持什么样的战略方针？”这些重大问题，系统阐明了持久抗战的总方针。

②毛泽东科学地预测了抗日战争将经过战略防御、战略相持、战略反攻三个阶段。其中，战略相持阶段，是中国抗日战争能否取得最后胜利的最关键的阶段。只要坚持持久抗战、坚持抗日民族统一战线，中国将在这个阶段中获得转弱为强的力量。

2. 试述毛泽东对新民主主义理论的系统阐述及其意义。

答：(1)毛泽东对新民主主义理论的系统阐述

①论述了中国共产党领导的整个中国革命运动

毛泽东揭示了中国半殖民地半封建社会的性质和主要特征，近代中国社会的主要矛盾和中国革命发生及发展的原因。在此基础上，他阐明了中国共产党领导的整个中国革命运动，是包括民主主义革命和社会主义革命两个阶段在内的全部革命运动。而 1919 年五四运动以后的中国民主革命，已经是无产阶级领导的人民大众的反帝反封建的新民主主义革命。它的前途是社会主义。

②阐明了中国共产党在新民主主义革命阶段的基本纲领

a. 政治上，推翻帝国主义和封建主义的压迫，建立一个以无产阶级为领导、以工农联盟为基础的各革命阶级联合专政的新民主主义共和国。

b. 经济上，没收操纵国计民生的大银行、大工业、大商业归新民主主义国家所有，建立国营经济；没收地主阶级的土地归农民所有，并引导个体农民发展合作经济；允许民族资本主义经济的发展和富农经济的存在。

c. 文化上，废除封建买办文化，发展无产阶级领导的人民大众的反帝反封建的中华民族的新文化，即民族的科学的大众的文化。

③总结了中国共产党成立以来的经验

毛泽东指出统一战线、武装斗争、党的建设，是中国共产党领导革命的三个基本问题，是战胜敌人的三个法宝。

(2)新民主主义理论提出的意义

新民主主义理论是以毛泽东为主要代表的中国共产党人把马克思主义基本原理同中国革命具体实际相结合的理论成果。新民主主义理论的系统阐明，标志着毛泽东思想得到多方面展开而达到成熟。

3. 试述中国人民抗日战争胜利的原因。

答：中国人民抗日战争的胜利，是近代以来中国抗击外敌入侵的第一次完全胜利。中国人民抗日战争胜利的原因主要包括以下几点：

(1)以爱国主义为核心的伟大民族精神是中国人民抗日战争胜利的决定因素。

在抗日战争时期，这种民族觉醒和民族精神升华达到了全新的高度，形成了伟大的抗战精神，中国人民向世界展示了天下兴亡、匹夫有责的爱国情怀，视死如归、宁死不屈的民族气节，坚忍不拔的必胜信念。全体中华儿女众志成城、共御外侮，为民族而战，为祖国而战，为尊严而战，汇聚起气势磅礴的力量。

(2)中国共产党的中流砥柱作用是中国人民抗日战争胜利的关键。

在抗日战争中，中国共产党坚持全面抗战路线，制定正确战略策略，开辟广大敌后战场，成为坚持抗战的中坚力量；中国共产党人以自己的政治主张、坚定意志、模范行动，支撑起全民族救亡图存的希望，引领着夺取战争胜利的正确方向，成为夺取战争胜利的民族先锋。

(3)全民族抗战是中国人民抗日战争胜利的重要法宝。

中国共产党领导开辟的敌后战场和国民党指挥的正面战场协力合作，形成了共同抗击日本侵略者的战略局面。中国共产党坚持动员人民、依靠人民，提出和实施持久战的战略总方针和一整套人民战争的战略战术，广泛开展伏击战、破袭战、地雷战、地道战和麻雀战等游击战的战术战法，使日本侵略者陷入了人民战争的汪洋大海之中。

(4)世界所有爱好和平和正义的国家和人民、国际组织以及各种反法西斯力量的同情和支持，是中国人民抗日战争取得胜利的国际条件。

苏联、美国、英国等反法西斯盟国为中国人民提供了宝贵的人力物力支持。朝鲜、越南、加拿大等国的反法西斯战士直接参加了中国人民抗日战争。

4. 试述中国人民抗日战争胜利的意义。

答：参见本章课后习题第4题答案。

五、材料分析题(要求结合所学知识分析材料回答问题)

1. 结合材料回答问题:

材料1

我们的学风还有些不正的地方，我们的党风还有些不正的地方，我们的文风也有些不正的地方。所谓学风有些不正，就是说有主观主义的毛病。所谓党风有些不正，就是说有宗派主义的毛病。所谓文风有些不正，就是说有党八股的毛病。这些作风不正，并不像冬天刮的北风那样，满天都是。主观主义、宗派主义、党八股，现在已不是占统治地位的作风了，这不过是一股逆风，一股歪风，是从防空洞里跑出来的。(笑声)但是我们党内还有这样的一种风，是不好的。我们要把产生这种歪风的洞塞死。我们全党都要来做这个塞洞工作，我们党校也要做这个工作。主观主义、宗派主义、党八股，这三股歪风，有它们的历史根源，现在虽然不是占全党统治地位的东西，但是它们还在经常作怪，还在袭击我们，因此，有加以抵制之必要，有加以研究分析说明之必要。

——毛泽东:《整顿党的作风》(1942年2月1日)

材料2

对于中国和外国过去时代所遗留下来的丰富的文学艺术遗产和优良的文学艺术传统，我们是要继承的，但是目的仍然是为了人民大众。对于过去时代的文艺形式，我们也并不拒绝利用，但这些旧形式到了我们手里，给了改造，加进了新内容，也就变成革命的为人民服务的东西了。那么，什么是人民大众呢?最广大的人民，占全人口百分之九十以上的人民，是工人、农民、兵士和城市小资产阶级。所以我们的文艺，第一是为工人的，这是领导革命的阶级。第二是为农民的，他们是革命中最广大最坚决的同盟军。第三是为武装起来了的工人农民即八路军、新四军和其他人民武装队伍的，这是革命战争的主力。第四是为城市小资产阶级劳动群众和知识分子的，他们也是革命的同盟者，他们是能够长期地和我们合作的。这四种人，就是中华民族的最大部分，就是最广大的人民大众。

——毛泽东:在延安文艺座谈会上的讲话(1942年5月)

材料3

广大文艺工作者要大力弘扬中国特色社会主义共同理想，发扬以爱国主义为核心的民族精神和以改革创新为核心的时代精神，礼赞高尚道德情操，鼓励一切有利于国家统一、民族团结、经济发展、社会进步的思想道德，推动建设中华民族共有精神家园。要以国家发展和民族进步为念，把艺术创作融入改革开放和社会主义现代化建设伟大实践，以充沛的激情、生动的笔触、优美的旋律、感人的形象，反映国家发展、社会进步、人民创造，奏响时代主旋律。要增强社会责任感，始终把社会效益放在首位，提倡文以载道、以文化人，弘扬真善美，贬斥假恶丑，更好发挥文化引领风尚、教育人民、服务社会、推动发展的作用。

希望广大文艺工作者始终坚持以人为本，更加自觉、更加主动地承担起为人民抒写、为人民放歌的历史责任。人民是真正的英雄，人民是历史创造者。一切进步的文艺创作都源于人民、为了人民、属于人民，一切进步的文艺工作者的艺术生命都源于同人民群众的血肉联系。只有把人民放在心中最高位置，永远同人民在一起，坚持以人民为中心的创作导向，艺术之树才能常青。

——胡锦涛:在中国文联第九次全国代表大会、中国作协第八次全国代表大会上的讲

话(2011 年 11 月 22 日)

(1)结合材料分析延安整风运动的内容和意义。

(2)结合材料分析文艺如何为人民服务。

【参考答案】

(1)结合材料分析延安整风运动的内容和意义。

答：1941 年 5 月，毛泽东作了《改造我们的学习》的报告。整风运动首先在党的高级干部中进行。1942 年 2 月，毛泽东先后作了《整顿党的作风》和《反对党八股》的讲演，整风运动在全党范围普遍展开。

①整风运动的主要内容

a. 反对主观主义以整顿学风、反对宗派主义以整顿党风、反对党八股以整顿文风。其中，反对主观主义是整风运动最主要的任务。主观主义的主要表现形式是教条主义和经验主义，尤其是教条主义，这是中国共产党内反复出现"左"、右倾错误的思想认识根源。

b. 克服主观主义，必须以科学的态度对待马克思主义，必须发扬理论联系实际的马克思主义的学风，一切从实际出发，实事求是。实事求是成为中国共产党唯物主义思想路线的通俗而又生动的表述。

c. 调查研究是把理论和实际结合起来不可或缺的中间环节。毛泽东强调，加强调查研究是转变党的作风的基础一环。调查研究作为中国共产党的一项重要的工作制度随后被确立起来。

②整风运动的意义

a. 在整风运动中，全党党员，特别是党的高级干部，认真学习马克思主义著作和党的整风运动文献，联系党的历史，联系个人的思想实际和工作实际，开展批评与自我批评，端正了思想路线，增强了运用马克思主义的立场、观点、方法解决中国革命实际问题的自觉性和能力。

b. 整风运动是一场伟大的思想解放运动。一切从实际出发、理论联系实际、实事求是的马克思主义思想路线，在全党范围确立了起来。

(2)结合材料分析文艺如何为人民服务。

答：要使得文艺为人民服务，应该做到：

①早在 20 世纪初，列宁就指出，无产阶级文艺应当"为千千万万劳动人民"服务。1942 年 5 月，毛泽东在延安文艺座谈会上指出，我们的文艺是"为人民大众服务"的，第一是为工人，第二是为农民，第三是为人民武装，第四是为城市小资产阶级劳动群众和知识分子。在讲话精神的鼓舞下，革命的文艺工作者深入实际、深入群众，创作了一大批人民大众喜闻乐见的优秀作品。

②中华人民共和国成立以来，中国共产党多次强调指出，文艺要努力为一切拥护和参加社会主义革命和建设的广大人民群众服务，要努力促进社会主义革命和建设的伟大事业。文艺是整个无产阶级解放事业的重要组成部分。为人民服务，是一切革命工作的唯一宗旨。

③文艺能够培养社会主义新人，促进社会主义社会的进一步完善和发展，提高人民的社会觉悟和共产主义的道德风尚，满足人民日益增长的文化需要，帮助人民认识和克服社

会主义现代化进程中的障碍，振奋人们的斗志，鼓舞人们同心同德地投身于社会主义现代化的伟大事业。

④历史上，无产阶级的革命文艺密切配合了长期的革命斗争和社会主义建设，产生了不少优秀的文艺作品，发挥了教育人民，打击敌人的战斗作用。

2.《中国共产党章程》明确指出："中国共产党是中国工人阶级的先锋队，同时是中国人民和中华民族的先锋队"。

请结合抗日民族统一战线的建立与发展，分析中国共产党既是中国工人阶级先锋队又是中国人民和中华民族的先锋队。

【参考答案】

请结合抗日民族统一战线的建立与发展，分析中国共产党既是中国工人阶级先锋队又是中国人民和中华民族的先锋队。

答：抗日民族统一战线的建立与发展，是用实践证明了中国共产党既是中国工人阶级先锋队又是中国人民和中华民族的先锋队。具体分析如下：

(1)中国共产党是中国工人阶级的先锋队，表明了党的鲜明的阶级性。

①中国共产党是以工人阶级为基础的，由工人阶级的先进分子组成的政党。

②中国共产党是以先进理论，即以马克思列宁主义、毛泽东思想等武装起来的工人阶级政党。

③中国共产党是按照民主集中制的根本原则建立的工人阶级政党。

(2)中国共产党同时是中国人民和中华民族的先锋队，强调了党的广泛的群众性。中国共产党不仅仅代表工人阶级和劳动人民的利益，同时也代表整个中华民族的利益。抗日民族统一战线的建立证明了这个观点。

①1931 年"九一八事变"后，民族矛盾成为主要矛盾，民族资产阶级的政治态度发生重大变化，中国共产党根据国内阶级关系的新变化，调整了与民族资产阶级的关系，并采取积极措施，多方推进抗日民族统一战线的建立。1932 年 4 月 15 日，中华苏维埃共和国临时中央政府宣布对日作战。中国共产党不仅积极参加和推动各地的抗日救亡运动，而且直接领导了东北人民的抗日武装斗争。

②1935 年 12 月，中共瓦窑堡会议及会后毛泽东作的《论反对日本帝国主义的策略》，阐述了建立抗日民族统一战线的必要性和可能性，强调在警惕右倾投降主义倾向的同时，着重克服"左"倾关门主义倾向，圆满地解决了党的政治路线问题。毛泽东在会上的讲话中提到，中国共产党是中国工人阶级的先锋队，同时又是全民族的先锋队。会后，党将建立"工农共和国"的口号改为"人民共和国"的口号，后又改变为"民主共和国"的口号。中国共产党对以蒋介石为代表的国民党政府的策略亦由"九一八"事变后的"反蒋抗日"到 1936 年 5 月改为"逼蒋抗日"，再到西安事变后改为"联蒋抗日"。

③1937 年 2 月 10 日中共中央正式致电国民党，提出团结抗日的四大保证：

a. 停止武装攻击国民政府；

b. 撤销苏维埃政府与红军，改为特区政府与国民革命军；

c. 在特区实施民主选举；

d. 停止土改政策。

抗日民族统一战线正式建立后，中国共产党立即兑现了四点保证，西北办事处改为陕甘宁边区，在边区实行"三三制"政权，实行减租减息政策，红军改为八路军、新四军。

综上所述，面对民族危亡，中国共产党不计前嫌，以民族大义为重，为建立抗日民族统一战线作出了重大的贡献。因此，中国共产党不仅是中国工人阶级的先锋队，而且也是中国人民和中华民族的先锋队。

3. 结合材料回答问题：

材料 1

日本奉行大陆政策，有悖于正常的国际关系准则，理不直、气不壮，需要披上一件虚伪的外衣以掩人耳目，渲染"中国威胁论"就是其主要手段。1882 年，山县有朋提出，日本不存在欧洲国家入侵的可能性，中国才是日本的"外患"。他在给天皇的奏折《进邻邦兵备表》中，编造出中国将在数年后"称霸于世界"的神话。于是乎，"中国好战说""中日必有一战说"等论调一时间甚嚣尘上，似乎为以中国为假想敌找到了理由和依据。

事实上，日本多数政要心知肚明，"中国威胁论"不过是一种说辞和渲染，是政治家为了对内进行军事动员，对外欺骗舆论而玩弄的手腕。他们并不相信子虚乌有的"中国威胁"。日本的大陆政策也不是建立在中国的强大之上，而恰恰相反是建立在中国的虚弱之上的。时任外务卿井上馨就曾讲得十分明白："中国之不足惧，人人皆知，无须多论"。热衷于鼓吹"中国威胁论"的山县有朋渲染中国威胁，不过是给日本的大陆政策蒙上一层遮羞布罢了。日本军国主义的大陆政策才是导致甲午战争的真正根源，日本对中国的侵略扩张才是甲午战争的性质所在。

日本右翼势力很清楚大陆政策的历史延续性，从大陆政策到"大亚细亚主义"，再到"大东亚共荣论"，无一不是军国主义为发动侵略战争所制造的理论，而且其阴魂至今不散，故而他们对此讳莫如深。而对于善良的人们来说，回顾甲午战争的历史，认清日本大陆政策的来龙去脉则具有十分现实的意义。

——《驳日本右翼对甲午战争历史的歪曲》，原载《人民日报》

材料 2

在荆棘丛生的道路上，中华民族艰难前行。经过辛亥革命和五四新文化运动的洗礼，随着马克思主义在中国的广泛传播，中华民族开始觉醒，特别是中国共产党登上政治舞台，开辟了中国历史的新纪元。正因为这种深刻变化，当日本帝国主义发动全面侵华战争的时候，才吃惊地发现，他们所面对的，已不是甲午战争时的中国，不是八国联军入侵时的中国，也不是他们逼迫袁世凯签订二十一条时的中国了。正如毛泽东在《论持久战》中指出的那样："中日战争不是任何别的战争，乃是半殖民地半封建的中国和帝国主义日本之间在二十世纪三十年代进行的一个决死的战争。"觉醒起来的中华民族，有勇气有力量同强大的日本帝国主义进行一场"决死的战争"。当时的一篇文章有这样的描述："在中国广大的地域上，正展开着抵抗暴日侵略的伟大民族解放战争。数百万的将士和武装民众置身炮火，视死如归；千万的难民流离道路，无所怨咒；数万万的后方人民，忍受一切痛苦，共赴国难"。中华民族的觉醒达到了空前的程度，这正是抗战精神得以产生的深刻背景和深厚源泉。

——人民日报特约评论员：《论伟大的抗战精神》，新华网

(1)结合材料分析甲午战争失败和抗日战争胜利的原因。
(2)结合材料分析日本宣传中国威胁论的原因和危害。

【参考答案】

(1)结合材料分析甲午战争失败和抗日战争胜利的原因。

答：甲午战争是19世纪末日本侵略中国的战争；抗日战争是指20世纪中期第二次世界大战中，中国抵抗日本侵略的一场民族性的全面战争。在前一场战争中，中国战败了；而在后一场战争中，中国取得了胜利。其原因具体分析如下：

①甲午中日战争失败的原因

a. 社会制度的腐败是甲午战争失败的根本原因。材料中提到，日本的侵略政策不是建立在中国的强大之上，而恰恰相反是建立在中国的虚弱之上的。统治中国的清王朝，从皇帝到权贵，大都昏庸愚昧，不了解世界大势，不懂得御敌之策，并且常常压制与破坏人民群众和爱国官兵的反侵略斗争。正是腐败的社会制度，阻碍了中国人民群众的广泛动员和组织，也给了帝国主义侵略的机会，这是近代中国反侵略战争屡遭失败的最重要的原因。

b. 经济技术的落后是甲午战争失败的另一个重要原因。甲午中日战争时的中国，不仅武器装备等落后，而且反动统治阶级实行错误的方针、政策，并压制人民群众的动员。所以，中国的反侵略战争一再遭到失败。

②抗日战争的胜利的原因

a. 以爱国主义为核心的伟大民族精神是中国人民抗日战争胜利的决定因素。

b. 中国共产党在全民族抗战中的中流砥柱的作用是中国人民抗日战争胜利的关键。

c. 全民族抗战是中国人民抗日战争胜利的重要法宝。

d. 中国人民抗日战争的胜利，同世界所有爱好和平和正义的国家和人民、国际组织以及各种反法西斯力量的同情和支持也是分不开的。

(2)结合材料分析日本宣传中国威胁论的原因和危害。

答：中国威胁论不过是西方国家侵略中国、遏制中国的一种借口和工具。

①日本宣传中国威胁论的原因

甲午战争之前，日本就以中国威胁为借口，发动了侵华战争。现在，日本重提中国威胁论，主要是有些人对中国抱有偏见，不愿意看到中国发展壮大，试图通过"抹黑"来给中国的发展制造麻烦。

②日本宣传中国威胁论的危害

a. 损害中日政治关系。日本趁着美国的战略东移，极力渲染中国军事威胁，鼓吹强化日美安保同盟关系，加紧落实海上对华军事遏制措施，这使得两国之间的矛盾进一步加剧。

b. 不利于亚太地区的和平与稳定。日本借口维护国家安全正在逐步背离战后和平发展的道路。近年来，日本加快军事力量的发展，海上自卫队的发展尤为迅猛，而日本与周边国家的领土争端更加成为导致地区不稳定的重要因素。

c. 损害中国国家与人民形象，恶化国内投资环境，影响经济社会的协调发展。目前国家硬实力只是衡量国家实力的一部分，软实力在国际社会中也发挥着越来越重要的作用。中国威胁论被大肆渲染，使得部分国家丧失对中国的信任，增加了它们与中国合作的忧虑。

第七章 为建立新中国而奋斗

7.1 复习指南

【视频导学(名师点拨)】

为建立新中国而奋斗

扫码看视频导学

【知识框架(庖丁解牛)】

为建立新中国而奋斗
- 从争取和平民主到击退国民党的军事进攻
  - 中国共产党争取和平民主的斗争
  - 国民党发动全面内战和解放区军民的坚决反击
- 全国解放战争的发展和第二条战线的形成
  - 解放战争的胜利发展
    - 人民解放军转入战略进攻
    - 提出“打倒蒋介石，解放全中国”的口号
  - 解放区的土地改革运动与农民的广泛发动
  - 第二条战线的形成和发展
    - 国民党统治区的政治经济危机
    - 学生运动的高涨
    - 人民民主运动的发展
- 中国共产党与民主党派的团结合作
  - 各民主党派的历史发展
  - 中国共产党与民主党派的合作
  - 中国共产党领导的多党合作和政治协商格局的形成
- 建立人民民主专政的新中国
  - 南京国民党政权的覆灭
    - 辽沈、淮海、平津三大战役
    - 人民解放军向全国进军
  - 人民政协与《共同纲领》
  - 中国革命胜利的原因、意义和基本经验

【通关提要(提纲挈领)】

本章主要讲述了共产党领导的解放战争以及取得胜利这一过程中的重大历史事件。本章需要着重把握重庆谈判和政治协商会议，了解解放战争的过程，尤其要明确解放区的土地改革、国统区的第二条战线、中国共产党领导的多党合作以及中华人民共和国的成立这些重点事件，然后充分汲取中国革命胜利的原因和基本经验。从历年考研真题来看，本章

知识点的考题比例较高，各种题型都有涉及。

7.2 课后习题详解

1. 抗日战争胜利后，国民党政府为什么会陷入全民的包围中并迅速走向崩溃？

答：抗日战胜利后，国民党政府陷入全民的包围并迅速走向崩溃的原因有：

(1)国民党政府实行专制独裁统治，官员们贪污腐化，在抗战后期就严重丧失民心。抗战胜利之际，国民党政府所派官员“劫收”沦陷区，进一步丧失人心。

(2)国民党政府在抗战胜利后违背全国人民迫切要求休养生息、和平建国的意愿，执行反人民的内战政策。为了筹措内战经费，向人民征收各种捐税，滥发纸币，导致恶性通货膨胀，工农业生产严重萎缩，人民生活困苦。

(3)代表大地主、大资产阶级利益的国民党政府在抗战胜利后，拒绝全国人民要和平、要民主、要自由的愿望，仍然继续并加强独裁统治。因此，国民党政府置自身于人民的对立面，丧失了人心，激起了全国人民的反抗，从而陷入了全国的包围之中，并迅速走向崩溃。

2. 如何认识民主党派的历史作用？中国共产党领导的多党合作、政治协商的格局是怎样形成的？

答：(1)民主党派的历史作用

中国各民主党派的政纲不尽相同，但都主张爱国、反对卖国，主张民主、反对独裁。在抗战中，他们对反抗日本帝国主义的侵略，特别是文化侵略，对国统区抗日民主运动的发展都起了积极作用。抗战胜利后，民主党派作为“第三方面”，主要与共产党一起，反对国民党的内战、独裁政策，为和平民主而奔走呼号，虽然有些党派后来跟着国民党走，但民盟等大多数民主党派人士是反对国民党一党独裁的，并与共产党一起为和平、民主、自由而斗争。此外，他们还积极参加和支持国民党统治区的爱国民主运动，有力地支援第二条战线的斗争。特别是在新中国成立前，同意接受共产党领导，参加人民政协，为新中国的成立和新民主主义革命的胜利做出了自己的贡献。

(2)中国共产党领导的多党合作、政治协商格局的形成

①各民主党派成立时，大多数同中国共产党建立了不同程度的合作关系，并且在斗争实践中逐步地发展了这种关系。无论是在举行国共谈判、召开政协会议期间，还是在解放战争的进行过程中，中国共产党都及时向各民主党派通报情况，认真听取它们的意见，并就一些重大问题同它们进行协商，以便采取一致行动。中共一贯鼓励和支持各民主党派反对国民党独裁统治的斗争。同时，又十分注意尊重和维护其应有的政治地位和合理的利益。对于它们的某些不妥当的意见，则善意地提出批评，诚恳地帮助其进步。这使得中共与民主党派的关系更加融洽，合作方式不断发展、完善。

②国民党政府坚持一党独裁，迫害民主党派进步人士，使得民主党派逐步转移到新民主主义革命的立场上，特别是 1948 年 1 月民盟公开表示与共产党携手合作。1949 年 1 月民主党派和无党派民主人士联合发表《对时局的意见》，表示愿意接受中国共产党的领导，拥

护建立人民民主的新中国。

③中国共产党也邀请各民主党派“积极参政，共同建设新中国”，1949年9月，各民主党派积极参加了中国人民政治协商会议。这标志着各民主党派正式接受了中国共产党领导，确认了社会主义的正确性。各民主党派也由在野党变成了人民民主专政的参政党，中国共产党领导的多党合作、政治协商制度在此基础上也基本形成。

3. 为什么说“没有共产党就没有新中国”？中国共产党领导中国革命取得胜利的基本经验是什么？

答：(1)“没有共产党就没有新中国”的主要原因

①中国共产党作为工人阶级的政党，不仅代表着中国工人阶级的利益，而且代表着整个中华民族和全中国人民的利益。

②中国共产党是马克思主义的科学理论武装起来的，它以中国化的马克思主义即马克思列宁主义基本原理与中国实践相结合的毛泽东思想为一切工作的指针。

③中国共产党人在革命过程中始终英勇地站在斗争的最前线。以实际行动表明了自己是最有远见，最富于牺牲精神，最坚定，而又最能虚心体察民情并依靠群众的坚强的革命者，从而赢得了广大中国人民的衷心拥护。

④“没有共产党就没有新中国”。这是中国人民基于自己的切身体验所确认的客观真理。

(2)中国共产党领导中国革命取得胜利的基本经验

中国人民的反帝反封建反官僚资本主义的革命斗争，是在中国共产党的领导下，在它所提出的新民主主义的理论、纲领、路线和方针政策的指引下，经过长期艰苦的、曲折的斗争，逐步取得胜利的。中国共产党在领导人民革命的过程中，积累了丰富的经验，锻造出了有效的克敌制胜的武器。毛泽东指出：“统一战线，武装斗争，党的建设，是中国共产党在中国革命中战胜敌人的三个主要的法宝。”

①建立广泛的统一战线。由于中国人民受到帝国主义、封建主义和官僚资本主义的严重压迫，在中国建立革命统一战线的群众基础是十分广泛的。建立广泛的统一战线，是坚持和发展革命的政治基础。

②坚持革命的武装斗争。由于中国没有资产阶级民主，反动统治阶级凭借武装力量对人民实行独裁恐怖统治，革命只能以长期的武装斗争作为主要形式。离开了武装斗争，就没有共产党的地位，就不能完成任何革命任务。中国的武装斗争实质上是工人阶级领导的农民战争。中国共产党必须深入农村，发动和武装农民，在农村建立革命的根据地，以农村包围城市，才能逐步地争取革命的胜利。

③加强共产党自身的建设。在工人阶级人数很少而战斗力很强，农民和其他小资产阶级人口占大多数的中国，建设一个工人阶级先锋队的党，是极其艰巨的任务。毛泽东建党学说成功地解决了这个问题。中国共产党的建设，是密切地联系党的政治路线进行的，注重在端正思想路线的基础上，制定和贯彻执行党的正确的政治路线。

7.3　典型题(含考研真题)详解

一、单项选择题(下列每题给出的四个选项中，只有一个选项是符合题目要求的)

扫码看真题视频

1. 1949 年 3 月 23 日上午，中共中央离开西柏坡向北平进发。临行前，毛泽东把进北平比作“进京赶考”，说“我们决不当李自成，我们都希望考个好成绩。”3 月 25 日，毛泽东等中共中央领导人与中央机关、人民解放军总部进驻北平香山，标志着(　　)。[2022 年考研政治真题]

A. 旧民主主义革命向新民主主义革命转变

B. 新民主主义社会开始向社会主义社会过渡

C. 中国革命重心从农村转向城市

D. 民族民主革命任务的完成

【解析】1949 年 3 月，在解放战争即将胜利，中国革命全面胜利已成定局的情况下，中国共产党在河北西柏坡召开了七届三中全会。由于敌强我弱的形势，从 1927 年大革命失败到 1949 年初，党的工作重心一直在农村，发动农村群众实行土地革命，建立革命根据地。在此次会议上指出，三大战役结束以后，敌我力量发生根本性变化，党的工作重心应由乡村转移到城市。3 月 25 日，毛泽东等中共中央领导人与中央机关、人民解放军总部进军香山，标志着中国革命重心由农村转移到城市。

2. 1947 年 6 月底，根据中共中央的决策和部署，刘伯承、邓小平率领的晋冀鲁豫野战军主力，实施中央突破，千里跃进大别山；陈毅、粟裕指挥的华东野战军主力为东路，挺进苏鲁豫皖地区；陈赓、谢富治指挥的晋冀鲁豫野战军一部为西路，挺进豫西，三路大军相互策应，机动歼敌，迫使国民党军处于被动地位，这表明(　　)。[2017 年考研政治真题]

A. 人民解放战争战略进攻的序幕由此揭开

B. 人民解放战争进入战略相持阶段

C. 人民解放军同国民党军队进行战略决战的时机已经成熟

D. 人民解放军在数量上已经超过国民党军队

【解析】从 1946 年 6 月到 1947 年 6 月，人民解放军处于战略防御阶段，经过一年作战，战争形势发生了重大变化。为了彻底粉碎国民党将战争继续引向解放区、进一步破坏和消耗解放区的人力物力、使之不能持久的方针，中共中央决定不等完全粉碎敌人的战略进攻，不等解放军在数量上占有优势，立刻将主力打到外线去，举行全国性的反攻，将战争引向国民党统治区。6 月底，三路大军千里挺进大别山，相互策应，机动歼敌，迫使国民党军处于被动地位，标志着人民解放战争战略进攻的序幕由此揭开。

3. 1946 年 5 月 4 日，中共中央发出《关于清算、减租及土地问题的指示》(史称《五四指示》)，决定将党在抗日战争时期实行的减租减息政策改变为(　　)。[2016 年考研政治

1C　2A　3C

真题]

A. “保存富农经济”的政策　　B. “地主不分田，富农分坏田”的政策

C. “耕者有其田”的政策　　D. “没收一切土地”的政策

【解析】A 项，“保存富农经济”的政策是 1950 年土改的内容，目的是恢复和发展国民经济。B 项，“地主不分田，富农分坏田”的政策是土地革命时期王明等“左”倾教条主义的代表提出的土地政策。D 项，“没收一切土地”的政策是土地革命时期《井冈山土地法》的内容。

4. 抗战胜利后，经过重庆谈判国共双方为确认和平建国的基本方针而达成的协议是(　　)。

A. 双十协定　　B.《共同纲领》

C.《抗战胜利后的时局和我们的方针》　　D. 中共中央《对目前时局的宣言》

【解析】1945 年 8 月 28 日，毛泽东偕周恩来、王若飞赴重庆与国民党当局进行谈判。1945 年 10 月 10 日，国共双方签署《政府与中共代表会谈纪要》即双十协定，确认和平建国的基本方针，同意“长期合作，坚决避免内战”。

5. 毛泽东提出新民主主义革命的三大经济纲领的著作是(　　)。

A.《将革命进行到底》　　B.《目前形势和我们的任务》

C.《论人民民主专政》　　D.《在晋绥干部会议上的讲话》

【解析】1947 年 12 月，中共中央在陕北米脂县杨家沟召开会议，制定了夺取全国胜利的行动纲领。毛泽东在《目前形势和我们的任务》的报告中指出，人民解放军转入全面反攻，这是一个历史的转折点，同时，毛泽东还提出了新民主主义革命的三大经济纲领，即没收封建阶级的土地归农民所有；没收蒋介石、宋子文、孔祥熙、陈立夫为首的垄断资本归新民主主义的国家所有；保护民族工商业。

6. 1945 年 8 月，中共中央在对时局的宣言中明确提出的口号是(　　)。

A. 巩固国内和平，实现民主改革　　B. 和平、民主、团结

C. 打倒蒋介石，解放全中国　　D. 独立、自由、和平

【解析】1945 年 8 月 25 日，中共中央在对时局的宣言中明确提出“和平、民主、团结”的口号。1945 年 8 月，蒋介石连发三电，邀请毛泽东赴重庆谈判。为争取和平民主，毛泽东于 8 月 28 日偕周恩来、王若飞赴重庆与国民党当局进行谈判。10 月 10 日，双方签署《政府与中共代表会谈纪要》，即“双十协定”，确认和平建国的基本方针，同意“长期合作，坚决避免内战”。

7. 全面内战爆发，毛泽东指出，我们战胜蒋介石的政治基础是(　　)。

A. 蒋介石军事力量的优势和美国的援助，只是临时起作用的因素

B. 我们有苏联的援助

C. 解放区即将开展大规模的土地改革运动

4A　5B　6B　7D

D. 人民解放军的战争所具有的爱国的、正义的革命性质

【解析】全面内战爆发时，中国共产党面临的形势是极为严峻的。以革命战争反对反革命战争，中国共产党清醒地估计了国内外形势，坚决认定，我们必须打败蒋介石，而且能够打败他。毛泽东指出：我们能够打败蒋介石，是因为蒋介石军事力量的优势和美国的援助，只是临时起作用的因素；蒋介石发动的战争的反人民性质，人民的向背，则是经常起作用的因素，在这方面，我们占着优势。人民解放军的战争所具有的爱国的、正义的、革命的性质，必然要获得全国人民的拥护。这就是战胜蒋介石的政治基础。

8. 1946 年 6 月 26 日，国民党军挑起全国性的内战的起点是大举围攻（　　）。

A. 东北解放区　　B. 中原解放区　　C. 山东解放区　　D. 陕甘宁边区

【解析】1946 年 6 月底，国民党军以进攻中原解放区为起点，挑起了全国性的内战。同年 10 月 11 日，国民党军占领华北解放区重镇张家口。蒋介石于当天宣布 11 月 12 日召开由国民党一手包办的“国民大会”。次年 3 月，国民党当局限期令中共驻南京、上海、重庆三地代表及工作人员全部撤退。至此，一切和平谈判之门都被国民党关闭，国共关系彻底破裂。

9. 1947 年 10 月 10 日，中国人民解放军总部发表宣言提出的口号是（　　）。

A. 和平、民主、团结　　B. 打倒蒋介石，解放全中国

C. 将革命进行到底　　D. 巩固国内和平，实现民主改革

【解析】1947 年 10 月 10 日，中国人民解放军总部发表宣言，提出“打倒蒋介石，解放全中国”的口号。这个口号的提出，极大地鼓舞了解放军全体指战员和全国人民的斗志。

10. 1946 年，中共决定将减租减息政策改为实现“耕者有其田”政策的文件是（　　）。

A.《井冈山土地法》

B.《兴国土地法》

C.《关于清算、减租及土地问题的指示》

D.《中国土地法大纲》

【解析】1946 年 5 月 4 日，中共中央发出《关于清算、减租及土地问题的指示》（史称“五四指示”），决定将党在抗日战争时期实行的减租减息政策改变为实现“耕者有其田”的政策。在此之后，通过开展清算斗争等，到 1947 年下半年，解放区已有 2/3 的地区基本上解决了农民的土地问题。

11. 1947 年，中国共产党在全国土地会议上制定的重要文件是（　　）。

A.《井冈山土地法》

B.《兴国土地法》

C.《关于清算、减租及土地问题的指示》

D.《中国土地法大纲》

【解析】1947 年 7 月至 9 月，中国共产党在河北省平山县召开全国土地会议，制定和通

8B　9B　10C　11D

过了《中国土地法大纲》，明确规定“废除封建性及半封建性剥削的土地制度，实现耕者有其田的土地制度”，“乡村中一切地主的土地及公地，由乡村农会接收”，分配给无地或少地的农民。

12. 1947年“二二八”起义发生在(　　)。

A. 上海　　B. 南京　　C. 香港　　D. 台湾

【解析】1947年2月28日，台湾省台北市人民为反抗国民党当局的暴政、抗议反动军警屠杀市民，举行大规模示威游行，遭到国民党军警镇压。2月底3月初，台湾各地汉族、高山族人民纷起响应，夺取武器，举行起义，并攻占台中、嘉义等城市。国民党当局从大陆调来大批军警、特务，对起义群众进行镇压。

13. 重庆谈判中，“第三方面”是指(　　)。

A. 共产党　　B. 无党派人士　　C. 民主党派　　D. 国民党

【解析】在战后进行国共谈判和召开政协会议时，民主党派作为“第三方面”，主要是同共产党一起，反对国民党的内战、独裁政策，为和平民主而奔走呼号的。它们为政协会议的成功作出了自己的贡献，还为维护政协协议进行过不懈的努力。

14. 宣告延续了22年的国民党反动统治覆灭的事件是(　　)。

A. 人民解放军强渡长江　　B. 人民解放军三大战役的胜利

C. 人民解放军占领南京　　D. 国共北平和谈的破裂

【解析】1949年4月23日，人民解放军占领南京，宣告延续了22年之久的国民党反动统治的覆灭。随后，解放军第一、第二、第三和第四野战军所部各路大军继续向中南、西北、西南各省举行胜利的大进军，分别以战斗方式或和平方式，迅速解决残余敌人，解放广大国土。国民党蒋介石集团被人民赶出中国大陆，逃往中国台湾省。

15. 毛泽东告诫全党，夺取全国胜利，这只是万里长征走完了第一步，中国的革命是伟大的，但革命以后的路更长，工作更伟大，更艰苦。据此，他提出“务必使同志们继续地保持谦虚、谨慎、不骄、不躁的作风，务必使同志们继续地保持艰苦奋斗的作风”，是在(　　)。

A. 中共七大　　B. 中共七届二中全会

C. 中共七届三中全会　　D. 中共八大

【解析】1949年3月召开的中共七届二中全会，规定了党在全国胜利后在政治、经济和外交方面应当采取的基本政策，指出了中国由农业国转变为工业国、由新民主主义社会转变为社会主义社会的发展方向。在该会议上，毛泽东告诫全党，夺取全国胜利，这只是万里长征走完了第一步，中国的革命是伟大的，但革命以后的路更长，工作更伟大，更艰苦。据此，他提出了“两个务必”的思想，即“务必使同志们继续地保持谦虚、谨慎、不骄、不躁的作风，务必使同志们继续地保持艰苦奋斗的作风”。

16. 下列关于中国人民政治协商会议第一届全体会议的说法，不正确的是(　　)。

12D　13C　14C　15B　16D

A. 一致同意以新民主主义即人民民主主义为中华人民共和国的政治基础

B. 通过了《中国人民政治协商会议共同纲领》

C. 通过了中央人民政府组织法

D. 制定了第一部正式宪法

【解析】1949年9月21日，中国人民政治协商会议第一届全体会议在北平中南海怀仁堂隆重开幕。会议通过了《中国人民政治协商会议共同纲领》(以下简称《共同纲领》)。《共同纲领》规定，“中华人民共和国为新民主主义即人民民主主义的国家，实行工人阶级领导的、以工农联盟为基础的、团结各民主阶级和国内各民族的人民民主专政”。《共同纲领》在当时是全国人民的大宪章，起着临时宪法的作用。会议通过了中央人民政府组织法，一致选举毛泽东为中央人民政府主席，朱德、刘少奇、宋庆龄、李济深、张澜、高岗为副主席，陈毅等56人为中央人民政府委员会委员。随后，中央人民政府委员会任命周恩来为政务院总理兼外交部长。

17. 毛泽东在《论人民民主专政》一文中提出人民民主专政的基础是(　　)。

A. 工人阶级、农民阶级和城市小资产阶级的联盟

B. 工人阶级、农民阶级的联盟

C. 无产阶级和民族资产阶级的联盟

D. 工人阶级、农民阶级、城市小资产阶级和民族资产阶级的联盟

【解析】1949年6月30日，毛泽东在《论人民民主专政》一文中明确指出，人民民主专政需要工人阶级的领导。因为只有工人阶级最有远见，大公无私，最富于革命的彻底性。人民民主专政的基础是工人阶级、农民阶级和城市小资产阶级的联盟。

18. 1949年9月21日，中国人民政治协商会议第一届全体会议通过了具有临时宪法作用的是(　　)。

A.《中华民国临时约法》

B.《中华民国约法》

C.《中国人民政治协商会议共同纲领》

D.《中华人民共和国宪法》

【解析】1949年9月21日，中国人民政治协商会议第一届全体会议在北平中南海怀仁堂隆重开幕。会议通过了《中国人民政治协商会议共同纲领》(以下简称《共同纲领》)。《共同纲领》在当时是全国人民的大宪章，起着临时宪法的作用。会议通过了中央人民政府组织法，一致选举毛泽东为中央人民政府主席，朱德、刘少奇、宋庆龄、李济深、张澜、高岗为副主席，陈毅等56人为中央人民政府委员会委员。随后，中央人民政府委员会任命周恩来为政务院总理兼外交部长。

19. 中国共产党党内斗争的方针是(　　)。

A. 批评与自我批评　　B. 惩前毖后，治病救人

C. 坦白从宽，抗拒从严　　D. 严厉打击犯错误的人

17A　18C　19B

【解析】中国共产党的建设，是密切地联系着党的政治路线进行的，注重在端正思想路线的基础上，制定和贯彻执行党的正确的政治路线。中国共产党首先着重党的思想建设，要求党员用工人阶级思想克服资产阶级、小资产阶级思想，解决思想上入党的问题；培育和发扬理论与实际相结合、密切联系群众和自我批评的作风；在党内斗争中实行“惩前毖后，治病救人”的方针；创造了在全党通过批评与自我批评进行马克思主义思想教育的整风形式等。

二、多项选择题(下列每题给出的四个选项中，至少有两个选项是符合题目要求的)

1. 解放战争时期，在国民党统治区形成了以学生运动为先导的人民民主运动，成为配合人民解放战争的第二条战线。第二条战线形成的原因是(　　)。[2010年考研政治真题]

A. 国民党政府专制独裁、官员贪污腐败

B. 国民党在军事上的失利

C. 国民党顽固坚持内战政策

D. 国统区爆发严重经济危机

【解析】在国民党统治区，以学生运动为先导的人民民主运动也迅速地发展起来，成为配合人民解放战争的第二条战线。第二条战线形成的原因包括：①国民党政府由于它的专制独裁统治和官员们的贪污腐败、大发国难财，抗战后期在大后方便已严重丧失人心。②它违背全国人民迫切要求休养生息、和平建国的意愿，执行反人民的内战政策。③为了筹措内战经费，国民党政府除了对人民征收苛重的捐税以外，更无限制地发行纸币。恶性通货膨胀引起的物价飞涨，使人民一次又一次地遭到洗劫，使民族工商业走向破产。国民党统治区的工农业生产严重萎缩，国民经济遭遇深刻的危机。

2. 抗日战争胜利后，蒋介石在积极准备内战的同时，又表示愿意与中共进行和平谈判，其目的是(　　)。

A. 敷衍国内外舆论，掩盖其正在进行的内战准备

B. 诱使中共交出人民军队和解放区政权，以期不战而控制全中国

C. 如果谈判不成，即放手发动内战，并把战争责任转嫁给中共

D. 迫于国内外形势的巨大压力

【解析】蒋介石在积极准备内战的同时，表示愿意与中共进行和平谈判。其目的是：①以此敷衍国内外舆论，掩盖其正在进行的内战准备；②诱使中共交出人民军队和解放区政权，以期不战而控制全中国；③如果谈判不成，即放手发动内战，并把战争责任转嫁给中共。

3. 中国各民主党派形成时的社会基础，主要是(　　)。

A. 民族资产阶级　　B. 城市小资产阶级

C. 知识分子和其他爱国分子　　D. 阶级联盟性质的政党

【解析】中国的民主党派，多数成立于抗日战争和全国解放战争时期，少数成立于大革命时期和十年内战时期。中国各民主党派形成时的社会基础，主要是民族资产阶级、城市

1ACD　2ABC　3ABC

小资产阶级以及同这些阶级相联系的知识分子和其他爱国分子。

4. 抗日战争胜利后，某些民主党派的领导人物曾经鼓吹“中间路线”。中间路线的鼓吹者主张(　　)。

A. 政治上“必须实现英美式的民主政治”，但不准地主官僚资本家操纵

B. 经济上“应当实行改良的资本主义”，但不容官僚买办资本横行

C. 方法上走和平的改良的道路

D. 建立的社会既非社会主义又非资本主义

【解析】抗日战争胜利后，某些民主党派的领导人物曾经鼓吹“中间路线”。他们主张：在政治上，“必须实现英美式的民主政治”，但不准地主官僚资本家操纵；在经济上，“应当实行改良的资本主义”，但不容官僚买办资本横行。而实行的方法，则是走和平的改良的道路。他们所提倡的，是资产阶级共和国的方案；他们所主张的，实质上是旧民主主义的道路。

5. 毛泽东指出，中国共产党在中国革命中战胜敌人主要的法宝为(　　)。

A. 独立自主　　B. 统一战线　　C. 武装斗争　　D. 党的建设

【解析】中国共产党在领导人民革命的过程中，积累了丰富的经验，锻造出了有效的克敌制胜的武器。毛泽东指出：“统一战线、武装斗争、党的建设，是中国共产党在中国革命中战胜敌人的三个法宝，三个主要的法宝。”

6. 中国革命之所以能够走上胜利发展的道路，是由于有了中国工人阶级的先锋队——中国共产党的领导，这是因为(　　)。

A. 中国共产党作为工人阶级的政党，不仅代表着中国工人阶级的利益，而且代表着整个中华民族和全中国人民的利益

B. 中国共产党以中国化的马克思主义即马克思列宁主义基本原理与中国实践相结合的毛泽东思想作为一切工作的指针

C. 中国共产党制定出适合中国情况的，符合中国人民利益的纲领、路线、方针和政策，为中国人民的斗争指明正确的方向

D. 中国共产党人在革命过程中始终英勇地站在斗争的最前线

【解析】中国革命之所以能够走上胜利发展的道路，是由于有了中国工人阶级的先锋队——中国共产党的领导，这是因为：①中国共产党作为工人阶级的政党，不仅代表着中国工人阶级的利益，而且代表着整个中华民族和全中国人民的利益。中国共产党以中国化的马克思主义即马克思列宁主义基本原理与中国实践相结合的毛泽东思想作为一切工作的指针，能够制定出适合中国情况的、符合中国人民利益的纲领、路线、方针和政策，为中国人民的斗争指明正确的方向。②中国共产党人在革命过程中始终英勇地站在斗争的最前线。③“没有共产党，就没有新中国。”这是中国人民基于自己的切身体验所确认的客观真理。

4ABC　5BCD　6ABCD

三、简答题

1. 新民主主义革命总路线及新民主主义革命的三大经济纲领是什么?

答:(1)新民主主义革命总路线

1948年4月1日，毛泽东在晋绥干部会议上的讲话中完整地提出了中国共产党在新民主主义革命阶段的总路线，即无产阶级领导的，人民大众的，反对帝国主义、封建主义和官僚资本主义的革命。

(2)新民主主义革命的三大经济纲领

1947年12月，中共中央在陕北米脂县杨家沟召开会议，制定了夺取全国胜利的行动纲领，并作了《目前形势和我们的任务》的报告，提出了新民主主义革命的三大经济纲领，主要包括:

①没收封建阶级的土地归农民所有。

②没收蒋介石、宋子文、孔祥熙、陈立夫为首的垄断资本归新民主主义的国家所有。

③保护民族工商业。

2. 简述台湾和少数民族人民对解放战争的贡献。

答:台湾和少数民族人民对解放战争的贡献主要包括:

(1)二二八起义

①1947年2月28日，台湾省台北市人民为反抗国民党当局的暴政、抗议反动军警屠杀市民，举行大规模示威游行，又遭国民党军警镇压，3月14日，起义失败。

②二二八起义虽然失败了，但它有力地显示了台湾人民反对国民党的暴虐统治，争取人民民主的革命精神，它是全国人民民主运动的重要组成部分。

(2)三区革命

①1944年秋，原新疆省的伊犁、塔城、阿山(今阿勒泰)三个专区的维吾尔、哈萨克等少数民族群众，因不堪忍受以军阀盛世才为代表的国民党反动派的压迫，爆发了一场有组织的大规模武装斗争，并于1945年建立革命政府。

②抗日战争胜利后，三区革命运动在新的历史条件下进一步发展。国民党政府迫于压力，派出代表团同三区革命政府代表团举行谈判，并于1946年1月初签订11项和平条款。但国民党政府很快就推翻和平条款，加紧镇压新疆人民的革命运动。新疆各族人民继续坚持斗争。

(3)内蒙古自治政府的成立

①1947年初，内蒙古东部大部和中部部分地区获得解放。

②1947年4月，内蒙古人民代表会议在乌兰浩特举行，会议通过《内蒙古自治政府施政纲领》等文件。

③1947年5月1日，内蒙古自治政府宣告成立，乌兰夫为主席。内蒙古人民的革命斗争发展到了一个新阶段。

3. 简述中国共产党领导的多党合作和政治协商格局的形成过程。

答:中国共产党领导的多党合作和政治协商格局的形成过程如下:

(1)五一口号的提出

1948 年 4 月 30 日，中共中央在纪念五一国际劳动节的口号中提出：“各民主党派、各人民团体、各社会贤达迅速召开政治协商会议，讨论并实现召集人民代表大会，成立民主联合政府。”这个号召得到各民主党派和社会各界的热烈响应。

(2)《对时局的意见》的发表

1949 年 1 月 22 日，李济深、沈钧儒等民主党派的领导人和著名的无党派民主人士共55人联合发表《对时局的意见》，一致认定中共提出的关于召开政治协商会议、成立联合政府的主张“符合于全国人民大众的要求”。这个政治声明表明，中国各民主党派和无党派民主人士自愿地接受了中国共产党的领导，决心走人民革命的道路，拥护建立人民民主的新中国。

(3)中国共产党领导的多党合作、政治协商格局的形成

1949 年春，毛泽东在同有关人士谈话时提出，民主党派应“积极参政，共同建设新中国”。民主党派参加新政协并将在新中国参政，标志着民主党派地位的根本变化。从此，各民主党派成为中国人民民主专政的参加者，它们在中国共产党的领导下，和共产党一道担负起管理国家和建设国家的历史重任。

四、论述题

1. 试述抗战胜利后，中国共产党为争取和平民主而作的努力及其意义。

答：(1)中国共产党为争取和平民主而作的努力。

①在抗日战争胜利前后，中共中央在对国内外的形势和民情进行分析后，于 1945 年 8 月 25 日在《对目前时局的宣言》中明确提出了“和平、民主、团结”的口号。

②1945 年 8 月 28 日，毛泽东偕周恩来、王若飞飞赴重庆与国民党当局进行谈判，10 月 10 日，双方签署《政府与中共代表会谈纪要》(即双十协定)，确认和平建国的基本方针。

③1946 年 1 月 10 日，政治协商会议在重庆开幕。以周恩来为首的中共代表团，与民主同盟等民主党派和无党派人士的代表密切合作，同国民党当局认真协商，推动政协会议通过了政府组织、国民大会、和平建国纲领、宪法草案等五项协议。

(2)中国共产党为争取和平民主而作的努力的意义。

①中国共产党争取和平民主的努力，尽管最终未能阻止全面内战的爆发，但是，它使得各界群众增进了对中国共产党的了解，懂得了谁应当对这场战争承担责任。这在政治上是一个重大的胜利。

②中国共产党为此所作的真诚努力，对于巩固和发展中国人民抗日战争的成果，对于推迟全面内战的爆发，并保证党和人民军队在蒋介石发动全面内战后，以革命战争反对反革命战争起了关键性的作用。

③为扩大和巩固解放区、做好进行自卫战争的准备，提供了有利的条件。

2. 统一战线作为新民主主义革命胜利的基本经验之一，其主要内容是什么？

答：由于中国人民受到帝国主义、封建主义和官僚资本主义的严重压迫，在中国建立革命统一战线的群众基础是十分广泛的。建立广泛的统一战线，是坚持和发展革命的政治基础；也是中国革命取得胜利的法宝之一，统一战线中存在着两个联盟。

(1)统一战线的两个联盟

①劳动者的联盟，主要是工人、农民和城市小资产阶级的联盟，这是基本的、主要的。

②劳动者与非劳动者的联盟，主要是劳动者与民族资产阶级的联盟，有时还包括与一部分大资产阶级的暂时的联盟，这是辅助的、同时又是重要的。

(2)统一战线中两个联盟的关系

必须坚决依靠第一个联盟，争取建立和扩大第二个联盟。

(3)巩固和扩大统一战线的关键

①坚持工人阶级及其政党的领导权，率领同盟者向共同的敌人作坚决的斗争并取得胜利。

②对被领导者给以物质福利，至少不损害其利益，同时给以政治教育。

③对同工人阶级争夺领导权的资产阶级采取又联合、又斗争的政策。

五、材料分析题(要求结合所学知识分析材料回答问题)

1. 结合材料回答问题：

从党的建立到抗日时期，中间有北伐战争和十年土地革命战争。我们经过了两次胜利，两次失败。北伐战争胜利了，但是到1927年，革命遭到了失败。土地革命战争曾经取得了很大的胜利，红军发展到三十万人，后来又遭到挫折，经过长征，这30万人缩小到两万多人……在民主革命时期，经过胜利、失败，再胜利、再失败，两次比较，我们才认识了中国这个客观世界。在抗日战争前夜和抗日战争时期，我写了一些论文，例如《中国革命战争的战略问题》《论持久战》《新民主主义论》《〈共产党人〉发刊词》，替中央起草过一些关于政策、策略的文件，都是革命经验的总结。那些论文和文件，只有在那个时候才能产生，在以前不可能，因为没有经过大风大浪，没有两次胜利和两次失败的比较，还没有充分的经验，还不能充分认识中国革命的规律。

……过去。特别是开始时期，我们只是一股劲儿要革命，至于怎么革法，革些什么，哪些先革，哪些后革，哪些要到下一阶段才革，在一个相当长的时间内，都没有弄清楚，或者说没有完全弄清楚。

——毛泽东《在扩大的中央工作会议上的讲话》(1962年1月30日)

(1)毛泽东在20世纪60年代初回顾中国共产党在民主革命时期艰难地但是成功地认识中国革命规律的这段历史，是要说明什么问题？

(2)在改革开放和社会主义现代化建设取得举世瞩目成就的今天，如何看待以毛泽东为主要代表的中国共产党人在社会主义建设方面的艰辛探索？

【参考答案】

(1)毛泽东在20世纪60年代初回顾中国共产党在民主革命时期艰难地但是成功地认识中国革命规律的这段历史，是要说明什么问题？

答：毛泽东在20世纪60年代初回顾中国共产党在民主革命时期艰难地但是成功地认识中国革命规律的这段历史，是要说明：

①在新民主主义革命战争时期，中国共产党人经历了大革命以来的两次胜利和两次失败的实践，为认识和把握中国革命的规律提供了正反两个方面的丰富经验。正是在总结革命实践的基础上，毛泽东思想得到系统总结和全面展开而达到成熟。因此，中国共产党领

导的人民革命是毛泽东思想形成与发展的实践基础。

②毛泽东在社会主义建设时期回顾民主革命时期的艰难历程的目的就是要结合历史解决现实问题。这段话表明我国探索社会主义革命建设的规律也是不易的，可能也需要经过成功、失败不断反复的过程，因此我们需要正确看待探索中的成就和失误。关键是学会总结经验教训，就是要正确地认识中国的国情，要充分认识到中国革命和社会的建设是一个艰辛的过程，可能我们要经过不断的失败和曲折的探索才能正确把握社会主义建设规律。需要善于把马克思主义基本原理与中国实际相结合。

在对生产资料的社会主义改造基本完成以后，我国进入了社会主义建设的新时期。当时的中国共产党人由于缺乏社会主义建设的经验，在社会主义建设上有很大的盲目性，遭遇了一些失败和挫折。如何认识社会主义建设的客观规律成为当时中国共产党人亟待解决的问题。但是对于建设社会主义规律的认识，必须有一个过程。必须从实践出发，从没有经验到有经验，从有较少的经验，到有较多的经验，从建设社会主义这个未被认识的必然王国，到逐步地克服盲目性、认识客观规律、从而获得自由，在认识上出现一个飞跃，到达自由王国。

③要从中国实际出发，勇于实践，大胆探索，不怕失败。毛泽东指出，为了社会主义这个伟大事业，我们必须把马克思列宁主义的普遍真理同中国社会主义建设的具体实际尽可能地结合起来，从实践中一步一步地认识斗争的客观规律。要准备由于盲目性而遭受到许多失败和挫折，从而获得经验，取得最后的胜利。

(2)在改革开放和社会主义现代化建设取得举世瞩目成就的今天，如何看待以毛泽东为主要代表的中国共产党人在社会主义建设方面的艰辛探索？

答：以毛泽东为主要代表的中国共产党人在社会主义建设方面的艰辛探索，可以从以下几方面认识：

①以毛泽东为主要代表的中国共产党人在建设社会主义的探索中既取得了成绩，也遭遇了挫折与失败。正是由于有前人探索失误留下的经验教训作为借鉴，后人才能不走或少走弯路，才会把事情做得更好，才可能走向成功。

②以毛泽东为主要代表的中国共产党人勇于探索的精神以及所取得的若干理论成果，对中国特色社会主义道路的开辟具有重要的指导作用。

③以毛泽东为主要代表的中国共产党人在探索中出现的挫折和失误，也为后人的成功探索提供了宝贵的历史教训。正如邓小平所说，从许多方面来说，现在我们还是把毛泽东已经提出、但没有做的事情做起来，把他错了的改正过来，把他没有做好的事做好。当然，我们也有发展，而且还要继续发展。

④习近平总书记明确指出，中国共产党带领中国人民进行社会主义建设有两个时期。中国特色社会主义是在改革开放之后开创的，没有改革开放就没有中国特色社会主义今天的大好局面。但是如果没有最初的社会主义探索，改革开放也不会顺利进行。社会主义建设的这两个时期在指导思想、方针政策上有很大的区别，但二者不是完全割裂的，更不是相互对立的。我们不能用改革开放前的社会主义探索来否定改革开放，也不能因为改革开放带来了中国的富强而否定社会主义建设初期的探索。

2. 阅读材料回答问题：

毛泽东指出："全党必须明白，土地制度的彻底改革，是现阶段中国革命的一项基本任务，如果我们能够普遍地彻底地解决土地问题，我们就获得了足以战胜一切敌人的最基本的条件"。

试述解放战争时期中国共产党在解放区的土地革命政策及其重要意义。

【参考答案】

试述解放战争时期中国共产党在解放区的土地革命政策及其重要意义。

答：(1)解放战争时期中国共产党在解放区的土地革命政策

①1946 年 5 月 4 日，中共中央发出《关于清算、减租及土地问题的指示》(史称《五四指示》)，决定将党在抗日战争时期实行的减租减息政策改变为实现"耕者有其田"的政策。在此之后，通过开展清算斗争等，到 1947 年下半年，解放区已有 2/3 的地区基本上解决了农民的土地问题。

②在人民解放军转入战略进攻之后，为了维护广大农民的利益、进一步激发他们支援解放战争的积极性，1947 年 7 月至 9 月，中国共产党制定和通过了《中国土地法大纲》。明确规定"废除封建性及半封建性剥削的土地制度，实现耕者有其田的土地制度""乡村中一切地主的土地及公地，由乡村农会接收"，分配给无地或少地的农民。

③全国土地会议以后，解放区广大农村迅速掀起了土地制度改革运动的热潮。尽管在土改运动广泛发动之后，一度发生过侵犯部分中农利益、侵犯某些民族工商业等的"左"的错误，但中共中央一经发现，便立即采取坚决的措施加以纠正，使运动迅速走上健康发展的轨道。

(2)解放战争时期中国共产党在解放区的土地革命政策的意义

①经过土地改革运动，到 1948 年秋，1 亿人口的解放区消灭了封建生产关系。广大农民分得土地并在政治上获得翻身以后，其政治觉悟和组织程度空前提高，农村生产力得到解放，工农联盟进一步巩固和加强。人民解放战争获得了源源不断的人力、物力的支援。

②土地制度改革，是从根本上摧毁中国封建制度根基的社会大变革。土改运动的发展表明，解放战争在胜利推进的同时，中国的社会变革也在深入发展。经过这个运动，农民进一步认识到，中国共产党是自身利益的坚决维护者，因而自觉地在党的周围团结起来。这就为打败蒋介石、建立新中国奠定了深厚的群众基础。

3. 结合材料回答问题：

材料 1

我们华北各院校的全体同学明白宣誓：为了反饥饿反内战而献身！为了全中国的老百姓，我们准备承当任何诬蔑，任何毒打，一切阻止不了我们，除非内战停止，和平团结的民主政府出现。

——摘自《燕京新闻》1947 年 5 月 26 日

材料 2

中国境内已有了两条战线。蒋介石进犯军和人民解放军的战争，这是第一条战线。现在又出现了第二条战线，这就是伟大的正义的学生运动和蒋介石反动政府之间的尖锐斗争。

——摘自毛泽东：《蒋介石政府已处在全民的包围中》1947 年 5 月 30 日

材料 3

反饥饿、反迫害运动的发展，这是蒋管区城市群众对蒋政权短兵相接的斗争，这是自发地配合人民解放军争取解放的第二条战线，这对于争取革命的胜利是有新的意义的。

——摘自谭平山：《支援革命的第二条战线》

请回答：简论国统区反对国民党统治的第二条战线的斗争及其意义。

【参考答案】

简论国统区反对国民党统治的第二条战线的斗争及其意义。

答：(1)第二条战线的斗争

抗日战争胜利后，在国民党统治区，以学生运动为先导的人民民主运动也迅速地发展起来，成为配合人民解放战争的第二条战线。

①1945 年发生在昆明的“一二·一”运动，以“反对内战，争取自由”为基本口号，吹响了国统区爱国学生运动的第一声号角，在全国范围产生了重大影响。

②在全面内战爆发半年后，1946 年 12 月 30 日，为抗议驻华美军强暴北京大学先修班一女学生，北平学生高喊“抗议美军暴行!”“美军退出中国!”的口号，举行示威游行。12 天内，抗暴斗争扩展到 14 个省 26 个城市，参加罢课、游行等的学生总数达 50 万人。

③1947 年 2 月 28 日，台湾省台北市人民为反抗国民党当局的暴政、抗议反动军警屠杀市民，举行大规模示威游行。2 月底 3 月初，台湾各地汉族、高山族人民纷起响应，夺取武器，举行起义，并攻占台中、嘉义等城市。

④1947 年 5 月 20 日，南京、北平等地爆发了反饥饿、反内战运动(史称“五二〇运动”)。随后，这个运动迅速扩大到上海、杭州、武汉和广州等 60 多个大、中城市，学生罢课、游行同工人罢工和教员罢教等各阶层人民的斗争会合到了一起。

⑤1947 年间，全国 20 多个大、中城市中，先后有 120 万工人举行罢工。5 月到 6 月，饥饿的城市居民的“抢米”风潮席卷包括江苏、浙江、安徽、四川等省的 40 多个大小城镇。

⑥1948 年 6 月 5 日，上海学生举行反美扶日大游行。这个运动很快扩展到全国。

(2)第二条战线形成的原因

①国民党政府由于它的专制独裁统治和官员们的贪污腐败、大发国难财，抗战后期在大后方便已严重丧失人心。

②国民党之所以迅速失去民心，主要是由于它违背全国人民迫切要求休养生息、和平建国的意愿，执行反人民的内战政策。

③为了筹措内战经费，国民党政府除了对人民征收苛重的捐税以外，更无限制地发行纸币。恶性通货膨胀引起的物价飞涨，使人民一次又一次地遭到洗劫，使民族工商业走向破产。国民党统治区的工农业生产严重萎缩，国民经济遭遇深刻的危机。

(3)第二条战线的意义

①标志着国统区广大人民群众觉悟的提高，反蒋爱国统一战线的进一步壮大。

②宣告蒋介石政治欺骗的彻底破产，国民党反动派完全孤立，陷于全民包围之中。

③动摇了国民党统治的后方，直接配合人民解放战争的胜利发展，是促进中国革命高潮迅速到来的主要因素和重要条件之一。

第八章　中华人民共和国的成立与中国社会主义建设道路的探索

8.1　复习指南

【视频导学(名师点拨)】

中华人民共和国的成立与中国社会主义建设道路的探索

扫码看视频导学

【知识框架(庖丁解牛)】

- 中华人民共和国的成立与中国社会主义建设道路的探索
  - 中华人民共和国的成立和新生人民政权的巩固
    - 中国人民站立起来了
    - 捍卫巩固新政权的斗争
  - 党在过渡时期的总路线及其实施
    - 党提出过渡时期总路线
    - 社会主义工业化的起步
    - 改造个体农业和手工业
    - 改造资本主义工商业
  - 初步确立社会主义基本制度
    - 建立社会主义经济制度
    - 确立社会主义政治制度
    - 社会主义基本制度确立的伟大意义
  - 全面建设社会主义的良好开端
    - 探索适合中国国情的社会主义建设道路
      - 提出马克思主义同中国实际“第二次结合”
      - 毛泽东阐述十大关系
      - 提出一系列新方针
    - 开始全面建设社会主义
      - 中共八大路线的制定
      - 社会主义建设热情高涨
      - 正确处理人民内部矛盾
      - 整风运动和反右派斗争
    - 社会主义道路的艰辛探索和曲折发展
      - “大跃进”和初步纠“左”的错误
      - 国民经济调整和“四个现代化”战略目标的制定
      - “文化大革命”内乱及其历史教训
      - 全面建设社会主义的成就

【通关提要(提纲挈领)】

中华人民共和国成立以来的历史，是进行经济建设、政治建设、文化建设、社会建设、生态文明建设并取得辉煌成就的历史。本章主要讲述新中国成立之后到社会主义改造基本完成期间的重要历史，即中国进行社会主义建设的过渡时期(1949～1956)。本章需要重点关注：过渡时期总路线和三大改造、新中国发展的两个历史时期、中国特色社会主义形成与发展、民主革命遗留任务和恢复国民经济等。本章较为重要，各种题型均会涉及。

8.2 课后习题详解

1. 如何理解过渡时期总路线的历史必然性?

答：(1)过渡时期总路线是指1953年中共中央制定的指导全国人民全面开始从新民主主义向社会主义过渡的基本纲领和路线。

(2)过渡时期总路线的基本内容是：

从中华人民共和国成立，到社会主义改造基本完成，这是一个过渡时期。党在这个过渡时期的总路线和总任务，是要在一个相当长的时期内，逐步实现国家的社会主义工业化，并逐步实现国家对农业、对手工业和对资本主义工商业的社会主义改造。

(3)对过渡时期总路线的历史必然性的理解：

①实现社会主义工业化是我国独立和富强的首要条件。

中国是一个贫穷落后的农业大国，因此，新中国成立初期，经济上面临的迫切而又艰巨的任务就是恢复和发展国民经济，特别是要发展社会主义工业。没有发达的工业，不实现社会主义的工业化，就没有巩固的国防和民族的独立，就没有国家的强大和人民的富裕。

②对资本主义工商业进行社会主义改造，是由当时国内的主要矛盾决定的。

新民主主义革命在全国取得胜利和土地改革完成以后，工人阶级和资产阶级之间的矛盾、社会主义道路和资本主义道路之间的矛盾已上升为当时国内的主要矛盾。这些矛盾的存在，就决定了资本主义经济与社会主义经济不能长期互不干扰地平行发展下去，只有将资本主义私有制逐步改造成为社会主义公有制，才能适应社会主义工业化的要求，才能真正解决无产阶级与资产阶级之间的矛盾。

③对个体农业、手工业的社会主义改造，是发展社会生产力和改善人民生活的客观要求。

土地改革后，广大农民虽然分得了土地，生活有所改善，但由于缺乏耕畜、大农具等生产资料和资金，分散的个体生产势单力薄，无法进行大规模的农田水利建设和从根本上改变生产条件，也无力抵御天灾。因此，只有对农业进行社会主义改造，引导农民走合作化的道路，才能解决个体农业同社会主义工业化之间的矛盾，才能避免两极分化，使广大农民走上共同富裕的道路，才能巩固人民民主政权。

④当时的国际环境也促使中国选择社会主义。

新中国成立后，外无资本主义大国的援助，甚至还被孤立和封锁，只有社会主义国家和第二次世界大战后为争取民族独立而斗争的国家同情中国，只有苏联援助中国。

由此可见，过渡时期的总路线是在科学地分析我国社会主义发展的需要的基础上制定的，它代表了中国各族人民的根本利益，是中国社会历史发展的必然。

2. 请结合当代中国发展进步的事实，谈谈你是如何认识建立社会主义制度的重大意义的。

答：建立社会主义制度的重大意义主要表现在以下几个方面：

(1)社会主义基本制度的建立极大地提高了工人阶级和广大劳动人民的积极性、创造性，为社会生产力的大发展开辟了广阔道路。当前中国 GDP 跃升至全世界第二，离不开建立社会主义基本制度这个前提条件。

(2)社会主义基本制度的建立为当代中国的一切发展进步提供了根本政治保障。

(3)社会主义基本制度的建立为社会主义先进文化的发展指明了前进方向。

(4)社会主义基本制度的建立，使占世界人口 1/4 的东方大国进入了社会主义社会，这是世界社会主义运动史上又一个历史性的伟大胜利。

3. 中国社会主义建设道路经历了怎样的艰辛探索？你是如何认识其中的经验教训的？

答：由于探索社会主义建设的道路具有艰巨性和复杂性，我们党在全国范围内执政时间不长，对社会主义建设缺乏足够的思想理论准备和经验积累，加上当时复杂的国际形势和自然灾害的影响，中国社会主义建设道路经历了艰辛探索。

(1)艰辛探索

①这一时期，发生了 1957 年的反右斗争扩大化，1958 年的“大跃进”和人民公社化运动，1959 年的所谓“反右倾”斗争，1963 ~ 1965 年城乡基层社会主义教育运动中的过火斗争，使党内许多党员干部和一大批有才华的知识分子受到不应有的打击，给国家经济建设和各项事业的健康发展造成冲击，社会主义事业受到严重影响。

②这一时期也对一批文艺作品、学术观点和文艺界、学术界的一些代表人物进行了过火的政治批判。

③1962 年八届十中全会重提阶级斗争、1964 年提出“以阶级斗争为纲”、1965 年年初又错误地提出了重点要整所谓“党内走资本主义道路的当权派”。

④1966 年开始的“文化大革命”，是一场由领导者错误发动，被反革命集团利用，给党、国家和各族人民带来严重灾难的内乱。

(2)经验教训

①必须把马克思主义与中国实际相结合，探索符合中国特色的社会主义建设道路。在社会主义改造还未结束时，毛泽东就提出要实现马克思主义与中国实际的“第二次结合”，探索中国自己的社会主义建设道路。然而，由于对马克思主义关于社会主义的一些基本原理的理解不够深入，对中国的基本国情缺乏深刻认识，没有能够真正搞清楚什么是社会主义、怎样建设社会主义等一系列问题。实践证明，只有科学理解马克思主义基本原理，准确把握中国基本国情，运用马克思主义立场、观点和方法，才能逐渐掌握社会主义建设规律，开辟适合中国特点的社会主义建设道路。

②必须正确认识社会主义社会的主要矛盾和根本任务，集中力量发展生产力。实践证明，在整个社会主义初级阶段，要始终坚持党对社会主要矛盾的科学判断，以经济建设为

中心，不断提高人民物质文化生活水平。对于社会主义一定范围内长期存在的阶级斗争，不能将其简单地等同于全国范围的阶级斗争，更不能搞大规模的政治运动。

③必须从实际出发进行社会主义建设，建设规模和速度要和国力相适应，不能急于求成。实践证明，社会主义建设必须采用科学态度，深入了解和分析实际情况，努力按照客观经济规律办事。只有在不断总结经验的基础上，才能逐渐掌握社会主义建设的客观规律。

④必须发展社会主义民主，健全社会主义法治。由于民主和法制都不健全，党内外关于社会主义建设的不同意见受到压制和打击，正确的主张得不到采纳甚至被贴上资本主义的标签遭到批判，错误的决策得不到及时制止甚至被当作社会主义的原则加以固守，结果导致阶级斗争扩大化，甚至发生“文化大革命”的严重错误。实践证明，中国要实现社会主义现代化，就必须发展社会主义民主，加强社会主义法治。

⑤必须坚持党的民主集中制和集体领导制度，加强执政党建设。实践证明，无产阶级政党在执政以后，必须认真坚持民主集中制和集体领导原则，反对个人崇拜，不断加强党的自身建设，充分发挥党组织和广大党员的积极性、创造性，保证党的决策的科学化、民主化。必须大力发扬党内民主，确保党员的民主权利，避免少数人说了算、个人说了算的现象。

⑥必须坚持对外开放，不能关起门来搞建设，要借鉴吸收人类文明的共同成果建设社会主义。

4. 请结合当前中国面临的国际局势，谈谈我国建立独立的、比较完整的工业体系和国民经济体系的重大意义。

答：当前中国面临着美国芯片制裁、贸易关税壁垒等国际局势。我国独立的、比较完整的工业体系和国民经济体系的建立，是了不起的巨大成就。其重大意义主要表现为：

(1)它是中国人民在中国共产党领导下艰苦奋斗的伟大成果，是社会主义制度优越性的生动体现，具有极其重要的战略意义。它为我们继续推进社会主义建设开拓了可以依靠的阵地，为实现现代化的伟大事业奠定了初步的物质基础。

(2)随着独立的、比较完整的工业体系的形成，工业在国民经济中的主导地位日益明显，发挥着越来越重要的作用。工业部门不仅为改善人民生活提供了大量的日用消费品，为国民经济其他部门和国防建设提供了大批燃料、动力、原材料和技术装备，而且还为出口提供了相当数量的产品，它使中国在赢得政治上的独立之后赢得了经济上的独立。

(3)集中统一的经济管理体制，在当时物质缺乏、经济基础薄弱的条件下，起到了积极作用。它有利于把有限的资金、物力和技术力量集中起来，保证重点建设项目的完成，为中国以后的发展奠定了牢固的物质技术基础。

(4)独立的、比较完整的工业体系和国民经济体系的建立，从根本上解决了工业化中“从无到有”的问题，而且也为中国同包括西方发达国家在内的世界各国在平等互利的原则下发展对外贸易和经济往来创建了前提。

(5)独立的、比较完整的工业体系和国民经济体系，为我国构建以国内大循环为主体、国内国际双循环相互促进的新发展格局提供了基础条件和重要保障。

5. 作为新时代的青年，我们应当如何弘扬社会主义革命和建设时期形成的历久弥新的时代精神？

答：以改革创新为核心的时代精神，是当代中国人民精神风貌的集中写照，是激发社会创造活力的强大力量。大力弘扬以改革创新为核心的时代精神，才能使全体人民始终保持昂扬向上的精神状态，不断推进中国特色社会主义伟大事业。

(1)作为当代青年，我们要追求远大理想，坚定崇高的信念。我们要把个人的奋斗志向与国家、民族的前途和命运联系在一起，把个人今天的学习进步和祖国明天的繁荣昌盛紧紧联系在一起，使理想之花结出丰硕的成长成才之果。

(2)我们要做忠诚的爱国者，时刻不忘自己是中华人民共和国的一份子。维护国家利益，维护祖国统一，以振兴中华为己任。无论我们以什么样的方式来报效祖国，都要自觉弘扬以爱国主义为核心的民族精神和以改革创新为核心的时代精神，努力学习，掌握报效祖国的本领。

(3)树立积极进取的人生态度，用科学高尚的人生观指引人生。明是非，知荣辱，辨善恶，在实践中不断地创造人生的价值，赋予人生与众不同的意义。

(4)我们还要加强道德修养，锤炼道德品质。要践行社会主义核心价值观，加强思想道德修养，做一个知荣辱讲道德的人。

(5)在日常生活中还要做到遵守社会公德，维护公共秩序，并且要增强法律意识，做一个知法、明法、守法的公民。

8.3 典型题(含考研真题)详解

一、单项选择题(下列每题给出的四个选项中，只有一个选项是符合题目要求的)

扫码看真题视频

1. 社会主义革命和建设时期，党面临的主要任务是，实现从新民主主义到社会主义的转变，进行社会主义革命，推进社会主义建设，为实现中华民族伟大复兴奠定根本政治前提和制度基础。中国进入社会主义社会最主要的标志是(　　)。[2023年考研政治真题]

A. 社会主义政治制度的确立　　B. 社会主义经济制度的确立

C. 民主革命遗留任务的完成　　D. 人民民主专政国家政权的建立

【解析】1956年，我国完成了对农业、手工业和资本主义工商业的社会主义改造；继建立社会主义基本政治制度之后，社会主义的基本经济制度也建立起来。这是中国进入社会主义社会最主要的标志。

2. 1956年4月，毛泽东提出把马克思列宁主义基本原理同中国具体实际进行“第二次结合”，其目的是(　　)。[2022年考研政治真题]

A. 加强中国共产党的自身建设　　B. 为社会主义改造创造条件

C. 找出在中国怎样建设社会主义的道路　　D. 全面建设社会主义现代化强国

1B　2C

【解析】新中国成立后，特别是在1956年中国社会主义基本制度确立时，毛泽东从历史、理论与现实的结合上，提出了马克思主义中国化"第二次结合"的思想。进行"第二次结合"，成为中国共产党人探索在中国怎样建设和发展社会主义问题的指导思想。

3. 1956年4和5月，毛泽东先后在中央政治局扩大会议和最高国务会议上作《论十大关系》的报告，他指出："最近苏联方面暴露了他们在建设社会主义过程中的一些缺点和错误，他们走过的弯路，你还想走？过去我们就是鉴于他们的经验教训，少走了一些弯路，现在当然更要引以为戒"，这表明，以毛泽东为主要代表的中国共产党人（　　）。[2010年考研政治真题]

A. 实现了马克思主义同中国实际的"第二次结合"

B. 开始探索中国自己的社会主义建设道路

C. 开始找到自己的一条适合中国的路线

D. 已经突破社会主义苏联模式的束缚

【解析】《论十大关系》是以毛泽东为主要代表的中国共产党人开始探索中国自己的社会主义建设道路的标志，它在新的历史条件下从经济方面（这是主要的）和政治方面提出了新的指导方针，为中共八大的召开作了理论准备。

4. 新中国的工业化是在苏联的影响下起步的。走中国工业化道路，是中国共产党初步探索我国社会主义建设道路的一个重要思想。当时所讲的工业化道路问题，主要是指（　　）。[2015年考研政治真题]

A. 中央和地方的关系问题

B. 经济建设和国防建设的关系问题

C. 沿海工业和内地工业的关系问题

D. 重工业、轻工业和农业的发展关系问题

【解析】毛泽东在1956年《论十大关系》中论述的第一大关系，即重工业、轻工业和农业的关系。他指出，在把重工业作为国内建设重点的同时，要更多地发展农业、轻工业，并处理好沿海工业与内地工业、经济建设与国防建设的关系，从而对中国工业化道路的问题作出了创造性的论述。

5. 1951年底到1952年春，中国共产党在党政机关干部中开展的"三反"运动的内容是（　　）。

A. 反贪污、反浪费、反官僚主义　　B. 反主观主义、反宗派主义、反党八股

C. 反受贿、反贪污、反自由主义　　D. 反浪费、反行贿、反形式主义

【解析】1951年底到1952年，中国共产党在党政军机关开展了反贪污、反浪费、反官僚主义的"三反"运动，处决了犯有严重贪污罪行的刘青山、张子善（他们曾先后担任中共天津地委书记），使全党震动，全国人民振奋。与"三反"斗争相配合，又在1952年上半年发起"五反"（反对行贿、反对偷税漏税、反对盗窃国家财产、反对偷工减料、反对盗窃经济情报）运动。这些举措对于在执政的条件下继续保持共产党人的革命精神，促进中国共产

3B　4D　5A

党和人民政府的廉政建设，起到了重要的作用。

6. 中国进入新民主主义社会后，经济上处于领导地位的是(　　)。

A. 私人资本主义经济　　B. 国家资本主义经济
C. 国营经济　　D. 合作社经济

【解析】新中国成立后的最初三年，即1949年至1952年期间，在着重完成民主革命的遗留任务的同时，实际上也开始着手完成社会主义革命的任务。这主要表现在以下三个方面：①没收官僚资本，确立社会主义性质的国营经济的领导地位；②开始将资本主义纳入国家资本主义轨道；③引导个体农民在土地改革后逐步走上互助合作的道路。

7. 中国共产党在过渡时期总路线的主体是实现(　　)。

A. 对个体农业的社会主义改造　　B. 对个体手工业的社会主义改造
C. 对资本主义工商业的社会主义改造　　D. 国家的社会主义工业化

【解析】中共中央在1952年底开始酝酿并于1953年正式提出党在过渡时期的总路线，明确规定："党在这个过渡时期的总路线和总任务，是要在一个相当长的时期内，逐步实现国家的社会主义工业化，并逐步实现国家对农业、对手工业和对资本主义工商业的社会主义改造。"当时，对这条总路线的内容有过一种通俗的解释："好比一只鸟，它要有一个主体，这就是发展社会主义工业；它又要有一双翅膀，这就是对农业、手工业和私营工商业的社会主义改造。"

8. 我国农业合作化走的是(　　)。

A. 先机械化、后合作化的道路　　B. 先合作化、后机械化的道路
C. 和平赎买的途径　　D. 人民公社的道路

【解析】中国共产党对农业合作化运动的指导方针是正确的，由此开创了一条有中国特点的农业合作化道路。其基本原则和方针是：①在中国的条件下，可以走先合作化、后机械化的道路。②充分利用和发挥土改后农民的两种生产积极性，通过互助组、初级农业生产合作社、高级农业生产合作社这种由低到高的互助合作的组织形式，实行积极发展、稳步前进、逐步过渡的方针。③农业互助合作的发展，要坚持自愿和互利的原则，采取典型示范、逐步推广的方法，发展一批，巩固一批。④要始终把是否增产作为衡量合作社是否办好的标准。⑤要把社会改造同技术改造相结合。

9. 在推进手工业合作化的过程中，中国共产党采取的方针是(　　)。

A. 合作化　　B. 积极领导、稳步前进
C. 和平赎买　　D. 自愿互利

【解析】在推进手工业合作化的过程中，中国共产党采取的是积极领导、稳步前进的方针。手工业合作化的组织形式，是由手工业生产合作小组、手工业供销合作社到手工业生产合作社，步骤是从供销入手，由小到大，由低到高，逐步实行社会主义改造和生产改造。到1956年底，参加合作社的手工业人员已占全体手工业人员的91.7%，手工业的合作化也

6C　7D　8B　9B

基本完成。AD 两项，是农业合作化运动中的方针和原则。C 项，是对资本主义工商业采取的方针。

10. 我国在社会主义改造中对资本主义工商业采取的政策是(　　)。

A. 和平赎买(利用、限制、改造)　　B. 国家资本主义

C. 没收　　D. 保护

【解析】对资本主义工商企业进行社会主义改造，就是要把民族资本主义工商业改造成为社会主义性质的企业，并对民族资产阶级实行赎买政策。中共中央在《关于资本主义工商业改造问题的决议》中指出："我们对于资产阶级，第一是用赎买和国家资本主义的方法，有偿地而不是无偿地，逐步地而不是突然地改变资产阶级的所有制；第二是在改造他们的同时，给予他们以必要的工作安排；第三是不剥夺资产阶级的选举权，并且对于他们中间积极拥护社会主义改造而在这个改造事业中有所贡献的代表人物给以恰当的政治安排。在资产阶级没有别的出路的条件下，这是他们能够接受的方案。"

11. 中国在对资本主义工商业实行社会主义改造的过程中，在利润分配上采取的政策是(　　)。

A. 统筹兼顾　　B. 劳资两利　　C. 公私兼顾　　D. 四马分肥

【解析】中国共产党对资本主义工商业的社会主义改造，是通过一系列由低级到高级的国家资本主义形式逐步实现的。低级形式的国家资本主义，有委托加工、计划定货、统购包销、委托经销代销等方式；高级形式的国家资本主义就是公私合营，它分为个别行业的公私合营和全行业的公私合营两个阶段。公私合营企业在利润上实行"四马分肥"的政策，即分为国家所得税、企业公积金、工人福利费、股金红利四个部分。企业收益大部分归国家和工人，资本家所得不足四分之一。这种企业已经具有不同程度的社会主义性质。

12. 我国进入社会主义社会的最主要标志是(　　)。

A. 中华人民共和国的成立　　B. 发展国民经济第一个五年计划的制定

C. 第一届全国人民代表大会的召开　　D. 社会主义改造的基本完成

【解析】随着社会主义改造的基本完成，中国继建立了社会主义基本政治制度以后，社会主义的基本经济制度也建立起来了。这是中国进入社会主义社会的最主要的标志。通过社会主义改造，中国共产党创造性地完成了由新民主主义到社会主义的过渡，实现了中国历史上最伟大最深刻的社会变革，开始了在社会主义道路上实现中华民族伟大复兴的历史征程。

13. 中共八大提出社会主义改造完成后中国社会的主要矛盾是(　　)。

A. 生产关系与生产力、上层建筑与经济基础之间的矛盾

B. 敌我矛盾与人民内部矛盾

C. 人民对于经济文化迅速发展的需要同当前经济文化不能满足人民需要的状况之间的矛盾

10A　11D　12D　13C

D. 无产阶级与资产阶级之间的矛盾

【解析】1956年9月15日至27日，中国共产党第八次全国代表大会在北京举行。中共八大正确分析了社会主义改造完成后中国社会的主要矛盾，指出："社会主义制度在我国已经基本上建立起来；我们还必须为解放台湾、为彻底完成社会主义改造、最后消灭剥削制度和继续肃清反革命残余势力而斗争，但是国内主要矛盾已经不再是工人阶级和资产阶级的矛盾，而转变为人民对于经济文化迅速发展的需要同当前经济文化不能满足人民需要的状况之间的矛盾。"党的十九大以来，我国社会主要矛盾已经转化为人民日益增长的美好生活需要和不平衡不充分的发展之间的矛盾。

14. 1956年被毛泽东称作"新经济政策"的是(　　)。

A. 社会主义条件下的商品生产　　B. 可以消灭了资本主义，又搞资本主义

C. 社会主义条件下的价值规律　　D. "三个主体、三个补充"

【解析】中共八大后，中国共产党在探索中又提出一些重要的新思想。同年12月，毛泽东提出，可以消灭了资本主义，又搞资本主义，并把这称作"新经济政策"。这个意见得到了刘少奇、周恩来等领导人的赞同。

15. 1961年1月，中共中央正式决定对国民经济实行"调整、巩固、充实、提高"方针的会议是(　　)。

A. 中共八届五中全会　　B. 中共八届六中全会

C. 中共八届九中全会　　D. 中共八届十中全会

【解析】1961年1月，中共八届九中全会正式决定对国民经济实行"调整、巩固、充实、提高"的方针。毛泽东在会上号召全党大兴调查研究之风。全会的召开，标志着党和政府指导方针的重要转变。

16. 1962年初，中共中央召开的扩大的中央工作会议是(　　)。

A. "七千人大会"　　B. 庐山会议　　C. 南宁会议　　D. 武昌会议

【解析】1962年1、2月间，扩大的中共中央工作会议(即"七千人大会")在北京召开。来自中央、各中央局、各省市自治区党委、地委、县委、重要厂矿党委及军队的负责干部，围绕讨论和修改刘少奇1月27日向大会提交的书面报告，畅所欲言，开展批评和自我批评。毛泽东着重阐述了民主集中制的极端重要性，并带头做了自我批评。这次会议恢复和发扬了党内的民主精神和自我批评精神，统一了全党的认识，对全面贯彻调整国民经济的八字方针起了极其重要的作用。

17. 毛泽东在1956年提出的十大关系围绕的基本方针是(　　)。

A. 调动国内外一切积极因素，为社会主义服务

B. 正确处理人民内部矛盾

C. 满足人民日益增长的物质文化需要

D. 实现社会主义四个现代化

14B　15C　16A　17A

【解析】毛泽东在 1956 年 4 月 25 日中央政治局扩大会议和 5 月 2 日最高国务会议上作了《论十大关系》的报告。该报告总结经济建设的初步经验，借鉴苏联建设的经验教训，概括提出了十大关系。这十大关系，围绕一个基本方针，即："一定要努力把党内党外、国内国外的一切积极的因素，直接的、间接的积极因素，全部调动起来，把我国建设成为一个强大的社会主义国家。"这成为同年 9 月召开的中共八大的指导思想。

18. "文化大革命"的性质是(　　)。

A. 一个阶级推翻另一个阶级的斗争

B. 文化思想领域的一场革命

C. 反对党内走资本主义道路当权派的运动

D. 由领导者错误发动，被反革命集团利用，给党、国家和各族人民带来严重灾难的内乱

【解析】"文化大革命"使国民经济遭受严重损失，民主和法制遭到践踏，大批干部和群众遭受迫害，学术文化事业在许多方面遭到摧残，科技水平在一些领域同世界先进国家的差距进一步拉大，党风和社会风气遭到严重破坏。历史已经判明，"文化大革命"是一场由领导者错误发动，被反革命集团利用，给党、国家和各族人民带来严重灾难的内乱。

19. 从"一五"时期开始到 1976 年的 20 多年，最大的建设成就是(　　)。

A. 开展了大规模的"三线"建设

B. 保障了人民的基本生活需要

C. 基本建立了独立的、比较完整的工业体系和国民经济体系

D. 文化、医疗、科技事业得到长足的发展

【解析】从"一五"时期(即执行发展国民经济的第一个五年计划的时期)开始到 1976 年的 20 多年，是中国社会主义现代化事业打基础的重要发展时期。尽管经历了"大跃进"和"文化大革命"的严重挫折，这个时期中国经济的发展速度仍然是比较快的。这一时期最大的建设成就，是基本建立了独立的、比较完整的工业体系和国民经济体系，从根本上解决了工业化中"从无到有"的问题。

20. 中华人民共和国在联合国合法席位的恢复是在(　　)。

A. 1949 年 10 月　　B. 1956 年 10 月　　C. 1971 年 10 月　　D. 1978 年 10 月

【解析】20 世纪 50 年代，亚洲、非洲、拉丁美洲的广大地区出现了民族解放运动的高潮。中国在支持民族解放运动中同广大发展中国家建立了友好关系。这些国家积极争取恢复新中国在联合国的合法席位，并在 1971 年 10 月获得成功。从此，中国在联合国中发挥日益重要的作用，成为维护世界和平、反对霸权主义的一支中坚力量。

二、多项选择题(下列每题给出的四个选项中，至少有两个选项是符合题目要求的)

1. 从 1953 年开始，在过渡时期总路线的指引下，中国共产党领导人民开始进行有计划的社会主义建设和有系统的社会主义改造。当时中国之所以要着力进行和可能进行社会

18D　19C　20C　❙　1ABCD

主义改造，主要是因为(　　)。[2018年考研政治真题]

A. 资本主义国家的封锁和遏制，社会主义国家的同情和援助

B. 资本主义经济力量弱小，发展困难

C. 对个体农业进行社会主义改造，是实现国家工业化的一个必要条件

D. 社会主义性质的国营经济力量相对来说比较强大

【解析】A项，当时的国际环境促使中国选择社会主义道路，当时只有社会主义国家和第二次世界大战后为独立而奋斗的国家同情中国，只有苏联能够援助中国。B项，资本主义经济力量弱小，发展困难，不可能成为中国工业起飞的基础。C项，对个体农业进行社会主义改造，是保证工业发展、实现国家工业化的一个必要条件。D项，社会主义性质的国营经济力量相对来说比较强大，它是实现国家工业化的主要基础。

2. 中国共产党根据马克思列宁主义关于农业社会主义改造的思想，从我国的实际出发，开创了一条有中国特点的农业合作化道路，成功地实现了对个体农业的社会主义改造。其历史经验主要有(　　)。[2011年考研政治真题]

A. 国家用先进的技术和装备发展农业经济

B. 遵循自愿互利、典型示范和国家帮助的原则

C. 在土地改革后不失时机地引导个体农民走互助合作道路

D. 采取从互助组到初级社再到高级社的逐步过渡形式

【解析】我国农业社会主义改造的经验有：①积极引导农民组织起来，走互助合作道路；②遵循自愿互利、典型示范和国家帮助的原则，以互助合作的优越性吸引农民走互助合作道路；③正确分析农村的阶级和阶层状况，制定正确的阶级政策；④坚持积极领导、稳步前进的方针，采取循序渐进的步骤。对农业进行的社会主义改造大体上经历了互助组、初级社和高级社三个发展阶段。A项，当时我国还不具备发展农业的先进技术和装备，毛泽东提出了先合作化、后机械化的道路。

3. 1957年2月，毛泽东在扩大的最高国务会议上发表《关于正确处理人民内部矛盾的问题》的讲话，强调指出(　　)。[2012年考研政治真题]

A. 社会主义社会充满着矛盾

B. 社会主义社会的基本矛盾仍然是生产关系和生产力之间、上层建筑和经济基础之间的矛盾

C. 社会主义社会的矛盾可以通过社会主义制度本身得到解决

D. 把正确处理人民内部矛盾作为国家政治生活的主题

【解析】D项，1957年2月，毛泽东在扩大的最高国务会议第十一次(扩大)会议上作了《如何处理人民内部的矛盾》的讲话，指出：在社会主义制度下，人民的根本利益是一致的，但还存在着敌我矛盾和人民内部矛盾。必须区分社会主义社会两类不同性质的社会矛盾，把正确处理人民内部矛盾作为国家政治生活的主题。ABC三项，毛泽东还对社会主义社会的基本矛盾作了科学分析。他指出：矛盾是普遍存在的。社会主义社会充满着矛盾，正是

2BCD　3ABCD

这些矛盾推动着社会主义社会不断向前发展。在社会主义社会中，基本的矛盾仍然是生产关系和生产力之间的矛盾、上层建筑和经济基础之间的矛盾。这些矛盾，可以通过社会主义制度本身的自我调整和自我完善不断地得到解决。

4. 1954 年 9 月，第一届全国人民代表大会第一次会议在北京召开，标志着人民代表大会制度在全国范围内建立起来。人民代表大会制度是中国人民当家作主的根本政治制度，这一制度是（　　）。［2010 年考研政治真题］

A. 中国共产党把马克思主义与中国实际相结合的伟大创造

B. 中国共产党带领全国人民长期奋斗的重要成果

C. 全国各族人民的共同利益和共同愿望的反映

D. 近代以来中国社会发展的必然选择

【解析】人民代表大会制度是中国人民当家作主的根本政治制度，这一制度是我党把马克思主义基本原理同中国具体实际相结合的伟大创造，是近代以来中国社会发展的必然选择，是中国共产党带领全国各族人民长期奋斗的重要成果，反映了全国各族人民的共同利益和共同愿望，在实践中显示出强大的生命力和巨大的优越性：保障了人民当家作主；有利于调动人民群众建设社会主义的积极性、主动性、创造性；保证了国家机关协调高效运转；有利于维护国家统一和民族团结。

5. 以毛泽东同志为核心的党的第一代中央领导集体带领全党全国各族人民完成了新民主主义革命，进行了社会主义改造，确立了社会主义基本制度。这一基本制度的确立（　　）。［2013 年考研政治真题］

A. 为当代中国一切发展进步奠定了根本政治前提和制度基础

B. 是中国历史上最深刻最伟大的社会变革

C. 标志着马克思主义同中国实际"第二次结合"的完成

D. 使广大劳动人民真正成为国家的主人

【解析】社会主义基本制度的确立是中国历史上最深刻最伟大的社会变革，也是 20 世纪中国又一次划时代的历史巨变。其意义主要包括：①它为当代中国一切发展进步奠定了根本政治前提和制度基础；②它使广大人民真正成为国家的主人和社会生产资料的主人，极大提高了劳动人民的生产积极性，促进了我国生产力的发展，是中国几千年来阶级关系的最根本变革；③它使占世界人口四分之一的东方大国进入了社会主义社会，这是世界社会主义运动史上又一个历史性的伟大胜利；④它是马克思列宁主义关于社会主义革命理论在中国正确运用和创造性发展的结果，丰富和发展了马克思主义的科学社会主义理论，证明了毛泽东思想的科学性。C 项，"第二次结合"主要指社会主义建设的正确道路的探索。毛泽东提出了马克思主义与中国具体实际第二次结合的任务但是并没有完成它，马克思主义与中国具体实际的第二次结合是由邓小平完成的，其中包括拨乱反正，重新确立了"解放思想、实事求是"的基本原则，重新认识社会主义，形成有中国特色的社会主义理论，实现了从封闭半封闭到改革开放和有计划地向市场转向的飞跃，最终形成了邓小平理论。

4ABCD　5ABD

6. 新中国成立初期，中国共产党和人民政府着重抓的工作有(　　)。

A. 完成民主革命的遗留任务　　B. 恢复和发展国民经济

C. 维护国家主权和安全　　D. 加强党自身的建设

【解析】新中国在成立初期，面临着许多严重的困难和一些紧迫的问题。这对于刚刚执掌全国政权的中国共产党来说，是新的严峻的考验。为了解决这些问题，中国共产党和人民政府着重抓了以下四个方面的工作：①完成民主革命的遗留任务；②恢复和发展国民经济；③巩固民族独立，维护国家主权和安全；④加强中国共产党的自身建设。

7. 中国共产党在过渡时期的总路线和总任务是逐步实现(　　)。

A. 国家的社会主义工业化　　B. 对农业的社会主义改造

C. 对手工业的社会主义改造　　D. 对资本主义工商业的社会主义改造

【解析】1953 年 12 月，中共中央宣传部对党在过渡时期的总路线作了完整表述："从中华人民共和国成立，到社会主义改造基本完成，这是一个过渡时期。党在这个时期的总路线和总任务，是要在一个相当长的时期内，逐步实现国家的社会主义工业化，并逐步实现国家对农业、对手工业和对资本主义工商业的社会主义改造。"

8. 新中国成立后的最初三年，在着重完成民主革命的遗留任务的同时，社会主义革命的任务实际上也已经开始实行了。以下属于社会主义革命任务的有(　　)。

A. 在新解放区进行土改

B. 没收官僚资本，确立社会主义国营经济的领导地位

C. 开始将资本主义纳入国家资本主义轨道

D. 引导个体农民在土地改革后逐步走上互助合作的道路

【解析】新中国成立后的最初三年，即 1949 年至 1952 年期间，在着重完成民主革命的遗留任务的同时，社会主义革命的任务实际上也开始实行了。这主要表现在以下三个方面：①没收官僚资本，确立社会主义性质的国营经济的领导地位；②开始将资本主义纳入国家资本主义轨道；③引导个体农民在土地改革后逐步走上互助合作的道路。A 项，在新解放区进行土改是民主革命的遗留任务。

9. 在我国社会主义改造过程中，国家资本主义的初级形式主要有(　　)。

A. 公私合营　　B. 代购代销　　C. 统购包销　　D. 加工订货

【解析】国家资本主义经济是在人民政府管理之下的，用各种形式和国营社会主义经济联系着的，并受工人监督的资本主义经济。它有初级形式和高级形式的区别。初级形式的国家资本主义企业仍由资本家经营，它同国营社会主义经济通过订立合同等办法，在企业外部建立这样那样的联系。其形式，在工业中有收购、加工、订货、统购、包销；商业中有经销、代销、代购代销、公私联营等。A 项，公私合营是国家资本主义的高级形式。

10. 我国对手工业合作化的组织形式有(　　)。

A. 手工业生产合作小组　　B. 手工业供销合作社

6ABCD　7ABCD　8BCD　9BCD　10ABC

C. 手工业生产合作社　　　　　　　　D. 互助组

【解析】在推进手工业合作化的过程中，中国共产党采取的是积极领导、稳步前进的方针。手工业合作化的组织形式，是由手工业生产合作小组、手工业供销合作社到手工业生产合作社，步骤是从供销入手，由小到大，由低到高，逐步实行社会主义改造和生产改造。D 项，互助组属于农业合作化的运动中的组织形式。

11. 我国对单个企业的公私合营在利润分配上实行“四马分肥”，其内容包括(　　)。

A. 国家所得税　　B. 企业公积金　　C. 工人福利费　　D. 股金红利

【解析】1954 年 1 月，中央人民政府财政经济委员会提出《关于有步骤地将有十个工人以上的资本主义工业基本上改造成为公私合营企业的意见》，高级形式的国家资本主义进一步发展起来。开始时，主要是个别企业的公私合营。在这种合营企业中，公方代表已经居于领导地位。企业利润采取“四马分肥”的办法，即分为国家所得税、企业公积金、工人福利费、股金红利四个部分。

12. 在新民主主义向社会主义过渡时期，中国民族资产阶级仍然具有的两面性为(　　)。

A. 革命性　　　　　　　　B. 剥削工人取得利润

C. 妥协性　　　　　　　　D. 拥护宪法和愿意接受社会主义改造

【解析】民族资产阶级在社会主义革命时期仍然具有两面性。他们既有剥削工人取得利润的一面，又有拥护宪法、愿意接受社会主义改造的一面。因此，对民族资产阶级，是把他们作为朋友，在团结他们的同时，用和平的方法逐步地改造他们。AC 两项，是民族资产阶级在民主革命中的两面性。

13. 新中国成立后，毛泽东探索社会主义建设道路的重要文章有(　　)。

A.《论人民民主专政》

B.《论十大关系》

C.《关于正确处理人民内部矛盾的问题》

D.《在中国共产党第七届中央委员会第二次全体会议上的报告》

【解析】1956 年 4 月 25 日，毛泽东在中共中央政治局扩大会议上作了《论十大关系》的报告。《论十大关系》是以毛泽东为主要代表的中国共产党人开始探索中国自己的社会主义建设道路的标志，它在新的历史条件下从经济方面(这是主要的)和政治方面提出了新的指导方针，为中共八大的召开作了理论准备。1957 年 2 月，毛泽东在扩大的最高国务会议上发表《关于正确处理人民内部矛盾的问题》的讲话，阐明社会主义社会的重大理论问题。它创造性地阐述了社会主义社会矛盾学说，是对科学社会主义理论的重要发展，对中国社会主义事业具有长远的指导意义。毛泽东明确提出要走一条有别于苏联的中国工业化道路。A 项，《论人民民主专政》是在 1949 年 6 月 30 日，毛泽东为纪念中国共产党成立 28 周年所发表的文章。D 项，《在中国共产党第七届中央委员会第二次全体会议上的报告》是在 1949 年 3 月 5 日中央政治局所做的报告。

11ABCD　12BD　13BC

14. 毛泽东在《关于正确处理人民内部矛盾的问题》中指出，社会主义社会的基本矛盾仍然是(　　)。

A. 生产力和生产关系之间的矛盾

B. 人民对于经济文化迅速发展的需要同当前经济文化不能满足人民需要的状况之间的矛盾

C. 经济基础和上层建筑之间的矛盾

D. 敌我矛盾和人民内部矛盾

【解析】毛泽东在《关于正确处理人民内部矛盾的问题》中对社会主义社会的基本矛盾作了科学分析。他指出：矛盾是普遍存在的。社会主义社会充满着矛盾，正是这些矛盾推动着社会主义社会不断向前发展。在社会主义社会中，基本的矛盾仍然是生产关系和生产力之间的矛盾、上层建筑和经济基础之间的矛盾。这些矛盾，可以通过社会主义制度本身的自我调整和自我完善不断地得到解决。这实际上为进行改革，使社会主义制度得到完善和发展奠定了理论基石。

15. 在中共八大上，陈云提出的关于我国社会主义经济体制改革的思想包括(　　)。

A. 国家经营和集体经营是主体，一定数量的个体经营为补充

B. 计划生产是主体，一定范围的自由生产为补充

C. 国家市场是主体，一定范围的自由市场为补充

D. 可以消灭了资本主义，又搞资本主义

【解析】在中共八大上，陈云提出"三个主体、三个补充"的思想，即：国家经营和集体经营是主体，一定数量的个体经营为补充；计划生产是主体，一定范围的自由生产为补充；国家市场是主体，一定范围的自由市场为补充。这个思想为大会所采纳，并写入决议，成为突破传统观念、探索适合中国特点的经济体制的重要步骤。D 项，是毛泽东的观点。

16. 1957 年 4 月中共中央下发《关于整风运动的指示》指出，这次整风主要反对的错误倾向是(　　)。

A. 主观主义　　B. 宗派主义　　C. 自由主义　　D. 官僚主义

【解析】1957 年 4 月 27 日，中共中央下发《关于整风运动的指示》，指出：由于党在全国范围内处于执政地位，有必要在全党进行一次反对官僚主义、宗派主义和主观主义的整风运动。

17. 毛泽东在 1957 年 7 月撰写的《一九五七年夏季的形势》一文中提出，必须在我国建立一个现代化的工业基础和现代化的农业基础，这样，我们的社会主义的经济制度和政治制度，才能获得自己的比较充分的物质基础；为了建成社会主义，工人阶级必须有自己的技术干部队伍，必须有自己的教授、教员、科学家、新闻记者、文学家、艺术家和马克思主义理论家的队伍，这是一个宏大的队伍，人少了是不成的；要造成一个政治局面，这种政治局面是(　　)。

A. 又有集中又有民主

14AC　15ABC　16ABD　17ABD

B. 又有纪律又有自由

C. 又有权利又有义务

D. 又有统一意志、又有个人心情舒畅、生动活泼

【解析】毛泽东在1957年7月撰写的《一九五七年夏季的形势》一文中提出，必须在我国建立一个现代化的工业基础和现代化的农业基础，这样，我们的社会主义的经济制度和政治制度，才能获得自己的比较充分的物质基础；为了建成社会主义，工人阶级必须有自己的技术干部队伍，必须有自己的教授、教员、科学家、新闻记者、文学家、艺术家和马克思主义理论家的队伍，这是一个宏大的队伍，人少了是不成的；要造成一个又有集中又有民主，又有纪律又有自由，又有统一意志、又有个人心情舒畅、生动活泼，那样一种政治局面。这些思想，是中共八大路线的继续和发展，是党探索社会主义建设道路的新成果。

18. 1957年以后我国在经济建设中"左"倾错误很快便严重地泛滥开来，其主要标志是(　　)。

A. 高指标　　B. 瞎指挥　　C. 浮夸风　　D. "共产风"

【解析】中共八大二次会议通过了"鼓足干劲、力争上游、多快好省地建设社会主义"的社会主义建设总路线。中国共产党力图抓住20世纪50年代中期出现的有利于国内和平建设的不可多得的历史机遇，在中国社会主义现代化建设上开创一个跨越式发展的局面。但是，由于没有经过认真的调查研究和试点，就在总路线提出后轻率地发动了"大跃进"和人民公社化运动，使得以高指标、瞎指挥、浮夸风和"共产风"为主要标志的"左"倾错误严重地泛滥开来。

19. "文化大革命"发生的原因有(　　)。

A. 社会主义国家的历史很短，中国的社会主义建设刚刚处于起始阶段

B. 阶级斗争的严重扩大化

C. 把马克思、恩格斯、列宁、斯大林著作中的某些设想和论点加以误解或教条化

D. 党的民主集中制和集体领导制度遭到了严重破坏

【解析】"文化大革命"，是中国共产党在独立地寻找中国自己的社会主义建设道路过程中发生的严重错误。产生这些错误的原因是多方面的，但是归根结底不是社会主义根本制度的问题，它具有深刻的社会历史原因，包括：①由于世界社会主义运动的历史不长，社会主义国家的历史更短，中国对于什么是社会主义、怎样建设社会主义的问题，并没有完全搞清楚。②由于中国共产党的历史特点，在社会主义改造基本完成以后，在观察和处理社会主义社会发展进程中出现的政治、经济、文化等方面的新矛盾新问题时，容易把已经不属于阶级斗争的问题仍然看作是阶级斗争，并且面对新条件下的阶级斗争，又习惯于沿用过去熟习而这时已不能照搬的、进行大规模急风暴雨式群众性斗争的旧方法和旧经验，从而导致阶级斗争的严重扩大化。③脱离现实生活的主观主义的思想和做法，中国共产党把马克思、恩格斯、列宁、斯大林著作中的某些设想和论点加以误解或教条化。④党的民主集中制和集体领导制度遭到严重破坏，致使党无法依靠制度的和集体的力量及时地发现并纠正错误。

18ABCD　19ABCD

20. “文化大革命”的教训有(　　)。

A. 必须科学认识马克思主义的本质，坚持以最新的马克思主义中国化的理论成果武装全党

B. 建设社会主义必须以经济建设为中心，而决不能以阶级斗争为纲

C. 必须坚持民主集中制和集体领导原则，反对任何形式的个人崇拜

D. 积极发展社会主义民主，健全社会主义法制

【解析】十年“文化大革命”给中国带来的灾难是巨大的，提供的教训也是极其惨痛的。概括起来主要有以下几个方面：①认清国情是社会主义事业成败的关键，中国的社会主义建设离不开对国情的深刻认识；②建设社会主义必须以经济建设为中心，而决不能以阶级斗争为纲；③必须坚持民主集中制和集体领导原则，反对任何形式的个人崇拜，保证中国共产党决策的科学化、民主化；④积极发展社会主义民主，健全社会主义法制，为社会主义建设提供良好的社会环境；⑤必须科学认识马克思主义的本质，坚持以最新的马克思主义中国化的理论成果武装全党，提高全党的马克思主义理论水平，提高全党的战斗力，在社会主义建设中发挥党的作用。

21. 20世纪50年代至70年代，中国在建设社会主义的过程中尽管经历过严重的曲折，但还是取得了显著的成就。这主要表现在(　　)。

A. 工业体系和国民经济体系的基本建立

B. 人民生活水平的提高与文化、医疗、科技事业的发展

C. 国际地位的提高与国际环境的改善

D. 社会主义政治体制改革的开始

【解析】20世纪50年代到70年代中国在社会主义建设过程中取得的成就有：①工业体系和国民经济体系的基本建立；②人民生活水平的提高与文化、医疗、科技事业的发展；③国际地位的提高与国际环境的改善。

22. 毛泽东提出，处理中国共产党与民主党派的关系，应坚持的方针为(　　)。

A. 长期共存　　B. 互相监督　　C. 肝胆相照　　D. 荣辱与共

【解析】社会主义是广大人民群众的事业，毛泽东强调：工人、农民是人民群众的主体，建设社会主义，首先必须依靠工农群众，充分调动工农群众的积极性；必须巩固各民族的团结，帮助少数民族发展经济建设和文化建设；应当与民主党派“长期共存，互相监督”，加强统一战线工作。此外，他还提出，要尽可能地化消极因素为积极因素。CD两项，“肝胆相照、荣辱与共”作为处理中国共产党与民主党派关系方针的内容是1982年党的十二大报告增加的，不是毛泽东提出的。

23. 毛泽东对社会主义经济建设方面总结的经验有(　　)。

A. 实行以农业为基础、以工业为主导的方针

B. 正确处理重工业、轻工业和农业的关系

C. 以农、轻、重为序发展国民经济

D. 正确解决好综合平衡的问题

20ABCD　21ABC　22AB　23ABCD

【解析】在社会主义经济建设方面，毛泽东提出，要实行以农业为基础、以工业为主导的方针，正确处理重工业、轻工业和农业的关系，以农、轻、重为序发展国民经济；在优先发展重工业的条件下，坚持工业和农业并举、重工业和轻工业并举、中央工业和地方工业并举、大中小企业并举等“两条腿”走路的方针；发展社会主义商品生产，利用价值规律；正确解决好综合平衡的问题，处理好积累和消费、生产和生活的问题，处理好国家、集体和个人的关系，统筹兼顾，适当安排。

三、简答题

1. 简述抗美援朝战争及其意义。

答：(1)抗美援朝战争的概述

①1950 年 6 月，朝鲜战争爆发。美国宣布武装援助南朝鲜，同时将其海军第七舰队开进台湾海峡，“阻止对台湾的任何进攻”，公然干涉中国内政，侵占中国的领土台湾；并将朝鲜战争的战火烧到中朝交界的鸭绿江边。

②中国政府毅然作出抗美援朝、保家卫国的决策。彭德怀被任命为中国人民志愿军司令员兼政治委员。中朝两国人民及其军队经过近三年的艰苦作战以及谈判斗争，终于迫使美国代表于 1953 年 7 月 27 日在停战协定上签字。

(2)抗美援朝战争的意义

①抗美援朝战争的胜利，打破了美国军队不可战胜的神话，雄辩地证明：西方侵略者几百年来只要在东方一个海岸上架起几尊大炮就可霸占一个国家的时代一去不复返了。

②抗美援朝期间，中国共产党和中国政府在国内发动了大规模的抗美援朝运动，极大地激发了全国人民的爱国主义和国际主义精神，成为恢复和发展国民经济，推动各项社会改革的巨大动力。

③抗美援朝的胜利，使全世界对新中国刮目相看，新中国的国际威望空前提高。为新中国的经济建设和社会改革赢得了一个相对稳定的和平环境。

2. 简述“三反”“五反”运动的内容和意义。

答：(1)“三反”运动

①“三反”运动的内容

针对不法资本家行贿党政干部情况的严重发展，1951 年底到 1952 年春，中国共产党在党政机构工作人员中开展了反贪污、反浪费、反官僚主义的“三反”运动，处决了犯有严重贪污罪行的中共天津地委前任书记刘青山、现任书记张子善，处理了一批党政干部。

②“三反”运动的意义

“三反”运动教育了干部的大多数，挽救了犯错误的同志，清除了党的队伍和国家干部队伍中的腐化分子，有力地抵制了旧社会恶习和资产阶级的腐蚀，对于在执政的条件下保持共产党人的革命精神，促进中国共产党和人民政府的廉政建设，起到了重要的作用。

(2)“五反”运动

①“五反”运动的内容

1952 年 1 月，中共中央决定开展反行贿、反偷税漏税、反盗窃国家资财、反偷工减料、反盗窃国家经济情报的“五反”运动。要求依靠工人阶级，团结守法的资本家及其他市民，揭露违法资本家的“五毒”行为。

②“五反”运动的意义

a. “五反”运动历时半年，打击了不法资本家严重的“五毒”行为，在工商业者中普遍进行了一次守法经营的教育，推动了在私营企业中建立工人监督和实行民主改革。

b. “五反”运动过后，中共中央和人民政府针对新出现的公私关系和劳资关系的紧张、市场萧条的情况，进一步采取措施在新的基础上调整关系，扩大加工订货和收购包销，保证合理利润，使私营工商业继续有所发展。

3. 简述新中国成立初期面临的严峻考验，以及中国共产党和人民政府为解决这些问题所做的工作。

答：新中国在成立初期，面临着许多严重的困难和一些紧迫的问题，这对于刚刚执掌全国政权的中国共产党来说，是新的严峻的考验。面对这些考验，中国共产党和人民政府从实际出发展开了一系列工作，以改变新中国所面临的严峻形势。

(1)新中国成立初期面临的严峻考验

①能不能保卫住人民胜利的成果，巩固新生的人民政权。

②能不能战胜严重的经济困难，迅速恢复和发展国民经济。当时中国的经济不仅远远落后于欧美发达国家，就是与亚洲许多国家相比也存在一定的差距。

③能不能巩固民族独立，维护国家主权和安全。新中国的诞生，打破了帝国主义在东方划定的势力范围，这是以美国为首的西方资本主义阵营所不愿看到的。它们企图通过实行强硬的对华政策，即政治上孤立、经济上封锁和军事上威胁的政策，从根本上搞垮新中国。

④能不能经受住执政的考验，继续保持谦虚、谨慎、不骄、不躁以及艰苦奋斗的作风。

(2)中国共产党和人民政府为解决问题所做的工作

①完成民主革命的遗留任务。在追剿残余敌人、基本完成祖国大陆统一任务的基础上，摧毁旧政权，普遍召开地方各级各界人民代表会议，人民开始行使当家作主的民主权利。

②领导国民经济恢复工作。没收官僚资本，在企业内部开展民主改革和生产改革，确立起社会主义性质的国营经济在国民经济中的领导地位，使人民政权拥有了相当重要的经济基础。同时，开展了稳定物价的斗争和统一全国财政经济的工作。

③巩固民族独立，维护国家主权和安全。新中国废除了帝国主义国家依据不平等条约在中国享有的一切特权；收回了外国列强在中国的兵营，驻扎在中国领土上的一切外国军队都被迫撤走；收回了海关治权，中国人民重新掌握了国门的钥匙。

④加强中国共产党的自身建设。针对中国共产党成为全国范围的执政党、党的工作重心从农村转向城市的新情况，党和政府教育广大干部、党员必须经受住执政的考验、接管城市的考验和生活环境变化的考验。

4. 过渡时期总路线及其特点是什么？

答：随着国民经济的恢复和初步发展，国内的阶级关系、主要矛盾以及社会的经济成分发生了重要变化。中共中央从变化了的实际情况出发，在1952年年底开始酝酿并于1953年正式提出党在过渡时期的总路线。

(1)过渡时期总路线的内容

“党在这个过渡时期的总路线和总任务，是要在一个相当长的时期内，逐步实现国家的社会主义工业化，并逐步实现国家对农业、手工业和资本主义工商业的社会主义改造。”

(2)过渡时期总路线的特点

①主要的任务是实现国家工业化，而为了实现国家工业化，就必须进行社会主义改造，全面确立社会主义的基本制度。

②这是一条“一化三改”“一体两翼”的总路线，即社会主义建设同社会主义改造同时并举的总路线，体现了发展生产力和变革生产关系的有机统一。

5. 简述农业合作化的基本原则和方针。

答：1953 年 12 月，中共中央通过了《关于发展农业生产合作社的决议》，总结了互助合作运动的经验，概括提出引导农民走向社会主义的几种过渡性经济组织形式。第一是互助组，具有社会主义萌芽性质；第二是初级农业生产合作社，具有半社会主义的性质；第三是高级农业生产合作社，具有社会主义的性质。农业合作化的基本原则和方针如下：

(1)在中国当前的条件下，可以走先合作化、后机械化的道路。在土地改革基本完成后，及时将“组织起来”作为农村工作的一件大事来抓。

(2)实行积极发展、稳步前进、逐步过渡的方针。充分利用和发挥土改后农民的两种生产积极性，通过互助组、初级农业生产合作社、高级农业生产合作社这种由低到高的互助合作的组织形式，实行积极发展、稳步前进、逐步过渡的方针。

(3)坚持自愿和互利的原则，采取典型示范、逐步推广的方法，发展一批，巩固一批。

(4)始终把是否增产作为衡量合作社是否办好的标准。

(5)把社会改造同技术改造相结合。在实现农业合作化以后，国家应努力用先进的技术和装备发展农业经济。

6. 简述“第二次结合”命题提出的背景及意义。

答：1956 年 4 月初，在中共中央书记处会议上，毛泽东指出要摸清本国国情，把马克思列宁主义的基本原理同我国革命和建设的具体实际结合起来，制定我们的路线、方针、政策。在社会主义革命和建设时期，要进行第二次结合，找出在中国进行社会主义革命和建设的正确道路。

(1)“第二次结合”命题提出的背景

①历史提出的新课题。在中国这样一个人口多、底子薄、经济文化都很落后的东方大国怎样建设社会主义，怎样巩固和发展社会主义，马列主义书本上没有现成的答案。历史向以毛泽东为核心的党的第一代领导集体提出了在实践中进行探索的新的课题。

②苏联模式难以为继。经过“一五”计划的实践，我们积累了初步的建设经验，也发现苏联的经验不完全适合中国，这就给以毛泽东为核心的党的第一代领导集体探索中国自己的社会主义建设道路提供了可能。

(2)“第二次结合”命题的意义

①面对西方敌对势力乘机掀起的反共反社会主义浪潮，旗帜鲜明地向全世界表明中国共产党坚定走社会主义道路的决心。

②为中国探索自己的社会主义建设道路指明了方向，提供了基本的指导原则。

7. 简述《论十大关系》的主要内容及其意义。

答：为准备召开中国共产党第八次全国代表大会，毛泽东、刘少奇等领导人进行了大规模的调查研究工作。在听取汇报的基础上，毛泽东逐渐形成《论十大关系》的基本思路，并先后在1956年4月25日中央政治局扩大会议和5月2日最高国务会议上作《论十大关系》的报告。

(1)《论十大关系》的主要内容

①一个基本方针：一定要努力把党内党外、国内国外的一切积极的因素，直接的、间接的积极因素，全部调动起来，把我国建设成为一个强大的社会主义国家。

②工人、农民是人民群众的主体，建设社会主义，首先必须依靠工农群众，充分调动其积极性；同时，必须巩固全国各民族的团结，帮助少数民族发展经济建设和文化建设；还应当与民主党派“长期共存，互相监督”，加强统一战线工作。

③在把重工业作为国内建设重点的同时，要更多地发展农业和轻工业，并处理好沿海工业与内地工业、经济建设与国防建设的关系。

④开始提出体制改革的问题，认为我们不能像苏联那样，把什么都集中到中央，而应当有中央和地方两个积极性，应当使各个生产单位有一个与统一性相联系的独立性。

⑤在论述中国和外国的关系时，提出“向外国学习”的口号，强调一切民族、一切国家的长处都要学，但不能一切照搬。

⑥百花齐放、百家争鸣方针的提出和确立，适应了国家迅速发展经济和文化的迫切要求，有利于调动广大知识分子从事社会主义建设的积极性，成为党和国家促进社会主义文化繁荣和科学进步的指导方针，后来也成为处理人民内部矛盾的正确方针。

(2)《论十大关系》的意义

《论十大关系》是以毛泽东为代表的中国共产党人开始探索中国自己的社会主义建设道路的标志。它是在新的历史条件下，总结经济建设的初步经验，借鉴苏联建设的经验教训，概括出来的。从经济方面和政治方面提出了新的指导方针，为中共八大的召开作了理论准备。

8. 简述20世纪70年代，中国在外交领域的成就。

答：新中国从建立之日起，就把坚持独立自主、维护世界和平、促进人类进步事业作为对外工作的目标，努力为国内和平建设创造良好的外部环境。20世纪70年代，中国在外交领域的成就主要有：

(1)1971年10月，在广大发展中国家的积极争取下，中国恢复了在联合国的合法席位，从此，中国在联合国中发挥了日益重要的作用，成为维护世界和平、反对霸权主义的一支中坚力量。

(2)20世纪70年代，新中国经过长期不懈的外交努力，终于打开了中美关系正常化的大门。20世纪60年代末，尼克松总统开始检讨美国的对华政策，毛泽东、周恩来敏锐地觉察到美方的变化，抓住时机发起了“乒乓外交”，实现“小球转动了大球”。1972年2月，美国总统尼克松访华，中美两国发表上海联合公报。

(3)1972 年 9 月，中日两国发表关于建交的联合声明。随着中美关系正常化，1972 年出现了西方国家对华建交热潮，中国外交格局发生重大变化。中国同英国、荷兰、希腊、联邦德国等国先后建立大使级外交关系，同西方国家的关系从此出现重大转机。中苏关系也趋于缓和。这为后来中国逐步实行对外开放政策创造了有利条件。

四、论述题

1. 试述新中国成立初期进行社会主义改造的必要性和可能性。

答：从 1953 年开始，在过渡时期总路线的指引下，中国共产党领导人民开始进行有计划的社会主义建设和有系统的社会主义改造。当时中国之所以要着力进行和可能进行社会主义改造，主要有以下四点原因：

(1)社会主义性质的国营经济力量相对来说比较强大，它是实现国家工业化的主要基础。从 1953 年开始的第一个五年计划规定的大型工业建设项目，基本上是由国营经济来承担的。这就是说，那时工业建设的发展，首先就意味着社会主义性质的国营经济的发展和它在整个国民经济中比重的增加。这是中国选择社会主义的一个基本因素。

(2)资本主义经济力量弱小，发展困难，不可能成为中国工业起飞的基础；而且，它对国家和国营经济有很强的依赖性，不可避免地要向国家资本主义的方向发展。在帝国主义对华封锁的情况下，民族资本由于向外发展的渠道被阻断，就更加重了它对国家和国营经济的这种依赖性。1950 年以后，在对资本主义工商业进行调整的过程中，加工订货、经销代销、统购包销、公私合营等形式的国家资本主义有了相当程度的发展。这就为对资本主义工商业进行社会主义改造积累了初步的经验。

(3)对个体农业进行社会主义改造，是保证工业发展、实现国家工业化的一个必要条件。土地改革以后，农业生产摆脱了封建生产关系的束缚，在一个时期内有过相当大的发展；但是，由于实行在土地私有基础上的个体经营，这种发展又受到很大的限制。许多农户不仅无力进行扩大再生产，就连简单再生产也难以维持。这说明，如果不引导个体农民组织起来，不仅广大农民不能进一步改善自己的生活，而且农业生产力的发展会受到很大限制，农村也不可能为工业的发展提供必要的商品粮食、轻工业原料、工业品市场和积累工业发展的资金等条件，从而成为工业发展的严重的制约因素。

(4)当时的国际环境也促使中国选择社会主义，当时只有社会主义国家和第二次世界大战后为争取民族独立而斗争的国家同情中国。只有苏联能够援助中国。这种国际环境也是中国选择社会主义的基本因素之一。

2. 试述对资本主义工商业和平赎买政策的实施。

答：在农业合作化运动迅速发展的同时，对资本主义工商业的社会主义改造也开始积极推进。对资本主义工商企业进行社会主义改造，就是要把民族资本主义工商业改造成为社会主义性质的企业，并对民族资产阶级实行赎买政策。

(1)和平赎买政策的含义

和平赎买不是国家出钱去向资本家赎买，而是指：

①用赎买和国家资本主义的方法，有偿地而不是无偿地，逐步地而不是突然地改变资产阶级的所有制。

②在改造他们的同时，给予他们以必要的工作安排。

③不剥夺资产阶级的选举权，并且对于他们中间积极拥护社会主义改造而在这个改造事业中有所贡献的代表人物给予恰当的政治安排。

(2)实行赎买政策的必要性

①可以在一定时期利用资本主义工商业的积极作用，如增加产品供应、扩大商品流通、维持工人就业、为国家提供税收等。

②有利于争取民族资产阶级及其知识分子，并减少他们接受社会主义改造的阻力。

(3)和平赎买政策在中国能够实现的原因

①中国共产党领导全体工人阶级执行了毛泽东同志根据我国情况制定的马克思主义政策。

②资本家阶级中的进步分子和大多数人在接受改造方面也起了有益的配合作用。

(4)实行赎买政策的结果

国家资本主义形成初级形式和高级形式。初级形式的国家资本主义，在工业中有收购、加工、订货、统购、包销；商业中有经销、代销、代购代销、公私联营等。高级形式的国家资本主义就是公私合营。1956 年底，全国私营工业户的 99%、私营商业户的 82.2%，都走上了全行业公私合营的道路。

3. 毛泽东《关于正确处理人民内部矛盾的问题》的主要内容及其意义。

答：1957 年 2 月，毛泽东在扩大的最高国务会议上作了《如何处理人民内部的矛盾》的讲话。讲话稿经补充修改后，以《关于正确处理人民内部矛盾的问题》为题，在《人民日报》公开发表。

(1)《关于正确处理人民内部矛盾的问题》的主要内容

①在社会主义制度下，人民的根本利益是一致的，但还存在着敌我矛盾和人民内部矛盾。必须区分社会主义社会两类不同性质的社会矛盾，把正确处理人民内部矛盾作为国家政治生活的主题。

②系统阐明了正确处理各种人民内部矛盾的方针和方法，即不能用解决敌我矛盾的方法去解决人民内部矛盾，只能用民主的、说服的、教育的、“团结—批评—团结”的方法去解决。

③正确处理人民内部矛盾问题的指导思想，即团结全国各族人民进行一场新的战争——向自然界开战，发展我们的经济，发展我们的文化，使全体人民比较顺利地走过目前的过渡时期，巩固我们的新制度，建设我们的新国家。

④毛泽东对社会主义社会的基本矛盾作出了科学分析。在社会主义社会中，基本的矛盾仍然是生产关系和生产力之间的矛盾、上层建筑和经济基础之间的矛盾。这些矛盾，可以通过社会主义制度本身的自我调整和自我完善不断地得到解决。

(2)《关于正确处理人民内部矛盾的问题》的意义

①毛泽东矛盾学说的主要代表作《关于正确处理人民内部矛盾的问题》是一篇重要的马克思主义文献。它运用马克思主义对立统一规律，创造性地阐述了社会主义社会矛盾学说，是对科学社会主义理论的重要发展，进一步丰富和发展了中共八大路线，对中国社会主义事业具有长远的指导意义。

②毛泽东关于社会主义社会矛盾的学说，科学揭示了社会主义社会发展的动力，为正确处理社会主义社会各种矛盾、创造良好的社会环境和政治环境，提供了基本的理论依据，也为后来的社会主义改革奠定了理论基础，并以独创性的内容丰富了马克思主义的理论宝库。

4. 试述在社会主义道路的探索过程中形成的建设社会主义的重要原则及其意义。

答： 以毛泽东为核心的党的第一代中央领导集体对建设什么样的社会主义、怎样建设社会主义进行了艰辛探索，积累了在中国这样一个经济文化十分落后的东方大国进行社会主义建设的重要经验，以创造性的内容为马克思主义宝库增添了新的财富。建设社会主义的重要原则的内容和意义具体如下：

(1)探索中形成的建设社会主义的重要原则

①重大的理论创造

a. 阐明了必须实行马克思主义与中国实际“第二次结合”的基本思想。

b. 提出了社会主义矛盾学说，阐明了调动一切积极因素建设社会主义的基本方针。

c. 社会主义可以分为不发达和比较发达两个阶段。毛泽东指出：社会主义这个阶段，又可能分为两个阶段，第一个阶段是不发达的社会主义，第二个阶段是比较发达的社会主义。后一阶段可能比前一阶段需要更长的时间。

d. 社会主义现代化建设的战略目标和“两步走”的发展战略步骤。社会主义现代化建设的战略目标，是要把中国建设成为一个具有现代农业、现代工业、现代国防和现代科学技术的强国。为此，应当采取“两步走”的发展战略：第一步，建成一个独立的比较完整的工业体系和国民经济体系；第二步，全面实现农业、工业、国防和科学技术的现代化，使中国的经济走在世界前列。

②建设社会主义的基本方针

a. 在社会主义经济建设方面，提出要实行以农业为基础、以工业为主导的方针，正确处理重工业、轻工业和农业的关系。

b. 在社会主义民主政治建设方面，提出要把“造成一个又有集中又有民主，又有纪律又有自由，又有统一意志、又有个人心情舒畅、生动活泼，那样一种政治局面”作为努力的目标；把正确处理人民内部矛盾作为国家政治生活的主题，坚持人民民主，尽可能团结一切可以团结的力量；处理好中国共产党同各民主党派的关系，坚持长期共存、互相监督的方针，巩固和扩大爱国统一战线；切实保障人民当家作主的各项权利，尤其是人民参与国家和社会事务管理的权利；社会主义法制要保护劳动人民利益，保护社会主义经济基础，保护社会生产力。

c. 在社会主义文化建设方面，提出要坚持马克思主义的指导地位，实行“百花齐放、百家争鸣”的方针，对古今中外的优秀文化实行古为今用、洋为中用、百花齐放、推陈出新的方针；思想政治工作是经济工作和其他一切工作的生命线，要实行政治和经济的统一、政治和技术的统一、又红又专的方针；知识分子在革命和建设中具有重要作用，要建设一支宏大的工人阶级知识分子队伍；要向科学进军，不能走世界各国发展科学技术的老路，而应独立自主、自力更生、奋发图强，努力赶超世界先进水平。

d. 在国防建设和军队建设方面，提出必须加强国防、建设现代化正规化国防军和发展现代化国防技术的重要指导思想，还提出国防建设要服从国家经济建设大局的方针，并为巩固国防制定了积极防御的战略思想，积累了军事斗争同政治斗争、外交斗争相结合的独创性经验。

e. 在执政党自身建设方面，毛泽东最早觉察到帝国主义的“和平演变”战略的危险，号召共产党人提高警惕，同这种危险作斗争。同时，他又十分警惕党在执政以后可能产生的种种消极现象。

(2)探索中形成的建设社会主义的重要原则的意义

毛泽东是探索中国社会主义建设道路的开创者。1956 年以后的 20 年间，以毛泽东为核心的党的第一代中央领导集体在探索过程中，虽然经历了严重曲折，但在社会主义建设中取得的独创性理论成果和巨大成就是极其宝贵的，为新的历史时期开创中国特色社会主义提供了宝贵经验、理论准备和物质基础，为党继续进行探索并系统形成中国特色社会主义理论提供了重要的基础。

五、材料分析题(要求结合所学知识分析材料回答问题)

1. 结合材料回答问题：

材料 1

我国在经济上完成民族独立，还要一二十年时间。我们要努力发展经济，由发展新民主主义经济过渡到社会主义。

——毛泽东 1948 年 9 月《在中共中央政治局会议上的报告和结论》

材料 2

我们的国家就是这样地稳步前进，经过战争，经过新民主主义的改革，而在将来，在国家经济事业和文化事业大为兴盛了以后，在全国人民考虑成熟并在大家同意了以后，就可以从容地和妥善地走进社会主义的新时期。

——毛泽东 1950 年 6 月《在全国政协一届二次会议上的讲话》

材料 3

1952 年 9 月 24 日，毛泽东在中共中央书记处会议上提出，我们要在“十年到十五年基本上完成社会主义，不是十年以后才过渡到社会主义”。

材料 4

“从中华人民共和国成立，到社会主义改造基本完成，这是一个过渡时期。党在这个时期的总路线和总任务，是要在一个相当长的时期内，逐步实现国家的社会主义工业化，并逐步实现国家对农业、对手工业和对资本主义工商业的社会主义改造”。

——中共中央宣传部发布《关于党在过渡时期总路线的学习和宣传提纲》(1953 年 12 月)

请回答：

(1)归纳四个材料的观点并分析观点变化的原因。

(2)试述过渡时期总路线所反映出的历史必然性。

【参考答案】

(1)归纳四个材料的观点并分析观点变化的原因。

答：材料 1、2 反映的是“一举”过渡的观点，材料 3、4 反映的是“并举”过渡的观点。

材料中观点的变化即随着实践的发展和经验的积累，对于如何向社会主义过渡的步骤，中共中央的认识发生了变化。主要原因在于：

①随着民主革命遗留任务的彻底完成，国内的阶级关系和主要矛盾发生了深刻的变化，在打倒地主阶级和官僚资产阶级以后，中国内部的主要矛盾即是工人阶级与民族资产阶级之间的矛盾。这说明，此时有必要明确提出向社会主义过渡的任务。

②随着国民经济的恢复和初步发展，中国社会的经济成分(即生产关系)发生了重要变化，这集中地表现在公私比例的变化上，社会主义成分的比重一天一天增加，国营经济的领导地位一天一天加强。这说明，中国向社会主义过渡在实际上已经开始了。

(2)试述过渡时期总路线所反映出的历史必然性。

答：中共中央在1953年正式提出党在过渡时期的总路线，明确规定："党在这个过渡时期的总路线和总任务，是要在一个相当长的时期内，逐步实现国家的社会主义工业化，并逐步实现国家对农业、对手工业和对资本主义工商业的社会主义改造。"过渡时期总路线有其存在的历史必然性，主要包括：

①已经建立起来的社会主义性质的国营经济力量相对来说比较强大，是实现国家工业化的主要基础。国家的社会主义工业化，是国家独立和富强的必要条件。

②资本主义经济力量弱小，发展困难，不可能成为中国工业起飞的基础。而且，它对国家和国营经济有很强的依赖性，不可避免地要向国家资本主义的方向发展。

③对个体农业进行社会主义改造，是保证工业发展、实现国家工业化的一个必要条件。只有实行农业合作化来规模性增产农产品，才能满足工业发展的各方面需要。

④国际环境也促使中国选择社会主义。美国等西方资本主义国家严密封锁和遏制中国，只有社会主义的苏联能够援助中国。

总之，20世纪50年代社会主义制度在中国确立是历史和人民的选择。这一选择是十分必要的、正确的。通过这一选择，中国共产党创造性地完成了由新民主主义到社会主义的过渡，实现了中国历史上最伟大、最深刻的社会变革，开始了在社会主义道路上实现中华民族伟大复兴的历史征程。

2. 结合材料回答问题：

在过渡时期中，我们党创造性地开辟了一条适合中国特点的社会主义改造的道路。对资本主义工商业，我们创造了委托加工、计划订货、统购包销、委托经销代销、公私合营、全行业公私合营等一系列从低级到高级的国家资本主义的过渡形式，最后实现了马克思和列宁曾经设想过的对资产阶级的和平赎买。

——摘自《关于建国以来党的若干历史问题的决议》

请回答：我国对资本主义工商业社会主义改造取得了哪些经验?

【参考答案】

我国对资本主义工商业社会主义改造取得了哪些经验?

答：对资本主义工商业社会主义改造的顺利实现，是中国共产党创造性地运用马克思主义的基本原理，探索中国特色社会主义改造道路的伟大实践。主要经验有：

(1)对资本主义工商企业进行社会主义改造，就是要把民族资本主义工商业改造成为社会主义性质的企业，并对民族资产阶级实行赎买政策。采取这样的政策，既可以在一定时期利用资本主义工商业的积极作用(如增加产品供应、扩大商品流通、维持工人就业、为国家提供税收等)，又有利于争取民族资产阶级及其知识分子，并减少他们接受社会主义改造的阻力。正因为如此，中国共产党和人民政府对资本主义工商业采取了利用、限制、改造的政策。

(2)经过国家资本主义来改造资本主义工商业，意味着国家对资本家采取和平赎买的政策。以毛泽东为主要代表的中国共产党人，依据马克思、恩格斯和列宁的设想，从中国的国情出发，采取切实可行的方式和步骤，最终实现了对资本主义工商业的和平赎买。

(3)创造了一系列从低级到高级的国家资本主义的过渡形式，保证了社会主义改造的顺利进行，促进了社会生产力的发展。这种逐步推进，比较切合人们的认识水平和心理承受能力，避免了因生产关系变化而造成对社会生产力的破坏。

(4)注意把对企业的改造与对人的改造结合起来，在把私有制企业改造成公有制企业的过程中，把资本家改造成为自食其力的劳动者。

3. 结合材料回答问题：

1981 年 6 月中共十一届六中全会作出的《关于建国以来党的若干历史问题的决议》明确指出：社会主义改造尽管存在某些缺点和偏差，“但整个来说，在一个几亿人口的大国中比较顺利地实现了如此复杂、困难和深刻的社会变革，促进了工农业和整个国民经济的发展，这的确是伟大的历史性胜利”。

请回答：社会主义改造胜利完成具有怎样的重大历史意义？

【参考答案】

社会主义改造胜利完成具有怎样的重大历史意义？

答：社会主义改造胜利完成的重大历史意义主要体现为：

(1)社会主义改造的胜利使我国的社会经济结构发生了根本变化。社会主义公有制经济已成为国民经济的主体部分，几千年来以生产资料私有制为基础的阶级剥削制度已经基本消灭，社会主义的公有制经济制度已经基本建立起来。

(2)社会主义改造的胜利使我国的政治领域发生了重大的变化，确立了中国共产党领导的人民民主专政的社会主义基本政治制度。中国由一个新民主主义的国家转变为社会主义国家，人民民主专政实质上已成为无产阶级专政。

(3)社会主义改造的胜利使我国的阶级关系发生了重要变化。广大劳动人民从此彻底摆脱了受压迫、受剥削的地位，成了掌握生产资料的主人，剥削阶级已经被消灭，以工人阶级为领导、工农联盟为基础的人民民主专政的国家政权更加巩固。

(4)社会主义改造的胜利进一步解放了我国的社会生产力，使我国的主要矛盾发生了变化。过渡时期存在的无产阶级与资产阶级之间的矛盾已经基本上解决，人民对于经济文化迅速发展的需要同经济文化不能满足人民需要之间的矛盾成为我国社会的主要矛盾。

(5)社会主义改造的胜利丰富和发展了马克思主义的科学社会主义理论。中国共产党不仅实现了马克思、恩格斯和列宁关于对资本主义实行和平赎买的设想，而且创造了一系列由低级到高级的国家资本主义过渡形式。

总之，1949 年新中国的成立和 1956 年社会主义改造的完成、社会主义制度的建立，成为 20 世纪中国人民在前进道路上经历的一次历史性的巨大变化。

4. 结合材料回答问题：

材料 1

我们的方针是，一切民族，一切国家的长处都要学，政治、经济、科学、技术、文学、艺术的一切真正好的东西都要学。但是，必须有分析有批判地学，不能盲目地学，不能一切照抄，机械搬运。

——摘自《毛泽东著作选读》(下册)

材料 2

中共中央 26 日上午在人民大会堂举行座谈会，纪念毛泽东同志诞辰 120 周年。中共中央总书记、国家主席、中央军委主席习近平发表重要讲话强调，我们要把党和人民 90 多年的实践及其经验，当做时刻不能忘、须臾不能丢的立身之本，毫不动摇走党和人民在长期实践探索中开辟出来的正确道路，勿忘昨天的苦难辉煌，无愧今天的使命担当，不负明天的伟大梦想，在中国特色社会主义伟大道路上，为实现中华民族伟大复兴的中国梦，前进。

习近平在讲话中回顾了毛泽东同志一生的丰功伟绩，总结了以毛泽东同志为主要代表的中国共产党人对中国革命和建设作出的卓越贡献。习近平指出，毛泽东同志等老一辈革命家，都是从近代以来中国历史发展的时势中产生的伟大人物，都是从近代以来中国人民抵御外敌入侵、反抗民族压迫和阶级压迫的艰苦卓绝斗争中产生的伟大人物，都是走在中华民族和世界进步潮流前列的伟大人物。习近平强调，在革命和建设长期实践中，以毛泽东同志为主要代表的中国共产党人，根据马克思列宁主义基本原理，形成了适合中国情况的科学指导思想，这就是毛泽东思想。毛泽东思想以独创性理论丰富和发展了马克思列宁主义。我们将永远高举毛泽东思想的旗帜前进。

——摘编自新华网

请回答：

论述毛泽东等老一辈革命家探索中国社会主义建设道路的理论贡献及意义。

【参考答案】

论述毛泽东等老一辈革命家探索中国社会主义建设道路的理论贡献及意义。

答：(1)理论贡献

以毛泽东为主要代表的中国共产党人在探索适合中国情况的社会主义建设道路过程中，作出了一系列重要的理论贡献。主要表现为：

①毛泽东论述了必须实行马克思主义与中国实际“第二次结合”的基本思想，提出了关于社会主义社会矛盾的学说，阐明了建设社会主义的基本方针。

②关于社会主义的发展阶段，毛泽东指出：“社会主义这个阶段，又可能分为两个阶段，第一个阶段是不发达的社会主义，第二个阶段是比较发达的社会主义。后一阶段可能比前一阶段需要更长的时间。”

③关于社会主义现代化建设的战略目标和步骤，毛泽东强调：社会主义现代化建设的战略目标，是要把中国建设成为一个具有现代农业、现代工业、现代国防和现代科学技术

的强国。为此，应当采取“两步走”的发展战略，第一步，建成一个独立的比较完整的工业体系和国民经济体系；第二步，全面实现农业、工业、国防和科学技术的现代化，使中国的经济走在世界前列。

④在社会主义经济建设方面，毛泽东提出，要实行以农业为基础、以工业为主导的方针，正确处理重工业、轻工业和农业的关系，以农、轻、重为序发展国民经济；在优先发展重工业的条件下，坚持工业和农业并举、重工业和轻工业并举、中央工业和地方工业并举、大中小企业并举等“两条腿”走路的方针；正确解决好综合平衡的问题，处理好积累和消费、生产和生活的问题，处理好国家、集体和个人的关系，统筹兼顾，适当安排。

⑤在社会主义民主政治建设方面，毛泽东提出，要把“造成一个又有集中又有民主，又有纪律又有自由，又有统一意志、又有个人心情舒畅、生动活泼，那样一种政治局面”作为努力的目标；把正确处理人民内部矛盾作为国家政治生活的主题，坚持人民民主，尽可能团结一切可以团结的力量；处理好中国共产党同各民主党派的关系，坚持长期共存、互相监督的方针，巩固和扩大爱国统一战线；切实保障人民当家作主的各项权利，尤其是人民参与国家和社会事务管理的权利；社会主义法制要保护劳动人民利益，保护社会主义经济基础，保护社会生产力。

⑥在社会主义文化建设方面，毛泽东提出，要坚持马克思主义的指导地位，实行“百花齐放、百家争鸣”的方针，对古今中外的优秀文化实行“古为今用、洋为中用、百花齐放、推陈出新”的方针；思想政治工作是经济工作和其他一切工作的生命线，要实行政治和经济的统一、政治和技术的统一、又红又专的方针；知识分子在革命和建设中具有重要作用，要建设一支宏大的工人阶级知识分子队伍；要向科学进军，不能走世界各国发展科学技术的老路，而应独立自主、自力更生、奋发图强，努力赶超世界先进水平。

⑦在国防建设和军队建设方面，毛泽东提出必须加强国防、建设现代化正规化国防军和发展现代化国防技术的重要指导思想，还提出国防建设要服从国家经济建设大局的方针，并为巩固国防制定了积极防御的战略思想，积累了军事斗争同政治斗争、外交斗争相结合的独创性经验。

⑧在执政条件下加强共产党自身建设方面，毛泽东最早觉察到帝国主义的“和平演变”战略的危险，号召共产党人提高警惕，同这种危险作斗争。同时，他又十分警惕党在执政以后可能产生的种种消极现象。

(2)意义

①以毛泽东为主要代表的中国共产党人所阐明的这些重要思想，系统地回答了在一个半殖民地半封建的东方大国，如何实现新民主主义革命和社会主义革命的问题，之后，对建设什么样的社会主义、怎样建设社会主义进行了艰辛探索，积累了在中国这样一个社会生产力水平十分落后的东方大国进行社会主义建设的重要经验，以创造性的内容为马克思主义宝库增添了新的财富。这些思想成果，为党继续进行探索并系统形成中国特色社会主义理论体系提供了重要的基础。

②毛泽东是探索中国社会主义建设道路的开创者。他领导全党和全国人民顶住来自外部的各种影响和压力，坚持不懈地进行这种探索。毛泽东等老一代革命家作为中国社会主义建设道路开创者的历史功绩，将永远载入党和国家的史册。

5. 结合材料回答问题：

材料

以毛泽东同志为核心的党的第一代中央领导集体带领全党全国各族人民完成了新民主主义革命，进行了社会主义改造。确立了社会主义基本制度，成功实现了中国历史上最深刻最伟大的社会变革，为当代中国一切发展进步奠定了根本政治前提和制度基础。在探索过程中，虽然经历了严重曲折，但党在社会主义建设中取得的独创性理论成果和巨大成就，为新的历史时期开创中国特色社会主义提供了宝贵经验、理论准备、物质基础。

——摘自《十八大报告》

请回答：以毛泽东同志为核心的党的第一代中央领导集体在社会主义建设中取得了哪些独创性理论成果和巨大成就？

【参考答案】

以毛泽东同志为核心的党的第一代中央领导集体在社会主义建设中取得了哪些独创性理论成果和巨大成就？

答：虽然在社会主义现代化建设方面经历了严重的挫折，但是以毛泽东同志为核心的党的第一代中央领导集体在社会主义建设方面取得了独创性理论成果和巨大成就，主要包括：

（1）理论成果

以毛泽东为主要代表的中国共产党人在创建新中国和探索适合中国情况的社会主义建设道路过程中，创造了一系列重要的理论。把社会主义分为两个发展阶段，提出了社会主义现代化建设的战略目标和步骤，在社会主义经济建设、民主政治建设、文化建设、国防建设和军队建设方面、党的建设方面提出了独创性的思想。这些重要思想，为党继续进行探索并系统形成中国特色社会主义理论提供了重要的基础。

（2）巨大成就

①工业体系和国民经济体系的基本建立。较快的发展速度，国家经济实力显著增强，基本建立独立的、比较完整的工业体系和国民经济体系，从根本上解决了工业化中“从无到有”的问题，使中国在经济上赢得了独立，为中国以后的发展奠定了牢固的物质技术基础。

②人民生活水平的提高与文化、医疗、科技事业的发展，保障了人民的基本生活需要，提高了人民的文化素质和健康水平，取得了一批重要的科技成果。

③国际地位的提高与国际环境的改善。在联合国合法席位的恢复以及中国与西方国家之间的建交为中国逐步实行对外开放政策创造了有利条件。

④探索中形成了建设社会主义的若干重要原则。

第九章　改革开放与中国特色社会主义的开创和发展

9.1　复习指南

【视频导学(名师点拨)】

改革开放与中国特色社会主义的开创和发展

扫码看视频导学

【知识框架(庖丁解牛)】

- 改革开放与中国特色社会主义的开创和发展
  - 历史性的伟大转折和改革开放的起步
    - 伟大转折和成功开创中国特色社会主义
      - 在徘徊中前进和关于真理标准问题大讨论
      - 党的十一届三中全会实现伟大转折
    - 拨乱反正任务的基本完成
      - 大规模平反冤假错案和调整社会关系
      - 阐明必须坚持四项基本原则
      - 制定《关于建国以来党的若干历史问题的决议》和明确新时期我国社会主要矛盾
    - 改革开放的起步
      - 国民经济的调整
      - 农村改革率先取得突破
      - 逐步转向城市经济体制改革
      - 对外开放和兴办经济特区
      - 政治体制改革的启动
  - 改革开放和社会主义现代化建设新局面
    - 改革开放的全面展开
      - “建设有中国特色社会主义”重大命题的提出
      - 经济体制改革的全面展开
      - 对外开放确立为基本国策和形成新格局
    - 加强和改善党的领导
      - 《关于党内政治生活的若干准则》
      - 干部队伍“四化”建设
      - 整党和社会主义精神文明建设
    - 改革开放和现代化建设的深入推进
      - 社会主义初级阶段理论和党的基本路线的提出
      - “三步走”发展战略的制定
      - 改革开放的不断推进和治理整顿的开始

- 改革开放与中国特色社会主义的开创与发展
  - 改革开放和社会主义现代化建设新局面的展开
    - 国防战略的转变、“一国两制”方针的形成和外交方针政策的调整
    - 经受严重政治风波的考验
      - 1989 年严重政治风波
      - 党的十三届四中全会召开
    - 邓小平南方谈话
  - 把中国特色社会主义推向 21 世纪
    - 新的中央领导集体与捍卫中国特色社会主义
    - 社会主义市场经济体制改革目标和基本框架的确立
    - 改革开放和现代化建设的跨世纪发展
    - 香港、澳门回归祖国与两岸交流扩大
    - 推进党的建设新的伟大工程
  - 在新形势下坚持和发展中国特色社会主义
    - 全面建设小康社会宏伟目标的提出
    - 全面建设小康社会新部署和改革开放的深化
    - 推进“一国两制”实践与祖国和平统一大业
    - 提高党的建设科学化水平
      - 加强党的执政能力建设和先进性建设
      - 提高党的建设科学化水平
      - 扎实推进惩治和预防腐败体系建设
      - 确立科学发展观为党的指导思想

【通关提要(提纲挈领)】

本章时间跨度大(1978 年至 2012 年)、内容丰富(十一届三中全会、六届六中全会，十二大至十八大历届党代会，以及南方谈话等)。本章需要掌握的重要考点是有关真理标准问题的讨论、十一届三中全会、中国特色社会主义的接续发展等。从总体上看，本章命题相对较少，考点多为一些重要的历史节点。

9.2　课后习题详解

1. 为什么说党的十一届三中全会是新中国成立以来的伟大历史转折?

答: 中共十一届三中全会是新中国成立以来的伟大历史转折，这是因为:

(1)从十一届三中全会的内容来说

①全会冲破了长期“左”倾错误的严重束缚，彻底否定了“两个凡是”的错误方针，高度评价了关于真理标准问题的讨论，并且果断停用了“以阶级斗争为纲”的口号，作出了把工作重点转移到社会主义现代化建设上来和实行改革开放的战略决策。

②全会恢复了党的民主集中制的优良传统，审查解决了历史上遗留的一批重大问题和一些重要领导人的功过是非问题。

(2)从十一届三中全会的影响和意义来讲

①中共十一届三中全会是新中国成立以来党的历史上具有深远意义的伟大转折。

②全会结束了粉碎“四人帮”后党和国家工作在徘徊中前进的局面，标志着中国共产党重新确立了马克思主义的思想路线、政治路线、组织路线，开始了在思想、政治、组织等领域的全面拨乱反正，形成了以邓小平为核心的党的中央领导集体，揭开了社会主义改革

开放的序幕。

③以这次全会为起点，中国进入了改革开放和社会主义现代化建设的历史新时期。党和国家充满希望和活力地踏上了实现社会主义现代化的伟大征程。

2. 中国特色社会主义是怎样开创的?

答：(1)中国特色社会主义的内涵

中国特色社会主义是中国共产党对现阶段纲领的概括。其科学涵义是要求把马克思主义的普遍真理同本国的具体实际结合起来，走适合中国特点的道路，逐步实现工业、农业、国防和科学技术现代化，把中国建设成为富强、民主、文明、和谐的社会主义国家，即一方面要坚持马克思主义的基本原理，走社会主义道路；另一方面必须从中国的实际出发，不照抄、照搬别国经验、模式，而是走具有中国特色的路。

(2)开创过程

①以毛泽东为主要代表的中国共产党人所阐明的重要思想，系统地回答了在一个半殖民地半封建的东方大国，如何实现新民主主义革命和社会主义革命的问题之后，对建设什么样的社会主义、怎样建设社会主义进行了艰辛探索，积累了在中国这样一个社会生产力水平十分落后的东方大国进行社会主义建设的重要经验，以创造性的内容为马克思主义宝库增添了新的财富。

②在粉碎“四人帮”以后，广大干部和群众强烈要求纠正“文化大革命”的错误理论、方针和政策，彻底扭转十年内乱造成的严重局势，使中国从危难中重新奋起。与此同时，世界经济快速发展，科技进步日新月异。国内外大势要求中国共产党尽快就关系党和国家前途命运的大政方针作出政治决断和战略抉择。

③为了冲破“两个凡是”的严重束缚，清除“左”的指导思想，邓小平提出要完整地、准确地理解毛泽东思想的科学体系，强调毛泽东思想的精髓就是实事求是，旗帜鲜明地提出“两个凡是”不符合马克思主义。邓小平还同叶剑英、陈云、李先念、胡耀邦等支持和领导了从1978年5月开始的关于真理标准问题的大讨论，强调实践是检验真理的唯一标准。为党重新确立实事求是的思想路线，纠正长期以来的“左”倾错误，实现历史性的转折作了思想理论准备。

④1978年12月18日至22日，中共十一届三中全会在北京召开。全会冲破了长期“左”的错误的严重束缚，彻底否定了“两个凡是”的错误方针，高度评价了关于真理标准问题的讨论，并且果断停止使用“以阶级斗争为纲”的口号，作出了把工作重点转移到社会主义现代化建设上来和实行改革开放的战略决策。

⑤1992年10月12日至18日，中国共产党第十四次全国代表大会在北京召开。大会确立了邓小平建设有中国特色社会主义理论在全党的指导地位，概括了建设有中国特色社会主义理论的主要内容，指出这个理论第一次比较系统地初步回答了中国这样的经济文化比较落后的国家如何建设、巩固和发展社会主义的一系列根本性问题，是马克思列宁主义基本原理同当代中国实际和时代特征相结合的产物，是毛泽东思想的继承和发展，是全党和全国人民集体智慧的结晶，是中国共产党和中国人民最宝贵的精神财富。

3. 中国特色社会主义是怎样接续发展的?

答: 中国特色社会主义的接续发展经过了以下几个阶段:

(1)以毛泽东为主要代表的中国共产党人,把马克思列宁主义的基本原理同中国革命的具体实践结合起来,创立了毛泽东思想。在毛泽东思想指引下,中国共产党领导全国各族人民,经过长期的反对帝国主义、封建主义、官僚资本主义的革命斗争,取得了新民主主义革命的胜利,建立了人民民主专政的中华人民共和国;新中国成立以后,顺利地进行了社会主义改造,完成了从新民主主义到社会主义的过渡,确立了社会主义基本制度,发展了社会主义的经济、政治和文化。

(2)十一届三中全会以来,以邓小平为主要代表的中国共产党人,总结新中国成立以来正反两方面的经验,解放思想,实事求是,实现全党工作中心向经济建设的转移,实行改革开放,开辟了社会主义事业发展的新时期,逐步形成了建设中国特色社会主义的路线、方针、政策,阐明了在中国建设社会主义、巩固和发展社会主义的基本问题,创立了邓小平理论。

(3)十三届四中全会以来,以江泽民为主要代表的中国共产党人,在建设中国特色社会主义的实践中,加深了对什么是社会主义、怎样建设社会主义和建设什么样的党、怎样建设党的认识,积累了治党治国新的宝贵经验,形成了"三个代表"重要思想。

(4)十六大以来,以胡锦涛为主要代表的中国共产党人,坚持以邓小平理论和"三个代表"重要思想为指导,根据新的发展要求,深刻认识和回答了新形势下实现什么样的发展、怎样发展等重大问题,形成了以人为本、全面协调可持续发展的科学发展观。

(5)十八大以来,以习近平为主要代表的中国共产党人,顺应时代发展,理论和实践结合,系统回答了新时代坚持和发展什么样的中国特色社会主义、怎样坚持和发展中国特色社会主义这个重大时代课题,创立了习近平新时代中国特色社会主义思想。在习近平新时代中国特色社会主义思想指导下,中国共产党领导全国各族人民,统揽伟大斗争、伟大工程、伟大事业、伟大梦想,推动中国特色社会主义进入了新时代。

9.3　典型题(含考研真题)详解

一、单项选择题(下列每题给出的四个选项中,只有一个选项是符合题目要求的)

扫码看真题视频

1. 党的十三大召开前夕,邓小平强调指出:"社会主义本身是共产主义的初级阶段,而我们中国又处在社会主义的初级阶段,就是不发达的阶段,一切都要从这个实际出发,根据这个实际来制订规划。"这一论述(　　)。[2015 年考研政治真题]

A. 首次提出了社会主义初级阶段概念

B. 首次系统阐述了社会主义初级阶段理论

C. 首次对社会主义发展阶段进行了划分

1D

D. 首次把社会主义初级阶段作为事关全局的基本国情加以把握

【解析】十三大于1987年召开。A项，社会主义初级阶段的概念最早是在1981年《关于建国以来党的若干历史问题的决议》中提出来的。B项，邓小平于十三大首次系统地阐述了社会主义初级阶段理论。C项，社会主义发展史上最早提到社会主义发展阶段问题的是列宁。毛泽东在二十世纪六十年代初提出社会主义可以分为不发达的社会主义和比较发达的社会主义两个阶段。

2. 继延安整风之后又一场马克思主义思想解放运动是指(　　)。

A. 中共十一届三中全会　　B. 十一届三中全会前的中央工作会议

C. 关于真理标准问题的大讨论　　D. 中共十三大

【解析】1978年5月11日，《光明日报》发表题为《实践是检验真理的唯一标准》的特邀评论员文章，在全国开始了关于真理标准问题的大讨论。这一讨论冲破了“两个凡是”的思想束缚。关于真理标准问题的大讨论，是继延安整风之后又一场马克思主义思想解放运动，成为拨乱反正和改革开放的思想先导，为党重新确立实事求是的思想路线，纠正长期以来的“左”倾错误，实现历史性的转折作了思想理论准备。

3. 1978年真理标准问题的讨论，其实质在于(　　)。

A. 是不是坚持马列主义、毛泽东思想　　B. 是不是坚持改革开放

C. 是不是坚持社会主义　　D. 是不是坚持科学发展

【解析】真理标准问题的讨论是继延安整风之后又一场马克思主义思想解放运动，其实质在于是不是坚持马列主义、毛泽东思想。讨论明确地解决了党的思想路线问题，继而影响了党的政治路线的制定和贯彻，成为拨乱反正和改革开放的思想先导，为党重新确立实事求是思想路线，纠正长期以来的“左”倾错误，实现历史性的转折做了思想理论准备。

4. 针对1977年至1978年我国出现国民经济比例失调的情况，1979年4月召开的中共中央工作会议决定，对国民经济实行调整的方针是(　　)。

A. 既反保守，又反冒进，在综合平衡中稳步前进

B. 以工业为先导，以农业为基础

C. 调整、充实、巩固、提高

D. 调整、改革、整顿、提高

【解析】针对1977年至1978年出现的国民经济比例失调的情况，1979年4月召开的中共中央工作会议，提出对国民经济实行“调整、改革、整顿、提高”的方针，坚决纠正前两年经济工作中的失误，认真清理过去在这方面长期存在的“左”倾错误影响。

5. 作出把党和国家的工作重点转移到社会主义现代化建设上来和实行改革开放的战略决策的会议是(　　)。

A. 中共十一届三中全会　　B. 中共十二大

C. 中共十二届三中全会　　D. 中共十四大

2C　3A　4D　5A

【解析】1978 年 12 月 18 日至 22 日，中共十一届三中全会在北京召开。全会冲破长期“左”的错误的严重束缚，彻底否定了“两个凡是”的错误方针，高度评价了关于真理标准问题的讨论，并且断然否定“以阶级斗争为纲”的指导思想，做出了把工作重点转移到社会主义现代化建设上来和实行改革开放的战略决策，重新确立了马克思主义的思想路线、政治路线和组织路线。

6. 1979 年 3 月 30 日邓小平在党的理论工作务虚会上发表讲话，指出实现四个现代化的根本前提是(　　)。

A. 坚持共产党的领导　　B. 解放思想

C. 反对资产阶级自由化思潮　　D. 坚持四项基本原则

【解析】1979 年 3 月 30 日，邓小平在理论工作务虚会上发表的讲话中指出：坚持社会主义道路，坚持人民民主专政，坚持共产党的领导，坚持马克思列宁主义、毛泽东思想这四项基本原则，“是实现四个现代化的根本前提”。“如果动摇了这四项基本原则中的任何一项，那就动摇了整个社会主义事业，整个现代化建设事业。”

7. 1981 年 6 月，中共十一届六中全会通过《关于建国以来党的若干历史问题的决议》，标志着指导思想上拨乱反正的胜利完成，其核心问题是(　　)。

A. 坚持改革开放

B. 平反一批重大的冤、假、错案

C. 解决一些“文化大革命”遗留的和历史遗留的问题

D. 科学地评价毛泽东的历史功过，确立毛泽东思想的历史地位

【解析】科学评价毛泽东和毛泽东思想全面拨乱反正，必然要求对新中国成立以来中国共产党的重大历史问题作出结论，以便统一全党和全国人民的思想，团结一致向前看。1981 年 6 月，中共十一届六中全会通过《关于建国以来党的若干历史问题的决议》。决议指出，中国共产党在中华人民共和国成立以后的历史，总的说来，是我们党在马克思列宁主义、毛泽东思想指导下，领导全国各族人民进行社会主义革命和社会主义建设并取得巨大成就的历史。决议从根本上否定了“文化大革命”的理论和实践，对新中国成立以来的重大历史事件作出了基本结论。决议还肯定了中共十一届三中全会以来逐步确立的适合中国情况的建设社会主义现代化强国的道路，进一步指明了中国社会主义事业和党的工作继续前进的方向。决议科学地评价了毛泽东和毛泽东思想的历史地位。

8. 1984 年 10 月，中共十二届三中全会通过了《中共中央关于经济体制改革的决定》，在社会主义经济理论上的重大突破是(　　)。

A. 指出我国社会主义经济是在公有制基础上的有计划的商品经济

B. 指出计划与市场都是手段

C. 指出社会主义也可以搞市场经济

D. 指出社会主义只能以计划经济为主，以市场调节为辅

【解析】1984 年 10 月，中共十二届三中全会通过了《中共中央关于经济体制改革的决

6D　7D　8A

定》。《决定》总结了新中国成立以来特别是十一届三中全会以来经济体制改革的经验，比较系统地提出和阐明了经济体制改革中的一系列重大理论和实践问题。《决定》突破把计划经济同商品经济对立起来的观点，指出我国社会主义经济是在公有制基础上的有计划的商品经济。这是社会主义经济理论的重大突破。

9. 明确提出我国经济体制改革的目标是建立社会主义市场经济体制的会议是(　　)。

A. 中共十三大　　B. 中共十四大　　C. 中共十五大　　D. 中共十六大

【解析】1992 年 10 月 12 日至 18 日，中国共产党第十四次全国代表大会在北京召开。大会明确提出，我国经济体制改革的目标是建立社会主义市场经济体制。社会主义市场经济，是同社会主义基本制度结合在一起的，就是要使市场在社会主义国家宏观调控下对资源配置起基础性作用。

10. 中共十五大把同马克思列宁主义、毛泽东思想一道确立为中国共产党的指导思想的是(　　)。

A. 有中国特色的社会主义理论　　B. “三个代表”重要思想

C. 邓小平理论　　D. 科学发展观

【解析】1997 年 9 月 12 日至 18 日，中国共产党第十五次全国代表大会在北京召开。大会的主题是：高举邓小平理论伟大旗帜，把建设有中国特色社会主义事业全面推向 21 世纪。大会把邓小平理论同马克思列宁主义、毛泽东思想一道确立为中国共产党的指导思想，并写入修改后的《中国共产党章程》。大会指出：作为毛泽东思想的继承和发展的邓小平理论，是当代中国的马克思主义，是马克思主义在中国发展的新阶段。

11. 明确提出全面建设小康社会的奋斗目标是在(　　)。

A. 中共十四大　　B. 中共十五大　　C. 中共十六大　　D. 中共十七大

【解析】2002 年 11 月 8 日至 14 日，中国共产党第十六次全国代表大会在北京召开。大会明确了全面建设小康社会的奋斗目标，提出要在本世纪头二十年，紧紧抓住这一重要战略机遇期，集中力量，全面建设惠及十几亿人口的更高水平的小康社会，使经济更加发展、民主更加健全、科教更加进步、文化更加繁荣、社会更加和谐、人民生活更加殷实。

12. 正式提出以人为本、全面协调可持续的科学发展观的会议是(　　)。

A. 中共十五届五中全会　　B. 中共十五届六中全会

C. 中共十六届三中全会　　D. 中共十六届四中全会

【解析】2003 年 7 月，胡锦涛在全国抗击“非典”总结大会上，阐述了加强经济社会协调发展、统筹城乡经济社会发展的要求。在同年 10 月召开的中共十六届三中全会上，胡锦涛正式提出了坚持以人为本、全面协调可持续的科学发展观。

二、多项选择题(下列每题给出的四个选项中，至少有两个选项是符合题目要求的)

1. 党的十一届三中全会标志着中国共产党重新确立了马克思主义的思想路线、政治路线、组织路线，实现了新中国成立以来党的历史上具有深远意义的伟大转折，开启了我国

9B　10C　11C　12C　|　1ABCD

改革开放和社会主义现代化建设的新时期。全会作出实行改革开放的历史性决策，是基于（　　）。[2023 年考研政治真题]

A．对党和国家前途命运的深刻把握　　B．对社会主义革命和建设实践的深刻总结

C．对时代潮流的深刻洞察　　D．对人民群众期盼和需要的深刻体悟

【解析】20 世纪六七十年代，世界发展日新月异，党出于对时代潮流的深刻洞察和对党和国家前途命运的深刻把握，深刻认识到必须改变以往以阶级斗争为纲的方针；同时顺应人民期盼，基于对社会主义革命和建设实践的深刻总结，作出了实行改革开放的伟大决策。

2．1978 年 12 月 18 日到 22 日，党的十一届三中全会在北京召开，会议的主要任务是确定把全党工作重心转移到社会主义现代化建设上来。这次全会是新中国成立以来党的历史上具有深远意义的伟大转折，全会结束了粉碎“四人帮”后两年党和国家工作在徘徊中前进的局面，标志着中国共产党（　　）。[2017 年考研政治真题]

A．重新确立了马克思主义的思想路线、政治路线、组织路线

B．开始了在思想、政治、组织等领域的全面拨乱反正

C．形成了以邓小平为核心的党的中央领导集体

D．揭开了社会主义改革开放的序幕

【解析】中共十一届三中全会是新中国成立以来党的历史上具有深远意义的伟大转折。全会结束了粉碎“四人帮”后党和国家工作在徘徊中前进的局面，标志着中国共产党重新确立了马克思主义的思想路线、政治路线、组织路线，开始了在思想、政治、组织等领域的全面拨乱反正。会后，从党的指导思想的确立和实际工作的领导来说，形成了以邓小平为核心的党的中央领导集体，揭开了改革开放的序幕。以这次全会为标志，中国进入了改革开放和社会主义现代化建设的历史新时期。党和国家充满希望和活力地踏上了实现社会主义现代化的伟大征程。

3．1992 年初，在关乎中国改革开放和社会主义现代化建设前途命运的关键时刻，邓小平在视察武昌、深圳、珠海、上海等地时，发表了重要谈话。谈话的主要内容有（　　）。[2016 年考研政治真题]

A．计划多一点还是市场多一点，不是社会主义与资本主义的本质区别

B．不坚持社会主义，不改革开放，不发展经济，不改善人民生活，只能是死路一条

C．走社会主义道路，就是要逐步实现共同富裕

D．革命是解放生产力，改革也是解放生产力

【解析】1992 年，邓小平先后视察武昌、深圳、珠海、上海等地，发表重要谈话。其主要内容有：①计划和市场都是经济手段。邓小平指出：“计划多一点还是市场多一点，不是社会主义与资本主义的本质区别。计划经济不等于社会主义，资本主义也有计划，市场经济不等于资本主义，社会主义也有市场。计划和市场都是经济手段。”②阐明了社会主义本质。即突出了社会主义的根本任务是解放和发展生产力和社会主义的最终目标是共同富裕。③提出了“发展才是硬道理”的重要论断。④提出判断改革开放和各项工作成败得失的“三

2ABCD　3ABCD

个有利于”标准。邓小平强调，“革命是解放生产力，改革也是解放生产力”。重申了深化改革、加速发展的必要性和重要性。“不坚持社会主义，不改革开放，不发展经济，不改善人民生活，只能是死路一条。”⑤强调加强党的建设。⑥关于社会主义初级阶段的长期性和前途。

4. 在庆祝中国共产党成立95周年大会上，习近平总书记强调指出：“坚持不忘初心，继续前进，要坚持党的基本路线不动摇，不断把中国特色社会主义伟大事业推向前进。”改革开放以来，党和国家领导人一再强调要毫不动摇地坚持党的基本路线，这主要是因为，实践已经证明党的基本路线是(　　)。[2017年考研政治真题]

A. 党和国家的生命线，人民的幸福线　　B. 兴国、立国、强国的重大法宝

C. 实现科学发展的政治保证　　D. 思想路线的核心

【解析】党的基本路线是国家的生命线、人民的幸福线。我们要坚持把以经济建设为中心作为兴国之要，把四项基本原则作为立国之本，把改革开放作为强国之路，不能有丝毫动摇。毫不动摇地坚持党的基本路线，把以经济建设为中心同四项基本原则、改革开放这两个基本点统一于建设中国特色社会主义的伟大实践，这是改革开放以来我们党最可贵的经验，是我们事业胜利前进最可靠的保证。实践证明，党的基本路线是兴国、立国、强国的重大法宝，是实现科学发展的政治保证，是党和国家的生命线、人民群众的幸福线。D项，思想路线的核心是实事求是。

5. 关于真理标准问题的大讨论(　　)。

A. 是继延安整风之后又一场马克思主义思想解放运动

B. 成为拨乱反正和改革开放的思想先导

C. 为党重新确立实事求是的思想路线，实现历史性的转折作了思想理论准备

D. 是新中国成立以来党的历史上具有深远意义的伟大转折

【解析】从1978年5月开始的关于真理标准问题的大讨论，强调实践是检验真理的唯一标准。这场讨论，是继延安整风之后又一场马克思主义思想解放运动，成为拨乱反正和改革开放的思想先导，为党重新确立实事求是的思想路线，纠正长期以来的“左”倾错误，实现历史性的转折作了思想理论准备。D项，新中国成立以来党的历史上具有深远意义的伟大转折是指1978年12月召开的党的十一届三中全会。

6. 《关于建国以来党的若干历史问题的决议》关于毛泽东的评价有(　　)。

A. 伟大的马克思主义者

B. 无产阶级革命家、战略家和理论家

C. 功绩是第一位的，错误是第二位的

D. 错误是第一位的，功绩是第二的

【解析】《关于建国以来党的若干历史问题的决议》科学地评价了毛泽东和毛泽东思想的历史地位，指出：毛泽东同志是伟大的马克思主义者，是伟大的无产阶级革命家、战略家和理论家。他虽然在“文化大革命”中犯了严重错误，但是就他的一生来看，他对中国革命

4ABC　5ABC　6ABC

的功绩远远大于他的过失。他的功绩是第一位的，错误是第二位的。他为中国共产党和中国人民解放军的创立和发展，为中国各族人民解放事业的胜利，为中华人民共和国的缔造和中国社会主义事业的发展，建立了永远不可磨灭的功勋。毛泽东思想是马克思列宁主义在中国的运用和发展，是被实践证明了的关于中国革命和建设的正确的理论原则和经验总结，是中国共产党集体智慧的结晶。决议对毛泽东思想的科学体系和活的灵魂(即实事求是、群众路线、独立自主)作了概括，强调毛泽东思想是我们党的宝贵的精神财富，它将长期指导我们的行动。

7. 1979年3月30日，邓小平在理论工作务虚会上作了题为《坚持四项基本原则》的讲话，首次提出“四项基本原则”这一概念。这就是(　　)。

A. 坚持社会主义道路　　B. 坚持人民民主专政

C. 坚持共产党的领导　　D. 坚持马克思列宁主义、毛泽东思想

【解析】1979年3月30日，邓小平在理论工作务虚会上发表的讲话中指出：坚持社会主义道路，坚持人民民主专政，坚持共产党的领导，坚持马克思列宁主义、毛泽东思想这四项基本原则，“是实现四个现代化的根本前提”。“如果动摇了这四项基本原则中的任何一项，那就动摇了整个社会主义事业，整个现代化建设事业。”

8. 1987年10月召开的中国共产党第十三次全国代表大会最突出的贡献是(　　)。

A. 比较系统地阐述了关于社会主义初级阶段的理论

B. 完整地概括了中国共产党在社会主义初级阶段“一个中心、两个基本点”的基本路线

C. 制定了下一步经济体制改革和政治体制改革的基本任务和奋斗目标

D. 规定了三步走的发展战略

【解析】1987年10月25日至11月1日，中国共产党第十三次全国代表大会在北京举行。大会比较系统地阐述了关于社会主义初级阶段的理论，完整地概括了中国共产党在社会主义初级阶段“一个中心、两个基本点”的基本路线，制定了下一步经济体制改革和政治体制改革的基本任务和奋斗目标。

9. 中共十三大正式制定了社会主义现代化建设的战略部署是(　　)。

A. 第一步，实现国民生产总值比1980年翻一番，解决人民的温饱问题

B. 第二步，到20世纪末，使国民生产总值再增长一倍，人民生活达到小康水平

C. 第三步，到21世纪中叶，人均国民生产总值达到中等发达国家水平，人民生活比较富裕，基本实现现代化

D. 第三步，到21世纪中叶，人均国民生产总值达到发达国家水平，人民生活比较富裕，全面实现现代化

【解析】中共十三大正式制定了社会主义现代化建设“三步走”的战略部署：第一步，实现国民生产总值比1980年翻一番，解决人民的温饱问题，这个任务已经基本实现；第二步，到20世纪末，使国民生产总值再增长一倍，人民生活达到小康水平；第三步，到21

7ABCD　8ABC　9ABC

世纪中叶，人均国民生产总值达到中等发达国家水平，人民生活比较富裕，基本实现现代化。

10. 改革开放和现代化事业进入从计划经济体制向社会主义市场经济体制转变的新阶段的标志是(　　)。

A. 十一届三中全会　　B. 邓小平“南方谈话”

C. 中共十三大　　D. 中共十四大

【解析】1992年，以邓小平“南方谈话”和中共十四大为标志，改革开放和现代化建设事业进入从计划经济体制向社会主义市场经济体制转变的新阶段，由此打开了中国经济、政治、文化发展的崭新局面。

11. 中共十六大以来，以胡锦涛为总书记的中共中央提出的重大战略思想包括(　　)。

A. “三个代表”重要思想　　B. 科学发展观

C. 构建社会主义和谐社会　　D. 建设社会主义新农村

【解析】2002年11月8日至14日，中国共产党第十六次全国代表大会在北京召开。以胡锦涛为总书记的中共中央提出的重大战略思想主要包括：①制定全面建设小康社会的行动纲领；②树立和落实科学发展观；③构建社会主义和谐社会和社会主义新农村；④加强党的执政能力建设和先进性建设。A项，是以江泽民为总书记的中共中央提出的重大战略思想。

12. 2002年，中共十六大首次提出加强党的执政能力建设，提高党的领导水平和执政水平，并把党的执政能力概括为(　　)。

A. 驾驭市场经济的能力　　B. 科学判断形势的能力

C. 应对复杂局面的能力　　D. 依法执政的能力和总揽全局的能力

【解析】2002年，中共十六大首次提出加强党的执政能力建设，提高党的领导水平和执政水平，并把党的执政能力概括为五个方面：①科学判断形势的能力；②驾驭市场经济的能力；③应对复杂局面的能力；④依法执政的能力；⑤总揽全局的能力。

三、简答题

1. 简述关于真理标准问题的讨论及其意义。

答：(1)真理标准问题的大讨论的背景

①1976年10月粉碎“四人帮”的胜利，挽救了中国共产党和中国的社会主义事业。在粉碎“四人帮”以后，广大干部和群众强烈要求纠正“文化大革命”的错误理论、方针和政策，彻底扭转十年内乱造成的严重局势，使中国从危难中重新奋起。

②世界经济快速发展，科技进步日新月异。国内外大势要求中国共产党尽快就关系党和国家前途命运的大政方针作出政治决断和战略抉择。

③“两个凡是”错误方针的提出，使彻底纠正“文化大革命”错误的要求和愿望遇到严重阻碍，党和国家的工作出现了在徘徊中前进的局面。

10BD　11BCD　12ABCD

(2)真理标准问题的大讨论的概况

①为了冲破“两个凡是”的严重束缚，清除“左”的指导思想，邓小平提出要完整地、准确地理解毛泽东思想的科学体系，强调毛泽东思想的精髓就是实事求是，旗帜鲜明地提出“两个凡是”不符合马克思主义。

②1978 年 5 月 11 日，《光明日报》发表题为《实践是检验真理的唯一标准》的特邀评论员文章，在全国开始了关于真理标准问题的大讨论。

(3)真理标准问题的大讨论的意义

从 1978 年 5 月开始的关于真理标准问题的大讨论，强调实践是检验真理的唯一标准。这场讨论，是继延安整风之后又一场马克思主义思想解放运动，成为拨乱反正和改革开放的思想先导，为党重新确立实事求是的思想路线，纠正长期以来的“左”倾错误，实现历史性的转折作了思想理论准备。

2. 简述《关于建国以来党的若干历史问题的决议》的主要内容及意义。

答：1981 年十一届六中全会通过了《关于建国以来党的若干历史问题的决议》。其主要内容及意义如下：

(1)《关于建国以来党的若干历史问题的决议》的主要内容

①决议指出，中国共产党在中华人民共和国成立以后的历史，总的说来，是我们党在马克思列宁主义、毛泽东思想指导下，领导全国各族人民进行社会主义革命和社会主义建设并取得巨大成就的历史。

②决议从根本上否定了“文化大革命”的理论和实践，对新中国成立以来的重大历史事件作出了基本结论。决议还肯定了中共十一届三中全会以来逐步确立的适合中国国情的建设社会主义现代化强国的道路，进一步指明了中国社会主义事业和党的工作继续前进的方向。

③决议科学地评价了毛泽东和毛泽东思想的历史地位，指出：毛泽东同志是伟大的马克思主义者，是伟大的无产阶级革命家、战略家和理论家。他虽然在“文化大革命”中犯了严重错误，但是就他的一生来看，他对中国革命的功绩远远大于他的过失。他的功绩是第一位的，错误是第二位的。毛泽东同志为中国共产党和中国人民解放军的创立和发展，为中国各族人民解放事业的胜利，为中华人民共和国的缔造和中国社会主义事业的发展，建立了永远不可磨灭的功勋。

(2)《关于建国以来党的若干历史问题的决议》的意义

①决议的起草和通过表明，中国共产党是在政治上、理论上成熟的坚强的马克思主义政党。党能够在“文化大革命”结束后不长的时间里作出这样一个经得起历史检验的决议，体现出以邓小平为核心的中共中央领导集体的成熟和远见，体现出中国共产党在反省错误、纠正错误的过程中总结新经验、探索新道路的能力。

②决议的通过，标志着党和国家在指导思想上拨乱反正的胜利完成。从中共十一届三中全会开始，经过两年多的时间，中国的面貌大为改观。

3. 简述多层次对外开放格局的形成。

答：十一届三中全会以后，中国加快了对外开放的步伐，逐渐形成了多层次对外开放格局。其形成过程如下：

(1)1980 年 5 月，中央决定在深圳、珠海、汕头、厦门设立经济特区，采取多种形式吸引和利用外资，学习国外的先进技术和经营管理方法。此后，经济特区加快发展。

(2)在继续推进城乡改革的同时，对外开放也进一步扩大。1983 年 4 月，中共中央和国务院决定对海南岛实行经济特区的某些政策，给予较多的自主权，以加速海南岛的开发，并于 1988 年 4 月建立海南省，将海南岛辟为经济特区。

(3)1984 年年初，邓小平视察深圳、珠海、厦门等地，对经济特区的发展给予充分肯定。根据他的建议，同年 5 月，中共中央决定进一步开放天津、上海、大连、秦皇岛、烟台、青岛、连云港、南通、宁波、温州、福州、广州、湛江、北海 14 个沿海港口城市。

(4)1985 年 2 月，中共中央决定把长江三角洲、珠江三角洲、闽南厦门泉州漳州三角地区开辟为沿海经济开放区。此后又相继开放沿长江城市、内陆省会城市和内陆边界城市。

综上，我国逐步形成了“经济特区—沿海开放城市—沿海经济开放区—内地”这样一个多层次、有重点、点面结合的对外开放格局。

4. 简述中共十五大的主要内容及其意义。

答：1997 年 9 月 12 日至 18 日，中共十五大在北京召开。大会的主题是高举邓小平理论伟大旗帜，把建设有中国特色社会主义事业全面推向 21 世纪。

(1)中共十五大的主要内容

①大会把邓小平理论同马克思列宁主义、毛泽东思想一道确立为中国共产党的指导思想，并写入修改后的《中国共产党章程》。

②大会提出了党在社会主义初级阶段的基本纲领，阐明了建设有中国特色社会主义的经济、政治和文化的基本目标和基本政策，这是党的基本路线在经济、政治、文化等方面的展开。

③大会明确了中国跨世纪发展的战略部署，并就社会主义初级阶段的所有制结构和公有制实现形式，推进政治体制改革、依法治国、建设社会主义法治国家等问题提出了新的论断。大会指出：公有制为主体、多种所有制经济共同发展，是中国社会主义初级阶段的一项基本经济制度。公有制的实现形式可以而且应当多样化。依法治国，是党领导人民治理国家的基本方略。

(2)中共十五大的意义

中共十五大在世纪之交的关键时刻，承前启后、继往开来，明确回答了中国的改革开放和现代化建设继续向前发展的一系列重大理论问题和政策问题，从思想上、政治上和组织上为中国特色社会主义事业的跨世纪发展提供了根本保证。

四、论述题

1. 试述改革开放初期农村改革的突破性进展。

答：十一届三中全会以后，我国的农村改革取得了很大的成就，具体如下：

(1)农业和农村经济的发展面临两大问题

①“政社合一”的人民公社体制亟待改革。

②还有一亿农民的温饱问题尚未解决。

这些都涉及农村生产关系的调整问题。

(2)农业生产责任制的探索

①从1978年开始，安徽、四川的基层干部和农民群众，在省委支持下，开始探索试行包产到组、包产到户、包干到户等多种形式的农业生产责任制，取得了很好的效果。其他一些地方也开始实行农村联产责任制。

②1979年9月，中共十一届四中全会通过了《关于加快农业发展若干问题的决定》，提出要保障基层干部和农民因时因地制宜的自主权，发挥其主动性。

③1980年5月，邓小平发表《关于农村政策的谈话》，肯定了包产到户这种形式，指出它不会影响我们制度的社会主义性质。后来，中央又进一步肯定包产到户、包干到户是社会主义集体经济的生产责任制，是合作经济的一个经营层次。

④在中共中央的支持和推动下，以包产到户、包干到户为主要形式的家庭联产承包责任制，在全国各地逐渐推广开来。家庭联产承包制实行以后，农民对集体所有的土地具有充分的经营自主权，农民的生产积极性得到极大的提高，农民收入明显增加。

(3)人民公社体制的解体

①“统分结合”的农村家庭联产承包责任制的普遍实行，促进了“政社合一”的人民公社体制的解体。1983年10月，中央作出决定，废除人民公社，建立乡(镇)政府作为基层政权，同时成立村民委员会作为村民自治组织。

②废除人民公社体制后，也有部分农村没有实行以分散经营为主的家庭联产承包责任制，而是继续坚持统一经营的集体经济。对此，党和政府也给予了支持和鼓励。

2. 试述邓小平南方谈话的主要内容和历史意义。

答：1992年1月18日至2月21日，邓小平先后视察武昌、深圳、珠海、上海等地，发表重要谈话。南方谈话的主要内容及其意义如下：

(1)邓小平南方谈话的主要内容

①邓小平强调，革命是解放生产力，改革也是解放生产力。不坚持社会主义，不改革开放，不发展经济，不改善人民生活，只能是死路一条。基本路线要管一百年，动摇不得。他提出“三个有利于”标准即是否有利于发展社会主义社会的生产力，是否有利于增强社会主义国家的综合国力，是否有利于提高人民的生活水平。

②邓小平指出，计划多一点还是市场多一点，不是社会主义与资本主义的本质区别。计划和市场都是经济手段。社会主义的本质，是解放生产力，发展生产力，消灭剥削，消除两极分化，最终达到共同富裕。

③邓小平强调，发展才是硬道理。抓住时机，发展自己，关键是发展经济。他指出，科学技术是第一生产力。高科技领域，中国也要在世界占有一席之地。

④邓小平指出，中国要出问题，还是出在共产党内部。对这个问题要清醒。要坚持两手抓，一手抓改革开放，一手抓打击各种犯罪活动。这两只手都要硬。在整个改革开放过程中都要反对腐败。

⑤邓小平强调，我们搞社会主义才几十年，还处在初级阶段。社会主义建设，还处在初级阶段。巩固和发展社会主义制度，还需要一个很长的历史阶段，社会主义经历一个长过程发展后必然代替资本主义。这是社会历史发展不可逆转的总趋势，但道路是曲折的。

(2)邓小平南方谈话的历史意义

邓小平的南方谈话，在重大历史关头，科学地总结了十一届三中全会以来党的基本实践和基本经验，明确回答了长期困扰和束缚人们思想的许多重大认识问题，对整个社会主义现代化建设事业产生了重大而深远的影响。

五、材料分析题(要求结合所学知识分析材料回答问题)

1. 结合材料回答问题：[2009年考研政治真题]

材料1

矛盾是普遍存在的，不过按事物的性质不同，矛盾的性质也就不同。

社会主义社会的矛盾同旧社会的矛盾，例如同资本主义社会的矛盾，是根本不同的。资本主义社会的矛盾表现为剧烈的对抗和冲突，表现为剧烈的阶级斗争，那种矛盾不可能由资本主义制度本身来解决，而只有社会主义革命才能够加以解决。社会主义社会的矛盾是另一回事，恰恰相反，它不是对抗性的矛盾，它可以经过社会主义制度本身，不断地得到解决。

在社会主义社会中，基本的矛盾仍然是生产关系和生产力之间的矛盾，上层建筑和经济基础之间的矛盾。不过社会主义社会的这些矛盾，同旧社会的生产关系和生产力的矛盾、上层建筑和经济基础的矛盾，具有根本不同的性质和情况罢了。

社会主义生产关系已经建立起来，它是和生产力的发展相适应的；但是，它又还很不完善，这些不完善的方面和生产力的发展又是相矛盾的。除了生产关系和生产力发展的这种又相适应又相矛盾的情况以外，还有上层建筑和经济基础的又相适应又相矛盾的情况。

——摘自毛泽东《关于正确处理人民内部矛盾的问题》(1957年2月27日)

材料2

社会主义社会的基本矛盾和目前时期的主要矛盾。关于基本矛盾，我想现在还是按照毛泽东同志在《关于正确处理人民内部矛盾的问题》一文中的提法比较好。毛泽东同志说："在社会主义社会中，基本的矛盾仍然是生产关系和生产力之间的矛盾，上层建筑和经济基础之间的矛盾。"他在这里说了很长的一段话，现在不重复。当然，指出这些基本矛盾，并不就完全解决了问题，还需要就此作深入的具体的研究。但是从二十多年的实践看来，这个提法比其他的一些提法妥当。至于什么是目前时期的主要矛盾，也就是目前时期全党和全国人民所必须解决的主要问题或中心任务，由于三中全会决定把工作重点转移到社会主义现代化建设方面来，实际上已经解决了。我们的生产力发展水平很低，远远不能满足人民和国家的需要，这就是我们目前时期的主要矛盾，解决这个主要矛盾就是我们的中心任务。

——摘自邓小平《坚持四项基本原则》(1979年3月30日)

请回答：

(1)毛泽东提出社会主义社会基本矛盾的历史背景及这一理论的重大意义。

(2)邓小平关于社会主义基本矛盾"深入的具体的研究"所取得的理论成果主要有哪些？

【参考答案】

(1)毛泽东提出社会主义社会基本矛盾的历史背景及这一理论的重大意义。

答：①毛泽东提出社会主义社会基本矛盾的历史背景

a. 1949年中国共产党领导中国人民完成了资产阶级民主革命，基本上完成了新民主主义革命的任务，成立中华人民共和国，开辟了中国历史的新纪元，结束了中国一百多年来被侵略被奴役的屈辱历史，真正成为独立自主的国家，开始了向社会主义过渡的新时期。

b. 1956年，社会主义三大改造基本完成后，我国实现了生产资料私有制向公有制的转变，标志着我国初步建立起了社会主义制度，从此进入了社会主义建设的历史新时期，客观上要求中国共产党回答社会主义社会的发展动力等重大理论和实践问题。

c. 1956年，中共八大对我国社会主义条件下的主要矛盾和党的中心任务进行了分析，指出：我们国内的主要矛盾，已经是人民对于建立先进的工业国的要求同落后的农业国的现实之间的矛盾，已经是人民对于经济文化建设迅速发展的需要同当前经济文化不能满足人民需要的状况之间的矛盾。

d. 苏联、东欧等一些社会主义国家认为社会主义社会已经不存在矛盾。在这种情形下，中国共产党人第一次系统阐述了社会主义社会矛盾这个重大的理论问题。

②毛泽东提出社会主义社会基本矛盾理论的重大意义

a. 由材料可知，毛泽东指出，社会主义社会的基本矛盾仍然是生产关系和生产力，上层建筑和经济基础之间的矛盾。但与旧社会的基本矛盾性质不同，社会主义社会的基本矛盾可以通过社会主义制度本身的自我调整和完善加以解决；生产关系与生产力，上层建筑与经济基础之间既相适应又相矛盾的特点，这是对马克思列宁主义理论的新发展和新飞跃，丰富了马克思主义关于社会主义社会矛盾的理论学说。

b. 社会主义社会矛盾与旧社会的基本矛盾性质不同，社会主义社会的基本矛盾可以通过社会主义制度本身的自我调整和完善加以解决，这就为在坚持社会主义基本制度的前提下，通过改革解决这种矛盾提供了根本的理论依据。

c. 社会主义社会基本矛盾对于社会主义矛盾状态、性质、解决途径等深刻论述，引导人们正确认识和分析社会主义社会客观存在的基本矛盾，从而有助于正确有效地处理社会主义社会中的各种矛盾。这就为正确认识和处理社会主义社会中的矛盾形成了一种积极正面的社会和政治环境。

(2)邓小平关于社会主义基本矛盾“深入的具体的研究”所取得的理论成果主要有哪些?

答：邓小平关于社会主义基本矛盾“深入的具体的研究”所取得的理论成果主要有：

①邓小平认为毛泽东关于社会主义社会基本矛盾的判断是正确的，并在毛泽东关于社会主义基本矛盾的基础上提出了社会主义社会的主要矛盾是人民群众日益增长的物质文化需要同落后的社会生产之间的矛盾，这一矛盾只有通过改革开放、大力发展生产力来解决。

②明确了改革是解决社会主义社会基本矛盾的根本途径。邓小平指出，改革生产关系和上层建筑中不适应生产力发展的内容，以更好地推动生产力的发展，是人类社会基本矛盾运动的具体表现。他区分了社会主义的基本制度和具体体制，明确了社会主义社会基本矛盾不相适应的根源主要在于体制。

③指明了改革的目的是解放和发展生产力。邓小平强调：“革命是解放生产力，改革也是解放生产力”。从而提出在坚持社会主义基本制度的前提下以革命性的改革解决生产关系和上层建筑严重束缚生产力发展的矛盾。

④提出了对外开放，并把其确立为我国必须长期坚持的基本国策。“中国要谋求发展，摆脱贫穷和落后，就必须开放。”实行对外开放是充分发挥社会主义制度优越性的需要。社会主义要赢得与资本主义相比较的优势，就需要以积极的态度学习和吸收人类文明的一切优秀成果。

⑤对世界形势和时代发展进行了科学分析，提出了当今时代主题是和平与发展。邓小平准确地把握时代的变化，并对之作出马克思主义的科学分析，他站在时代的高度以世界的眼光来观察和思考中国的问题，形成和发展了一系列重大的理论观点。

2. 结合材料回答问题：

在《人民日报》“说句心里话”栏目，重庆市城乡统筹综合改革先行示范区的一位农民说出了这样的心里话：

这些年，党和政府在想办法给农民更多实惠，直补种粮农民，免除了农业税，让我们参加了新型农村合作医疗，这些以前真是想都不敢想啊！

现如今，我们这个村先搞了“农民转市民”试点，全村131人今年全部将农村户口转为城镇户口，由农民开始变市民啦！

我家承包的土地自愿流转给集体统一经营，每亩补贴我们青苗费4880元，以后每年按照亩产1000斤粮食的市场价补偿我们。村里把流转出来的土地集中起来，引进一些现代农业项目，经营赚了钱，我们可以分红。这些项目优先从村里招聘劳动力，我儿子就可以回来打工，离我们更近了。以前大家都出去打工，地荒在那里，流转以后可以提高土地利用效率，我们又能从中受益，对村里经济也有好处。

我们现在住的房子是17年前盖的，已经破旧了。根据农民转市民的政策，房子拆迁以后，会补偿给我们两套75平方米的楼房，新房子离这不远，政府承诺我们明年9月搬家。最高兴的是变市民以后，参加了基本养老保险。像我们这样的老人，一次性缴4320元钱，男的从60岁起，女的从55岁起，就可以每个月领156元养老金。

请回答：

(1)结合我国农村改革发展的历史进程，说明为什么一些过去农民“想都不敢想”的问题现在已经解决或正在解决。

(2)通过该示范区的变化，指出建设我国社会主义新农村的主要途径。

【参考答案】

(1)结合我国农村改革发展的历史进程，说明为什么一些过去农民“想都不敢想”的问题现在已经解决或正在解决。

答：一些过去农民“想都不敢想”的问题现在已经解决或正在解决，其主要原因表现为：

①我国农村的改革发展主要经历了两个历史性的飞跃：a. 废除了人民公社，实行家庭联产承包责任制；b. 适应科学种田和生产社会化的需要，发展了适度规模经营，探索农村集体经济有效实现形式。

②当前，随着我国经济发展水平的提高，我国总体上已进入到应当和能够实行“工业反哺农业”，以工促农、以城带乡的发展阶段，初步具备了加大力度扶持“三农”的能力和条件，必须抓住机遇，加快改变农村经济社会发展滞后的局面，扎实稳步推进社会主义新农

村建设。这主要体现在以废除税费为核心的农村分配关系改革和以建立社会主义新农村为目标的农村综合配套改革的过程中。

③十九大报告指出，“三农”问题是关系国计民生的根本问题，必须始终把解决好“三农”问题作为全党工作的重中之重，实施乡村振兴战略。

(2)通过该示范区的变化，指出建设我国社会主义新农村的主要途径。

答：建设我国社会主义新农村的主要途径包括：

①促进农民进城，实现城乡一体化。农村富余劳动力向非农业和城镇转移，是工业化、现代化的必然趋势。建设社会主义新农村要建立以工促农、以城带乡的长效机制，形成城乡经济社会发展一体化新格局。根据材料中重庆示范区的变化，中国特色的城镇化道路应为：

a. 改革户籍管理制度，分类引导人口城镇化。

b. 发展壮大农村经济，增加农民收入。建设社会主义新农村要以促进农民增收为核心，发展乡镇企业，壮大县域经济，多渠道转移农民就业。

c. 改善农村面貌，培养新型农民。

②解决加快农村经济发展的问题。建设社会主义新农村要加强农业基础地位，走中国特色农业现代化道路。

a. 要坚持农村基本经营制度，在稳定和完善土地承包关系的基础上，按照依法自愿有偿原则，健全土地承包经营权流转市场，有条件的地方可以发展多种形式的适度规模和集约化经营。

b. 要增加农业和农村投入。

c. 要坚持把发展现代农业、繁荣农村经济作为首要任务。加强农村基础设施建设，健全农村市场和农业服务体系。

d. 促进农业科技进步，增强农业综合生产能力，确保国家粮食安全。加强动植物疫病防控，提高农产品质量安全水平。

e. 调整优化农村经济结构等。探索集体经济有效实现形式，发展农民专业合作组织，支持农业产业化经营和龙头企业发展。要深化农村综合改革，推进农村金融体制改革和创新，改革集体林权制度。

3. 综合材料回答问题：

材料1

1980年8月，邓小平会见意大利记者奥琳埃娜·法拉奇。法拉奇问：“天安门上的毛主席像，是否要永远保留下去?”邓小平回答说：“永远要保留下去。过去毛主席像挂的太多，到处都挂，并不是一件严肃的事情，也并不能表明对毛主席的尊重。”邓小平又说：“毛主席一生中大部分时间是做了非常好的事情的，他多次从危机中把党和国家挽救起来。没有毛主席，至少我们中国人民还要在黑暗中摸索更长的时间。毛主席最伟大的功绩是把马列主义的原理同中国革命的实际结合起来，指出了中国夺取革命胜利的道路。应该说，在六十年代以前或五十年代后期以前，他的许多思想给我们带来了胜利，他提出的一些根本的原理是非常正确的。”

——摘自《邓小平文选》第2卷

材料2

2013年1月5日，习近平在新进中央委员会的委员、候补委员学习贯彻党的十八大精神研讨班开班式上发表重要讲话。他强调指出，我们党领导人民进行社会主义建设，有改革开放前和改革开放后两个时期，这是两个相互关联又有重大区别的时期。虽然这两个历史时期在进行社会主义建设的思想指导、方针政策、实际工作上有很大差别，但两者决不是彼此割裂的，更不是根本对立的。不能用改革开放后的历史时期否定改革开放前的历史时期，也不能用改革开放前的历史时期否定改革开放后的历史时期。要坚持实事求是的思想路线，分清主流和支流，坚持真理，修正错误，发扬经验，吸取教训，在这个基础上把党和人民事业继续推向前进。

——摘自《人民日报》(2013年1月6日)

请回答：

(1)1980年，邓小平为什么强调天安门上的毛主席像“永远要保留下去”？

(2)如何理解习近平总书记提出的“两个不能否定”的深刻内涵及其意义？

【参考答案】

(1)1980年，邓小平为什么强调天安门上的毛主席像“永远要保留下去”？

答：邓小平强调天安门上的毛主席像“永远要保留下去”，其主要原因在于：

①改革开放后，社会上出现了一股否定毛泽东及毛泽东思想的思潮，正确评价毛泽东和毛泽东思想成为中国面临的重大政治问题。否定毛泽东和毛泽东思想必然导致对中国共产党的领导和社会主义制度的否定。

②虽然毛泽东在社会主义建设的探索实践中出现严重错误和挫折，但是就他一生来看，他的功绩是第一位的，错误是第二位的。他为中华人民共和国的缔造和中国社会主义事业的发展建立了不可磨灭的功勋。毛泽东思想是被实践证明了的关于中国革命和建设的正确的理论原则和经验总结，是党必须长期坚持的指导思想。他领导党和人民完成新民主主义革命，赢得了民族独立和人民解放；创建了社会主义基本制度，领导了大规模的社会主义建设，积累了社会主义的物质财富和精神财富，形成了关于社会主义建设的独创性理论成果，积累了社会主义建设宝贵经验，为开创和发展中国特色社会主义伟大事业提供了制度条件、物质基础、理论准备和宝贵经验。

③党的十一届三中全会以来，以邓小平、江泽民、胡锦涛、习近平为代表的中国共产党人在开创和推进社会主义现代化和改革开放伟大事业的历史进程中，对毛泽东同志开创和探索的事业不断继承、发展和创新，并在此基础上开辟了中国特色社会主义道路，创立了中国特色社会主义理论体系，坚持了中国特色社会主义制度，推进了中国特色社会主义伟大事业。实现中华民族伟大复兴的中国梦，呈现出前所未有的光明前景。

综上所述，毛泽东同志和他后续的中国共产党人领导的革命、建设、改革的伟大实践，是一个接续奋斗的历史过程，是一项救国、兴国、强国，进而实现中华民族伟大复兴的完整事业，必须一以贯之地坚持，坚定不移地推进。毛泽东和毛泽东思想是中国人民心中的一面旗帜，是党和人民宝贵的精神财富。要高举毛泽东思想伟大旗帜，为不断开创中国特色社会主义事业而奋斗。

(2)如何理解习近平总书记提出的“两个不能否定”的深刻内涵及其意义?

答: ①习近平总书记提出的“两个不能否定”的深刻内涵

a. 新中国成立以来的历史包括改革开放前后两个历史时期，两个时期都不能否定。我们党领导人民进行社会主义建设，分为改革开放前和改革开放后两个历史时期，改革开放前的历史时期是党领导人民在社会主义建设道路上艰辛探索并取得一系列胜利的时期；改革开放后的历史时期是党领导人民开启并推进改革开放新的伟大革命的时期。虽然这两个历史时期在进行社会主义建设的思想指导、方针政策、实际工作上有很大差别，但两者决不是彼此割裂的，更不是根本对立的。改革开放前的成果为改革开放后的发展奠定制度基础和经济前提，也提供了改革动力和前车之鉴；改革开放后的发展是改革开放前的成果的继承和创新。因此，改革开放前和改革开放后这两个历史时期互不否定。

b. 改革开放前后两个历史时期本质上都是党领导人民进行社会主义建设的实践探索，不能相互否定。中国特色社会主义伟大事业是在改革开放后的社会主义建设中开创的，没有改革开放后的探索就没有中国特色社会主义今天的良好局面。但我们同时要认识到，没有改革开放前的社会主义探索，改革开放是不会顺利进行的。改革开放前的社会主义探索为改革开放和中国特色社会主义事业的发展奠定了基础。改革开放前，我国经济社会发展取得了一定成就，为新时期开创中国特色社会主义提供了宝贵经验、理论准备和物质基础。改革开放不是另起炉灶、推倒重来，而是在前一历史时期的基础上进行的，不能以改革开放的成功来否定前一历史时期。改革开放既坚持了社会主义的基本制度，又在具体实现形式上进行创新，是对改革开放前的实践探索的坚持、改革、发展，和前一历史时期是有机的整体。两个历史时期的不同做法，一定程度上是由不同的国际环境、发展任务和发展条件决定的，不能互相否定。

②“两个不能否定”的意义

总结历史是为了开辟未来。讲“两个不能否定”，是要在充分交换、比较、反复的基础上，超越“左”和“右”的两个极端，通过辩证思考，树立科学的新改革观，坚持和发展中国特色社会主义。“两个不能否定”有助于统一历史认识，坚定不移地推进改革开放。

a. 正确认识和把握改革开放前后两个历史时期是对党的历史的尊重和珍惜，有利于增强党的历史自信。

b. 正确认识和把握改革开放前后两个历史时期是应对意识形态领域挑战、推动党和人民事业发展的现实需要。

c. 正确认识和准确把握改革开放前后两个历史时期，在中国特色社会主义道路上奋力实现中国梦。

4. 综合材料回答问题:

材料1

1978年我国做出改革开放的战略决策时，美国《时代》杂志曾质疑说：“他们的目标几乎不可能按期实现，甚至不可能实现。”经过三十多年的改革开放，我国国内生产总值、外贸进出口总额均已达到世界第二位，经济总量占世界经济的份额提升到10%左右，对世界经济增长的贡献率年平均超过20%。据世界银行统计，我国已进入中高收入国家行列。

在物质文化生活得到提高之后，人民群众对未来期待更高。过去施工建厂，首先考虑的是经济利益，今天引进项目，担心的却是环境污染；过去期盼吃饱穿暖，今天却追求吃得健康、安全；过去梦想有车有房，现在则忧虑PM2.5排放。城乡居民收入整体都有提高，但城乡区域发展差距和居民收入分配差距依然较大，近10年来中国基尼系数始终处于0.4以上，超出国际公认"警戒线"……这个经济飞速发展，财富不断积累的世界第二大经济体，在创造着"中国式奇迹"的同时，仍有一些"中国式难题"亟待破解。

"改革开放是我们党的历史上一次伟大觉醒，正是这个伟大觉醒孕育了新时期从理论到实践的伟大创造。"习近平在党的十八大之后首次到地方调研就选择了广东，并向深圳莲花山顶的邓小平铜像敬献了花篮。习近平表示，之所以到广东来，就是要到在我国改革开放中得风气之先的地方，现场回顾我国改革开放的历史进程，将改革开放继续推向前进。我们来瞻仰邓小平铜像，就是要表明我们将坚定不移推进改革开放，奋力推进改革开放和现代化建设取得新进展、实现新突破、迈上新台阶。

——摘编自《人民日报》(2012年3月22日)、新华网(2012年12月11日)等

材料2

1992年，邓小平同志在南方讲话中说："不坚持社会主义，不改革开放，不发展经济，不改善人民生活，只能是死路一条。"回过头来看，我们对邓小平同志这番话就有更深的理解了。所以，我们讲，只有社会主义才能救中国，只有改革开放才能发展中国、发展社会主义，发展马克思主义。

正是从历史经验和现实需要的高度，党的十八大以来，中央反复强调，改革开放是决定当代中国命运的关键一招，也是决定实现"两个一百年"奋斗目标，实现中华民族伟大复兴的关键一招。实践发展永无止境，解放思想永无止境，改革开放也永无止境。停顿和倒退没有出路，改革开放只有进行时、没有完成时。

——摘自习近平《关于〈中共中央关于全面深化改革若干重大问题的决定〉的说明》

请回答：

(1)如何看待改革开放进程中的"中国式奇迹"与"中国式难题"？

(2)运用社会基本矛盾原理分析为什么"改革开放只有进行时、没有完成时"？

【参考答案】

(1)如何看待改革开放进程中的"中国式奇迹"与"中国式难题"？

答：①"中国式奇迹"是党的十一届三中全会以来坚持不懈推进改革开放的成果。改革开放是一次新的伟大革命，极大地解放了生产力，激发了整个社会的活力。党的十一届三中全会开启了改革开放的历史新时期。党领导全国各族人民在新的历史条件下开始了新的伟大革命。改革开放的伟大实践，使中国人民的面貌、社会主义中国的面貌、中国共产党的面貌发生了历史性变化。中国人民的收入水平和社会的经济发展水平都取得了极大的进步。40多年的实践证明，改革开放是决定当代中国命运的关键抉择，是党和人民事业大踏步赶上时代潮流的重要法宝。

②"中国式难题"是发展中的问题。改革开放是建设中国特色社会主义的全新探索，没有现成的模式可以照搬。因此，改革开放的进程不可能一帆风顺，也不可能一蹴而就，在改革开放中出现的各种问题是前进中的问题，许多深层次矛盾和问题尚未得到根本解决，制约科学发展的体制机制障碍仍然很多，必须通过深化改革来解决。我们在看到改革开放

带来的成就时，也要清醒地认识到问题的存在。改革是社会主义制度的自我完善和发展，我们在改革开放的进程中要勇于面对问题，敢于直面挑战，推动发展问题的解决，从而破解“中国式难题”，发展和完善中国特色社会主义。

（2）运用社会基本矛盾原理分析为什么“改革开放只有进行时、没有完成时”？

答：①社会基本矛盾原理：社会主义社会的基本矛盾是生产关系和生产力之间的矛盾、上层建筑和经济基础之间的矛盾，它们不但表现在社会生活的各个方面，而且贯穿于社会主义社会的始终，是推动社会主义社会不断前进的根本动力。只有通过改革不断调整生产关系、完善上层建筑，才能实现社会主义制度的自我完善。

②邓小平指出，解决社会主义初级阶段主要矛盾的途径是改革。邓小平对毛泽东关于社会主义社会基本矛盾原理的论述进行了继承和发展：判断一种生产关系与生产力是否相适应，要从具体实际出发，具体问题具体分析，看其是否适应当时当地生产力的要求，能否推动生产力的发展；社会主义社会的基本矛盾、主要矛盾和根本任务是统一的，要把经济建设放在党和国家工作的重点，不断解放和发展生产力；社会主义社会仍然存在着解放生产力的问题；改革是社会主义制度下解放和发展生产力的必由之路。

③当前，我国发展进入新阶段，改革进入攻坚期和深水区。因此我们更要清醒地认识到我国改革开放的成果只是阶段性的，我国的改革开放事业还没有最终完成，未来的路更长，任务更艰巨，必须坚持正确的方法论，坚持摸着石头过河和加强顶层设计的辩证统一，在不断实践探索中推进。改革开放是符合党心民心、顺应时代潮流的，方向和道路是完全正确的，成效和功绩是不容否定的，旧问题的解决和新问题的产生不断交替，停顿和倒退没有出路。改革开放是一项长期的、艰巨的、繁重的事业，必须一代又一代人接力干下去。必须坚持社会主义市场经济的改革方向，坚持对外开放的基本国策，以更大的政治勇气和智慧，不失时机深化重要领域改革，朝着党的十九大指引的改革开放方向奋勇前进。没有改革开放，就没有中国的今天，也就没有中国的明天。改革开放中的矛盾只能用改革开放的办法来解决。我们要全面贯彻党的十九大精神，坚持以邓小平理论、“三个代表”重要思想、科学发展观、习近平新时代中国特色社会主义思想为指导，积极回应广大人民群众对深化改革开放的强烈呼声和殷切期待，凝聚社会共识，协调推进各领域各环节改革，努力把改革开放推向前进。所以说“改革开放只有进行时、没有完成时”。

第十章　中国特色社会主义进入新时代

10.1　复习指南

【视频导学（名师点拨）】

中国特色社会主义进入新时代

扫码看视频导学

【知识框架（庖丁解牛）】

- 中国特色社会主义进入新时代
  - 开拓中国特色社会主义更为广阔的发展前景
    - 中国特色社会主义进入新时代
    - 习近平同志党中央的核心、全党的核心地位的确立
    - 统筹推进“五位一体”总体布局
      - 经济建设取得巨大成就
      - 民主政治建设迈出重大步伐
      - 思想文化建设取得重大进展
      - 人民生活不断改善
      - 生态文明建设成效显著
    - 协调推进“四个全面”战略布局
      - “四个全面”战略布局的提出
      - 全力推进全面建成小康社会进程
      - 党的十八届三中全会的召开与全面深化改革取得重大突破
      - 全面推进依法治国迈出坚实步伐
      - 全面从严治党成效显著
    - 全面推进国防和军队现代化
    - 全面加强国家安全
      - 总体国家安全观的提出
      - 推进国家安全体系和能力建设
      - 把安全发展贯穿国家发展各领域全过程

- 中国特色社会主义进入新时代
  - 把新时代中国特色社会主义不断推向前进
    - 习近平新时代中国特色社会主义思想指导地位的确立
    - 坚持党的全面领导与推进党的自我革命
    - 国家制度和治理体系建设迈出新步伐
    - 在应对风险挑战中推进各项事业
    - 坚持“一国两制”和推进祖国统一
    - 全面推进中国特色大国外交和推动构建人类命运共同体
  - 开启全面建设社会主义现代化国家新征程
    - 完成脱贫攻坚、全面建成小康社会的历史任务，实现第一个百年奋斗目标
    - 把握新发展阶段、贯彻新发展理念、构建新发展格局、推动高质量发展
    - 隆重庆祝中国共产党成立一百周年
    - 全面总结党的百年奋斗重大成就和历史经验
    - 党的二十大的召开和以中国式现代化全面推进中华民族伟大复兴

【通关提要(提纲挈领)】

本章主要阐述了十八大以来，以习近平为核心的中国共产党人对中国特色社会主义建设道路的探索，在十九大报告中通过总结党和国家在这一过程中取得的历史性成就和实现的历史性变革，得出了“中国特色社会主义进入新时代”的重要结论。本章相关内容与毛泽东思想和中国特色社会主义理论体系概论相关章节有重合，主要考点有：中国特色社会主义新时代、“五位一体”总体布局、“四个全面”战略布局、“两个确立”等。值得注意的是，本章需要与二十大相关内容联系起来学习。主要的考查方式有：选择题、分析题。

10.2　课后习题详解

1. 联系我国社会主要矛盾的新变化，如何正确理解中国特色社会主义进入新时代的内涵和意义？

答：现阶段，我国社会主要矛盾已经转化为人民日益增长的美好生活需要和不平衡不充分的发展之间的矛盾，这是关系全局的历史性变化，对党和国家工作提出了许多新要求。

我国社会主要矛盾的变化，没有改变我们对我国社会主义所处历史阶段的判断，中国仍处于并将长期处于社会主义初级阶段的基本国情没有变，我国是世界最大发展中国家的国际地位没有变。

(1)中国特色社会主义进入新时代的内涵

①这个新时代是承前启后、继往开来，在新的历史条件下继续夺取中国特色社会主义伟大胜利的时代。

②这个新时代是决胜全面建成小康社会、进而全面建设社会主义现代化强国的时代。

③这个新时代是全国各族人民团结奋斗、不断创造美好生活、逐步实现全体人民共同富裕的时代。

④这个新时代是全体中华儿女勠力同心、奋力实现中华民族伟大复兴中国梦的时代。

⑤这个新时代是我国不断为人类作出更大贡献的时代。

(2)中国特色社会主义进入新时代的重大意义

①从中华民族复兴历程进程来看，中国特色社会主义进入新时代，意味着近代以来久经磨难的中华民族迎来了从站起来、富起来到强起来的伟大飞跃，迎来了实现中华民族伟大复兴的光明前景。

②从科学社会主义的发展进程看，中国特色社会主义进入新时代，意味着科学社会主义在 21 世纪的中国焕发出强大生机活力，在世界上高高举起了中国特色社会主义伟大旗帜。

③从人类历史进程看，中国特色社会主义进入新时代，意味着中国特色社会主义道路、理论、制度、文化不断发展，拓展了发展中国家走向现代化的途径，为解决人类问题贡献了中国智慧和中国方案。

2. 联系实际，谈谈党的十八大以来，党和国家事业发生了怎样的历史性变革，其意义是什么。

答：党的十八大以来党和国家事业发生的历史性变革，是深层次的、开创性的、根本性的。

(1)党的十八大以来，党和国家事业发生的历史性变革

①创立了新时代中国特色社会主义思想，明确坚持和发展中国特色社会主义的基本方略，提出一系列治国理政新理念新思想新战略，实现了马克思主义中国化时代化新的飞跃。

②党的领导得到全面加强。

③党和国家事业发展有了科学完整的战略部署。

④实现了小康这个中华民族的千年梦想。

⑤提出并贯彻新发展理念，着力推进高质量发展，推动构建新发展格局，实施供给侧结构性改革，制定一系列具有全局性意义的区域重大战略，我国经济实力实现历史性跃升。

⑥全面深化改革取得重大突破。

⑦实行更加积极主动的开放战略。

⑧经济建设取得重大成就。

⑨民主法治建设迈出重大步伐。

⑩强军兴军开创新局面。

⑪港澳台工作取得新进展。

⑫全方位外交布局深入展开。

⑬全面从严治党成效卓著。

(2)意义

新时代十年的伟大变革，在党史、新中国史、改革开放史、社会主义发展史、中华民族发展史上具有里程碑意义。

①走过百年奋斗历程的中国共产党在革命性锻造中更加坚强有力，党的政治领导力、思想引领力、群众组织力、社会号召力显著增强，党同人民群众始终保持血肉联系，中国共产党在世界形势深刻变化的历史进程中始终走在时代前列，在应对国内外各种风险和考验的历史进程中始终成为全国人民的主心骨，在坚持和发展中国特色社会主义的历史进程

中始终成为坚强领导核心。

②中国人民的前进动力更加强大、奋斗精神更加昂扬、必胜信念更加坚定，焕发出更为强烈的历史自觉和主动精神，中国共产党和中国人民正信心百倍推进中华民族从站起来、富起来到强起来的伟大飞跃。

③改革开放和社会主义现代化建设深入推进，书写了经济快速发展和社会长期稳定两大奇迹新篇章，我国发展具备了更为坚实的物质基础、更为完善的制度保证，实现中华民族伟大复兴进入了不可逆转的历史进程。

④科学社会主义在21世纪的中国焕发出新的蓬勃生机，中国式现代化为人类实现现代化提供了新的选择，中国共产党和中国人民为解决人类面临的共同问题提供更多更好的中国智慧、中国方案、中国力量，为人类和平与发展崇高事业作出新的更大的贡献。

3. 习近平在庆祝中国共产党成立100周年大会上的讲话中指出，在中华大地上全面建成了小康社会是中华民族的伟大光荣、中国人民的伟大光荣、中国共产党的伟大光荣。联系历史和现实，谈谈全面建成小康社会的历史意义。

答：在庆祝中国共产党成立100周年大会上，习近平总书记庄严宣告："经过全党全国各族人民持续奋斗，我们实现了第一个百年奋斗目标，在中华大地上全面建成了小康社会，历史性地解决了绝对贫困问题。"

(1)全面建成小康社会，实现了中华民族千百年来的夙愿。

无论在落后的农耕文明时代，还是在积贫积弱的近代，小康对百姓来说，都只能是遥不可及的奢望。只有在中国共产党领导下，这一梦想才能实现。中国共产党自成立之日起，就坚定地扛起为人民谋幸福、为民族谋复兴的大旗，经过一代一代的接续奋斗，全面小康终于梦想成真。实现这一目标，中国发展和人民生活水平跃上新的大台阶。

(2)全面建成小康社会，是迈向中华民族伟大复兴的关键一步。

100多年来，中国共产党团结带领中国人民顽强拼搏，几代人一以贯之、接续奋斗，从"小康之家"到"小康社会"，从"总体小康"到"全面小康"，从"全面建设"到"全面建成"，小康目标不断实现，小康梦想成为现实。"小康梦"是中国梦的阶段性目标，没有全面小康的实现，民族复兴就无从谈起。全面建成小康社会的如期完成，体现了实现共同富裕的社会主义本质要求，标志着第一个百年奋斗目标圆满完成，为实现第二个百年奋斗目标奠定了坚实基础，在中华民族文明史上具有重大意义，实现了从大幅落后于时代到大踏步赶上时代的新跨越。

(3)全面建成小康社会，是对人类社会的伟大贡献。

①全面建成小康社会，大大提升了人类社会整体发展水平，社会主义中国以更加雄伟的身姿屹立于世界东方。

②全面建成小康社会的理论和实践，深化了对社会主义本质的认识和理解，开拓了社会主义发展新境界，使科学社会主义在21世纪的中国焕发出强大生机活力。

③全面建成小康社会的成功探索，拓展了发展中国家走向现代化的路径，给世界上那些既希望加快发展又希望保持自身独立性的国家和民族提供了全新选择，为解决人类问题贡献出了中国智慧和中国方案。

4. 党的二十大强调，“两个确立”对新时代党和国家事业发展、对推进中华民族伟大复兴历史进程具有决定性意义。联系历史和现实，谈谈如何理解“两个确立”的决定性意义。

答：(1)“两个确立”的含义

党的十九届六中全会明确提出“两个确立”，即“党确立习近平同志党中央的核心、全党的核心地位，确立习近平新时代中国特色社会主义思想的指导地位”。

(2)“两个确立”的决定性意义

①“两个确立”是新时代实现伟大变革的关键所在。

中国共产党是代表中国最广大人民根本利益的马克思主义政党。确立和维护马克思主义政党的领导核心，是马克思主义建党学说的一个基本观点；用科学的理论武装全党，是马克思主义政党走向成熟的一个重要标志。在100多年奋斗历程中，我们党始终高度重视领导核心和科学理论在推动历史前进中的重大作用。我们党之所以能够历经艰难困苦而不断发展壮大，取得革命、建设、改革的伟大胜利和辉煌成就，很重要的历史经验就是确立和维护坚强领导核心、坚持科学理论指导。这是党的历史带给我们的深刻启示。

党的十八大以来，正是因为我们党确立习近平同志党中央的核心、全党的核心地位，确立习近平新时代中国特色社会主义思想的指导地位，才能开创中国特色社会主义新时代，推动中华民族伟大复兴进入不可逆转的历史进程。

②“两个确立”是新征程上赢得未来的必然要求。

坚持“两个确立”，才能把准中国特色社会主义的前进方向。有以习近平同志为核心的党中央的坚强领导，有习近平新时代中国特色社会主义思想的指导，中国特色社会主义必将在新时代新征程上赢得更加伟大的胜利和荣光。

坚持“两个确立”，有利于动员一切力量为实现中华民族伟大复兴的中国梦而奋斗。

坚持“两个确立”，才能更好地应对新的风险挑战。当前，实现中华民族伟大复兴进入关键时期，我国发展站在新的历史起点上。“两个确立”可以为我们在新征程上赢得主动、赢得优势、赢得未来提供根本保障。

10.3 典型题(含考研真题)详解

一、单项选择题(下列每题给出的四个选项中，只有一个选项是符合题目要求的)

扫码看真题视频

1. 中国特色社会主义法治理念包含“依法治国、执法为民、公平正义、服务大局、党的领导”五个方面的基本内涵，它们是相辅相成、不可分割的有机整体，构成了社会主义法治理念的完整理论体系。其中，公平正义是(　　)。[2014年考研政治真题]

A. 社会主义法治的本质要求　　B. 社会主义法治的核心内容

C. 社会主义法治的价值追求　　D. 社会主义法治的重要使命

【解析】社会主义法治理念是中国特色社会主义的法治理念，反映和指导着社会主义法

1C

治的性质、功能、目标方向、价值取向和实现途径。依法治国是党领导人民治理国家的基本方略，是社会主义法治的核心内容；执法为民是社会主义国家人民当家作主的必然反映，是社会主义法治的本质要求；公平正义是社会主义和谐社会的基本特征，是社会主义法治的价值追求；服务大局是党和国家根本任务的必然要求，是社会主义法治的重要使命；党的领导是我国宪法确定的基本原则，是社会主义法治的根本保证。

2. 随着工业化、城镇化的深入推进，大量农民转向非农产业，我国农村土地流转现象日益普遍，农业经营方式发生深刻变化，截至2016年6月，全国家庭承包经营耕地流转已超过30%，流转土地4.6亿亩。当前，为解决拥有土地承包经营权的人不再耕地，种地的人又没有相应权利这一突出问题，我国在深化农村改革方面做出的重大制度创新是(　　)。[2017年考研政治真题]

A. 实行农村土地所有权、承包权、经营权分置

B. 实行农村集体经营性建设用地入市

C. 实行农村家庭联产承包责任制

D. 实行农村耕地保护制度

【解析】改革开放之初我国将土地所有权和承包经营权分设，所有权归集体，承包经营权归农户。近几年随着城镇化的发展，一些农民成了市民，一些农民长期在城务工，无法再经营承包的土地。为了顺应农民意愿，也为了推进农业现代化，现阶段在深化农村土地制度的改革中，将土地承包经营权分为承包权和经营权，实现所有权、承包权、经营权分置并行，这是深化农村改革的重大制度创新，是农村基本经营制度的自我完善，符合生产关系适应生产力发展的规律。三权分置有利于促进土地经营权在更大范围内的优化配置，提高土地产出率、劳动生产率和资源利用率，推动现代农业的发展。

3. 2012年11月8日至14日，中国共产党第十八次全国代表大会在北京举行。大会阐明中国特色社会主义的总体布局是(　　)。

A. 社会主义初级阶段　　B. 五位一体

C. 中华民族伟大复兴　　D. 四个全面

【解析】2012年11月8日至14日，中国共产党第十八次全国代表大会在北京举行。大会阐明中国特色社会主义的总依据是社会主义初级阶段，总布局是经济、政治、文化、社会、生态文明建设五位一体，总任务是实现社会主义现代化和中华民族伟大复兴；阐明中国特色社会主义道路、理论体系、制度的科学内涵及其相互关系；明确提出夺取中国特色社会主义新胜利必须牢牢把握的八项基本要求，要求全党坚定道路自信、理论自信、制度自信。

4. 坚持和发展中国特色社会主义，是习近平新时代中国特色社会主义思想的核心要义。“十个明确”构成了系统完备、逻辑严密、内在统一的科学体系，是习近平新时代中国特色社会主义思想最重要、最核心的内容。其中，明确中国特色社会主义最本质的特征是(　　)。

2A　3B　4A

A. 中国共产党领导　　　　B. 与时俱进

C. 实事求是　　　　D. 人民至上

【解析】“十个明确”是习近平新时代中国特色社会主义思想最重要、最核心的内容。具体参见本章课后习题第3题答案。

二、多项选择题(下列每题给出的四个选项中，至少有两个选项是符合题目要求的)

1. 中国特色社会主义是党和人民多年奋斗、创造、积累的根本成就。改革开放以来中国取得一切成绩和进步的根本原因，归结起来就是(　　)。

A. 开辟了中国特色社会主义道路　　　　B. 形成了中国特色社会主义理论体系

C. 确立了中国特色社会主义制度　　　　D. 完善了中国特色社会主义体制

【解析】中国共产党章程总纲强调：“改革开放以来我们取得一切成绩和进步的根本原因，归结起来就是：开辟了中国特色社会主义道路，形成了中国特色社会主义理论体系，确立了中国特色社会主义制度，发展了中国特色社会主义文化。”

2. 十三届全国人大一次会议的最重要成果和最重大历史贡献，就是通过了《中华人民共和国宪法修正案》。这次宪法修正案的核心要义和精神实质，主要体现在(　　)。

A. 充实完善我国革命和建设发展历程的内容

B. 调整充实中国特色社会主义事业总体布局和第二个百年奋斗目标的内容

C. 完善依法治国和宪法实施举措

D. 增加中国共产党领导是中国特色社会主义最本质特征的规定

【解析】2018年3月，十三届全国人大一次会议在北京召开。会议根据中共十九届二中全会提出的建议，审议通过了《中华人民共和国宪法修正案》，确定科学发展观、习近平新时代中国特色社会主义思想同马克思列宁主义、毛泽东思想、邓小平理论、“三个代表”重要思想在国家政治和社会生活中的指导地位；调整充实中国特色社会主义事业总体布局和第二个百年奋斗目标的内容，明确推动物质文明、政治文明、精神文明、社会文明、生态文明协调发展，把我国建设成为富强民主文明和谐美丽的社会主义现代化强国，实现中华民族伟大复兴；完善依法治国和宪法实施举措，明确健全社会主义法治，实行宪法宣誓制度；充实完善我国革命和建设发展历程的内容；充实完善爱国统一战线和社会主义民族关系的内容；充实和平外交政策方面的内容，明确坚持和平发展道路，坚持互利共赢开放战略，推动构建人类命运共同体；明确中国共产党领导是中国特色社会主义最本质的特征；增加倡导社会主义核心价值观的内容；修改宪法中国家主席任职方面的有关规定；增加设区的市制定地方性法规的规定；增加有关监察委员会的各项规定；修改全国人大专门委员会的有关规定。

3. 2018年2月，中共十九届三中全会在北京举行。全会审议通过了《中共中央关于深化党和国家机构改革的决定》和《深化党和国家机构改革方案》，同意把《深化党和国家机构改革方案》的部分内容按照法定程序提交十三届全国人大一次会议审议。全会强调，深化党和国家机构改革的首要任务是(　　)。

1ABC　2ABCD　3AB

A. 完善坚持党的全面领导的制度，加强党对各领域各方面工作领导

B. 确保党的领导全覆盖，确保党的领导更加坚强有力

C. 转变政府职能，优化政府机构设置和职能配置

D. 统筹党政军群机构改革

【解析】2018年2月，中共十九届三中全会在北京举行。全会审议通过了《中共中央关于深化党和国家机构改革的决定》和《深化党和国家机构改革方案》，同意把《深化党和国家机构改革方案》的部分内容按照法定程序提交十三届全国人大一次会议审议。全会强调，完善坚持党的全面领导的制度，加强党对各领域各方面工作领导，确保党的领导全覆盖，确保党的领导更加坚强有力，是深化党和国家机构改革的首要任务；转变政府职能，优化政府机构设置和职能配置，是深化党和国家机构改革的重要任务；统筹党政军群机构改革，是加强党的集中统一领导、实现机构职能优化协同高效的必然要求等。

三、简答题

简述“五位一体”总布局。

答：“五位一体”是十八大报告的“新提法”之一，即经济建设、政治建设、文化建设、社会建设、生态文明建设。着眼于全面建成小康社会、实现社会主义现代化和中华民族伟大复兴，党的十八大报告对推进中国特色社会主义事业作出“五位一体”总体布局。

“五位一体”总体布局，是中国共产党对“实现什么样的发展、怎样发展”这一重大战略问题的科学回答，为用中国特色社会主义理论体系武装头脑、指导实践、推动工作，提供了强大思想武器。

(1)经济方面：提出新发展理念，主动适应和引领经济发展新常态，推进供给侧结构性改革。

(2)政治方面：坚持发挥中国共产党总揽全局、协调各方的领导核心作用，与时俱进完善人民代表大会制度，坚持和完善中国共产党领导的多党合作和政治协商制度。

(3)文化方面：发展中国特色社会主义文化，坚持和巩固党对意识形态工作的领导，培育和践行社会主义核心价值观，推进文化体制改革，建设公共文化服务网络。

(4)民生保障方面：在发展中保障和改善民生，促进社会公平正义，让广大人民群众共享改革发展成果，加强和创新社会治理，完善中国特色社会主义社会治理体系。

(5)生态方面：建设美丽中国，完善生态文明制度体系，用最严格的制度、最严密的法治保护生态环境。

四、材料分析题(要求结合所学知识分析材料回答问题)

1. 结合材料回答问题：[2023年考研政治真题]

材料1

1945年4月21日，毛泽东在党的七大预备会议上的报告中指出：

“我们大会的方针是什么呢？应该是：团结一致，争取胜利。简单讲，就是一个团结，一个胜利。胜利是指我们的目标，团结是指我们的阵线，我们的队伍。我们要有一个团结的队伍去打倒我们的敌人，争取胜利，而队伍中间最主要的、起领导作用的，是我们的党。

没有我们的党，中国人民要胜利是不可能的。”

“过去常说，团结得像一个人一样，那是写文章的词藻。我们这回说，团结得像一个和睦的家庭一样。”“要知道，一个队伍经常是不大整齐的，所以就要常常喊看齐，向左看齐，向右看齐，向中看齐。我们要向中央基准看齐，向大会基准看齐。看齐是原则，有偏差是实际生活，有了偏差，就喊看齐。”

“在党内，在革命队伍内，我们有一条方针，就是团结，在原则基础上的团结。”

——摘自《毛泽东文集》第三卷

材料 2

1978 年 12 月 13 日，邓小平在中央工作会议上的讲话中指出：

“这次会议开了一个多月了，就要结束了。中央提出了把全党工作的重心转到实现四个现代化上来的根本指导方针，解决了过去遗留下来的一系列重大问题，必将使全党、全军和全国各族人民提高斗志，增强信心，加强团结。”

“加强全国各族人民的团结，首先要加强全党的团结，特别是要加强党的领导核心的团结。我们党的团结，是建立在马列主义、毛泽东思想基础上的团结。党内要分清理论是非、路线是非，要开展批评和自我批评，互相帮助，互相监督，克服各种错误思想。”

“只要我们大家团结一致，同心同德，解放思想，开动脑筋，学会原来不懂的东西，我们就一定能够加快新长征的步伐。让我们在党中央和国务院的领导下，为改变我国的落后面貌，把我国建设成现代化的社会主义强国而奋勇前进！”

——摘自《邓小平文选》第二卷

材料 3

2022 年 1 月 30 日，习近平总书记在春节团拜会上的讲话中指出：

“一百年来，党和人民取得的一切成就都是团结奋斗的结果，团结奋斗是中国共产党和中国人民最显著的精神标识。百年奋斗历史告诉我们，团结就是力量，奋斗开创未来；能团结奋斗的民族才有前途，能团结奋斗的政党才能立于不败之地。百年奋斗历史还告诉我们，围绕明确奋斗目标形成的团结才是最牢固的团结，依靠紧密团结进行的奋斗才是最有力的奋斗。”

2022 年 10 月 16 日，习近平总书记在党的二十大报告中指出：

“全面建设社会主义现代化国家、全面推进中华民族伟大复兴，关键在党。”

“全党必须牢记，坚持党的全面领导是坚持和发展中国特色社会主义的必由之路，中国特色社会主义是实现中华民族伟大复兴的必由之路，团结奋斗是中国人民创造历史伟业的必由之路，贯彻新发展理念是新时代我国发展壮大的必由之路，全面从严治党是党永葆生机活力、走好新的赶考之路的必由之路。”

“党用伟大奋斗创造了百年伟业，也一定能用新的伟大奋斗创造新的伟业。全党全军全国各族人民要紧密团结在党中央周围，牢记空谈误国、实干兴邦，坚定信心、同心同德，埋头苦干、奋勇前进，为全面建设社会主义现代化国家、全面推进中华民族伟大复兴而团结奋斗！”

——摘自《习近平谈治国理政》第四卷、习近平《高举中国特色社会主义伟大旗帜为全面建设社会主义现代化国家而团结奋斗——在中国共产党第二十次全国代表大会上的报告》

(1) 结合当时的形势和党的任务，说明毛泽东强调“有了偏差，就喊看齐”的重要性。

(2) 团结奋斗是中国共产党和中国人民最显著的精神标识。如何理解“一百年来，党和人民取得的一切成就都是团结奋斗的结果”?

【参考答案】

(1) 结合当时的形势和党的任务，说明毛泽东强调“有了偏差，就喊看齐”的重要性。

答：当时的形势下，党面临的任务是彻底打败日本侵略者，建立新中国。党只有克服了当时党内存在的主观主义、教条主义、宗派主义的错误倾向，团结一致，才能胜利完成历史任务。只有看齐，才能使全党认识一致、目标明确、力量强大。

毛泽东在党的七大预备会议上强调看齐意识，确立了看齐的原则。党的七大使全党在思想上政治上组织上达到空前统一和团结，为党后来不断从胜利走向胜利指明了正确方向、开辟了正确道路。

(2) 团结奋斗是中国共产党和中国人民最显著的精神标识。如何理解“一百年来，党和人民取得的一切成就都是团结奋斗的结果”?

答：中华民族是有着伟大团结精神的民族，中国共产党是高度集中统一的马克思主义政党，思想上的统一、政治上的团结、行动上的一致，是党的事业不断发展壮大的根本所在。实现中华民族伟大复兴必须持续团结奋斗。

中国共产党的百年历史就是一部党带领中国人民和中华民族的团结奋斗史。一百多年来，党领导人民团结奋斗，创造了新民主主义革命的伟大成就、社会主义革命和建设的伟大成就、改革开放和社会主义现代化建设的伟大成就、新时代中国特色社会主义的伟大成就。

党的历史经验证明，只要全党步调一致、团结统一，就能战胜一切艰难险阻和强大敌人；反之，党和国家事业就会遭受挫折。

2. 结合材料回答问题：[2022 年考研政治真题]

2016 年 11 月 11 日，习近平总书记在纪念孙中山先生诞辰 150 周年大会上的讲话中指出：“孙中山先生在从事紧张的革命活动的过程中，一直思考着建设中国的问题。1917 年到 1919 年，他写出《建国方略》一书，构想了中国建设的宏伟蓝图，其中提出要修建约 16 万公里的铁路，把中国沿海、内地、边疆连接起来；修建 160 万公里的公路，形成遍布全国的公路网，并进入青藏高原；开凿和整修全国水道和运河，建设三峡大坝，发展内河交通和水利、电力事业；在中国北部、中部、南部沿海各修建一个世界水平的大海港；大力发展农业、制造业、矿业，等等。孙中山先生擘画的这个蓝图，显示了他对中国发展的卓越见解和强烈期盼。当时，有的外国记者认为孙中山先生的这些设想完全是一种空想，是不可能实现的。”

“的确，在旧中国的政治经济社会条件下，孙中山先生的这些宏大构想是难以实现的。今天，在中国共产党领导下，在全国各族人民顽强奋斗下，孙中山先生当年描绘的这个蓝图早已实现，中国人民创造的许多成就远远超出了孙中山先生的设想。祖国大地上，铁路进青藏，公路密成网，高峡出平湖，港口连五洋，产业门类齐，稻麦遍地香，神舟遨太空，国防更坚强。孙中山先生致力于建设的独立、民主、富强的国家早已巍然屹立在世界东方。”

——摘自习近平《在纪念孙中山先生诞辰150周年大会上的讲话》

材料2

2021年7月1日，庆祝中国共产党成立100周年大会在北京天安门广场隆重举行。

习近平总书记在庆祝大会上发表重要讲话，深情回顾中国共产党百年奋斗的光辉历程，高度评价一百年来中国共产党团结带领中国人民创造的伟大成就。习近平总书记强调：“一百年来，中国共产党团结带领中国人民进行的一切奋斗、一切牺牲、一切创造，归结起来就是一个主题：实现中华民族伟大复兴。”习近平总书记指出：“一百年前，中国共产党的先驱们创建了中国共产党，形成了坚持真理、坚守理想，践行初心、担当使命，不怕牺牲、英勇斗争，对党忠诚、不负人民的伟大建党精神，这是中国共产党的精神之源。”回望百年奋斗历程，我们浴血奋战、百折不挠，创造了新民主主义革命的伟大成就，以英勇顽强的奋斗向世界庄严宣告，中国人民站起来了，中华民族任人宰割、饱受欺凌的时代一去不复返了！我们自力更生、发愤图强，创造了社会主义革命和建设的伟大成就，以英勇顽强的奋斗向世界庄严宣告，中国人民不但善于破坏一个旧世界、也善于建设一个新世界，只有社会主义才能救中国，只有社会主义才能发展中国！我们解放思想、锐意进取，创造了改革开放和社会主义现代化建设的伟大成就，以英勇顽强的奋斗向世界庄严宣告，改革开放是决定当代中国前途命运的关键一招，中国大踏步赶上了时代！我们自信自强、守正创新，统揽伟大斗争、伟大工程、伟大事业、伟大梦想，创造了新时代中国特色社会主义的伟大成就，以英勇顽强的奋斗向世界庄严宣告，中华民族迎来了从站起来、富起来到强起来的伟大飞跃，实现中华民族伟大复兴进入了不可逆转的历史进程！这一百年来开辟的伟大道路、创造的伟大事业、取得的伟大成就，必将载入中华民族发展史册、人类文明发展史册！

——摘编自《人民日报》(2021年7月2日)

请回答：

(1)为什么“在旧中国的政治经济社会条件下”，孙中山振兴中华的宏大构想“难以实现”？

(2)中国共产党百年奋斗的历史意义是什么？

【参考答案】

(1)为什么“在旧中国的政治经济社会条件下”，孙中山振兴中华的宏大构想“难以实现”？

答：鸦片战争后，中国逐渐沦为半殖民地半封建社会，帝国主义和中华民族的矛盾、封建主义和人民大众的矛盾成为中国社会的主要矛盾。实现中华民族伟大复兴，必须进行反帝反封建斗争，必须推翻帝国主义和封建主义的统治，争取民族独立和人民解放。孙中山喊出了“振兴中华”的时代最强音，但辛亥革命没有改变旧中国半殖民地半封建的社会性质和中国人民的悲惨境遇，没有完成实现民族独立、人民解放的历史任务。在帝国主义时代、在半殖民地半封建的中国，资本主义的建国方案是行不通的。

因此，“在旧中国的政治经济社会条件下”，孙中山先生振兴中华的宏大构想难以实现。

(2)中国共产党百年奋斗的历史意义是什么？

答：中国共产党百年奋斗的历史意义主要包括：

①党的百年奋斗从根本上改变了中国人民的前途命运，中国人民彻底摆脱了被欺负、

被压迫、被奴役的命运，成为国家、社会和自己命运的主人，中国人民对美好生活的向往不断变为现实。

②党的百年奋斗开辟了实现中华民族伟大复兴的正确道路，中国仅用几十年时间就走完发达国家几百年走过的工业化历程，创造了经济快速发展和社会长期稳定两大奇迹。

③党的百年奋斗展示了马克思主义的强大生命力，马克思主义的科学性和真理性在中国得到充分检验，马克思主义的人民性和实践性在中国得到充分贯彻，马克思主义的开放性和时代性在中国得到充分彰显。

④党的百年奋斗深刻影响了世界历史进程，党领导人民成功走出中国式现代化道路，创造了人类文明新形态，拓展了发展中国家走向现代化的途径。

⑤党的百年奋斗锻造了走在时代前列的中国共产党，形成了以伟大建党精神为源头的精神谱系，保持了党的先进性和纯洁性，党的执政能力和领导水平不断提高，中国共产党无愧为伟大光荣正确的党。

3. 结合材料回答问题：［2016年考研政治真题］

材料1

1944年正值李自成领导的农民起义军进入北京推翻明王朝300周年，郭沫若毅然放下正在进行的先秦思想史研究，撰写《甲申三百年祭》。在这篇文章中，郭沫若深刻总结了李自成农民起义成功建立起大顺朝但旋即失败的历史教训。从3月19日起，这篇长文在重庆《新华日报》全文连载。文章发表后，引起社会各界的广泛关注。仅隔20天，毛泽东就在《学习和时局》的报告中指出："我党历史上曾经有过几次表现了大的骄傲，都是吃了亏的……近日我们印了郭沫若论李自成的文章，也是叫同志们引为鉴戒，不要重犯胜利时骄傲的错误。"11月21日，毛泽东复信郭沫若："你的《甲申三百年祭》，我们把它当成整风文件看待。小胜即骄傲，大胜更骄傲，一次又一次吃亏，如何避免此种毛病，实在值得注意。"

——摘编自《〈甲申三百年祭〉风雨六十年》人民出版社2005年版

材料2

1949年3月23日，毛泽东率中共中央机关离开西柏坡前往北平（北京）。临行前，他对周围的人说："同志们，我们就要进北平了。我们进北平，可不是李自成进北平，他们进了北平就变了。我们共产党人进北平，是要继续革命，建设社会主义，直到实现共产主义。"他兴奋地对周恩来说："今天是进京'赶考'嘛。"周恩来说："我们应当都能考试及格，不要退回来。"毛泽东说："退回去就是失败了。我们决不当李自成，我们都希望考个好成绩。"

——摘编自金冲及主编：《毛泽东传（1893—1949）》中央文献出版社1993年版

材料3

2013年7月11日至12日，习近平总书记来到革命圣地西柏坡，在同县乡村干部和群众座谈时指出：当年党中央离开西柏坡时，毛泽东同志说是"进京赶考"。"六十多年过去了，我们取得了巨大进步，中国人民站起来了，富起来了，但我们面临的挑战和问题依然严峻复杂，应该说，党面临的'赶考'远未结束。我们党要带领人民实现全面建成小康社会的奋斗目标，不断坚持和发展中国特色社会主义，就是这场考试的继续。所有领导干部和全体党员要继续把人民对我们党的'考试'、把我们党正在经受和将要经受各种考验的'考试'考好，努力交出优异的答卷。"

——摘编自《习近平关于实现中华民族伟大复兴的中国梦论述摘编》中央文献出版社2013年版

请回答：

(1)1949年春，为什么毛泽东把离开西柏坡前往北平比作"赶考"？

(2)如何理解习近平所说的"党面临的'赶考'远未结束"？

【参考答案】

(1)1949年春，为什么毛泽东把离开西柏坡前往北平比作"赶考"？

答：1949年春，毛泽东把离开西柏坡前往北平比作"赶考"主要是由当时中国所处的现实状况所决定的，"赶考"是指中国共产党取得全国性政权后面临的革命和建设新问题，具体原因分析如下：

①近代中国人民主要面临两大历史任务，即争取民族独立和人民解放、实现国家繁荣富强和人民共同富裕。新中国成立前夕，中国人民基本上完成了第一个任务，但仍然存在民主革命的残留问题，民主革命的遗留任务尚未完成。这就需要中国共产党继续努力，继续严格要求自己，从而为解决第二个任务打好基础，这也是"进京赶考"的意义所在。

②1949年春，夺取全国胜利已成为定局，党的工作重心很快就要实现由乡村到城市的战略转移，共产党即将成为执政党。"赶考"意味着中国共产党面临"执政"和"建设"的重大任务。新中国成立后，中国共产党从一个地方性政党转变为全国性政党，如何执政对于中国共产党是一个重大的考验。全面建立政权以后，如何进行社会主义经济建设，成为另一个新的考验。

③新中国成立后，因为胜利，党面临着骄傲自满、"糖衣炮弹"攻击等危险；党还面临着恢复和发展经济，进行社会主义建设，实现国家富强和人民幸福的艰巨任务。能否适应新形势担负起新的历史使命，是即将成为执政党的中国共产党要进行的另一场"考试"。

因此，"赶考"意味着中国共产党的历史使命还没有完成。其还要继续严格要求自身，完善自身，为完成第二个历史任务做好准备。

(2)如何理解习近平所说的"党面临的'赶考'远未结束"？

答：习近平所说的"党面临的'赶考'远未结束"是指中国共产党的历史使命还未完成，还肩负着时代赋予的新任务。

①中国共产党执政以来，社会主义现代化建设取得了很大的成就，人民生活水平不断提高。但是，我国仍处于社会主义初级阶段，面临着许多问题，如生产力发展仍然不完善，经济发展水平亟待提高，这些都迫切要求中国共产党提高自身的执政能力和执政水平。

②进入新世纪以来我们面临着新的世情、党情和国情，中国共产党面临"四大考验"和"四大危险"，党自身建设任务比过去任何时候都更为繁重、更为迫切。十九大报告明确指出，中国特色社会主义进入了新时代，这是我国历史发展的新方位。在新的发展阶段，中国共产党要继续发扬西柏坡精神，始终坚持和弘扬"两个务必"，即务必保持谦虚谨慎、不骄不躁的作风，务必保持艰苦奋斗的作风，为把我国建设成为富强、民主、文明、和谐和美丽的社会主义现代化强国而奋斗。

正是因为党面临着更加严格的自身建设问题并肩负着不断坚持和发展中国特色社会主义的重任，就要求党必须更加谦虚谨慎、戒骄戒躁、艰苦奋斗，所以说，“赶考”远未结束。

4. 结合材料回答问题：

材料1

上海，兴业路76号；浙江嘉兴，南湖红船。两处具有重要标志意义的中国革命原点，在时隔近百年后的大地上依然闪耀着指引未来的光芒。10月31日，在党的十九大胜利闭幕一周之际，习近平总书记带领中共中央政治局常委专程赶赴这里，沿着早期共产党人的足迹，探寻我们党的精神密码。两个纪念馆，在三幅相似的图片前，习近平总书记久久凝视。

一幅，中国近代时事漫画《时局图》。列强瓜分，熊、鹰、犬、蛤蟆盘踞中国版图。

一幅，清末给列强赔款的惊人数字，白银令人痛心地如开闸河水般涌出国门。

一幅，马克思观察中国国情后写下的一段话：“一个人口几乎占人类三分之一的大帝国，不顾时势，安于现状，人为地隔绝于世并因此竭力以天朝尽善尽美的幻想自欺。”

习近平总书记连连感叹：“多屈辱啊！多耻辱啊！那时的中国是待宰的肥羊。”

——《梦想，从这里启航》，《人民日报》，2017年11月1日

材料2

中国特色社会主义进入新时代，意味着近代以来久经磨难的中华民族迎来了从站起来、富起来到强起来的伟大飞跃，迎来了实现中华民族伟大复兴的光明前景；意味着科学社会主义在二十一世纪的中国焕发出强大生机活力，在世界上高高举起了中国特色社会主义伟大旗帜；意味着中国特色社会主义道路、理论、制度、文化不断发展，拓展了发展中国家走向现代化的途径，给世界上那些既希望加快发展又希望保持自身独立性的国家和民族提供了全新选择，为解决人类问题贡献了中国智慧和中国方案。

——十九大报告

材料3

今天，我们比历史上任何时期都更接近、更有信心和能力实现中华民族伟大复兴的目标。

行百里者半九十。中华民族伟大复兴，绝不是轻轻松松、敲锣打鼓就能实现的。全党必须准备付出更为艰巨、更为艰苦的努力。

——十九大报告

材料4

中共七大上，毛泽东引用了《庄子》中的一句话“其作始也简，其将毕也必巨”。习近平总书记在瞻仰时再次引用，他指出，96年来，我们党团结带领人民取得了举世瞩目的伟大成就，这值得我们骄傲和自豪。同时，事业发展永无止境，共产党人的初心永远不能改变。

——《梦想，从这里启航》，《人民日报》，2017年11月1日

请回答：

(1)如何理解“中国特色社会主义进入新时代，意味着近代以来久经磨难的中华民族迎来了从站起来、富起来到强起来的伟大飞跃”？

(2)为什么说“事业发展永无止境，共产党人的初心永远不能改变”？

【参考答案】

（1）如何理解“中国特色社会主义进入新时代，意味着近代以来久经磨难的中华民族迎来了从站起来、富起来到强起来的伟大飞跃”？

答：可以从以下几个方面理解“中国特色社会主义进入新时代，意味着近代以来久经磨难的中华民族迎来了从站起来、富起来到强起来的伟大飞跃”：

①从被动挨打到“站起来”

新中国的成立标志着中华民族洗刷百年耻辱，推翻压在中国人民头上的帝国主义、封建主义、官僚资本主义三座大山，实现民族独立、人民解放、国家统一、社会稳定，实现“站起来”的夙愿。中国共产党团结带领人民找到了一条农村包围城市、武装夺取政权的正确革命道路，进行了二十八年浴血奋战，完成了新民主主义革命。1949年，建立了中华人民共和国，实现了中国从几千年封建专制政治向人民民主的伟大飞跃，中华民族站起来了。

②从“站起来”到“富起来”

1978年以后，我们党团结带领人民进行改革开放新的伟大革命，破除阻碍国家和民族发展的一切思想和体制障碍，开辟了中国特色社会主义道路，解放和发展生产力，解放和增强社会活力，使中国大踏步赶上时代，中国人民富起来了。

③从“富起来”到“强起来”

中国特色社会主义进入新时代，我国进入全面建成小康社会的决胜期，从十九大到二十大，是“两个一百年”奋斗目标的历史交汇期。到本世纪中叶，把我国建成富强民主文明和谐美丽的社会主义现代化强国，成为综合国力和国际影响力领先的国家，使中华民族以更加昂扬的姿态屹立于世界民族之林。为此，我们既要全面建成小康社会、实现第一个百年奋斗目标，又要乘势而上开启全面建设社会主义现代化国家新征程，向第二个百年奋斗目标进军。这意味着近代以来久经磨难的中华民族迎来了从站起来、富起来到强起来的伟大飞跃。

我们有理由相信，进入中国特色社会主义新时代，中华民族强起来的目标一定会实现。

（2）为什么说“事业发展永无止境，共产党人的初心永远不能改变”？

答：“事业发展永无止境，共产党人的初心永远不能改变”的原因在于：

①中国共产党人的初心和使命，就是为中国人民谋幸福，为中华民族谋复兴。这个初心和使命是激励中国共产党人不断前进的根本动力。

②唯有不忘初心，始终坚持为中国人民谋幸福，为中华民族谋复兴，方可告慰历史、告慰先辈，方可赢得民心、赢得时代，方可善作善成、一往无前。

③只有不忘初心，全党同志才能永远与人民同呼吸、共命运、心连心，永远把人民对美好生活的向往作为奋斗目标，以永不懈怠的精神状态和一往无前的奋斗姿态，继续朝着实现中华民族伟大复兴的宏伟目标奋勇前进。只有不忘初心、牢记使命、永远奋斗，才能使党永远保持先进性、纯洁性、战斗性，才能让中国共产党永远年轻，永远担当中华民族事业的引领者。